# 4급 공략 실전 모의고사

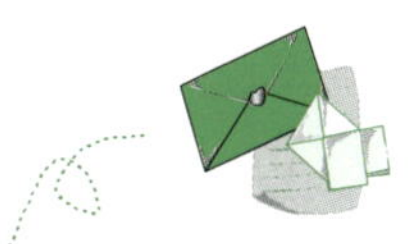

개정판

張宁志·陈郁·李明 지음
백형술·우치갑·오금순 번역


송산출판사

张宁志

현 北京语言大学 교수
世界汉语教学学会会员, 中国对外汉语教学研究会会员
1995—1998년 삼성인력개발원 중국어 주임교수
저서
교재:《中级汉语会话》, 《新汉语口语教程》
사전:《学汉语词典》
논문:《口语教材的语域风格问题》1985年
　　　《浅谈汉语教材难度的确定》1991年
　　　《汉语教师教学归因初探》2006年
　　　《汉语教材语料难度的定量分析》2000年
　　　《几个与纠正病句有关的问题》1986年
　　　《汉民族思维及语言的特点与汉语短期强化教学》2000年
　　　《将揭示语引入对外汉语教学的设想》1992年
　　　《鲁迅小说中的颜色词》1986年
　　　《中国文化的源流》1993年

 新 HSK 4급 공략 실전 모의고사  개정판 

| | |
|---|---|
| 저　　　자 | 张宁志·陈郁·李明 지음 /백형술·우치갑·오금순 번역 |
| 발 행 인 | 윤우상 |
| 책 임 편 집 | 최준명, 윤병호 |
| 초 판 발 행 | 2010년 3월 2일 |
| 개정판인쇄 | 2011년 2월 22일 |
| 발 행 일 | 2011년 3월 2일 |
| 발 행 처 | 송산출판사 |
| 주　　　소 | 서울특별시 서대문구 홍제4동 104-6 |
| 전　　　화 | (02)735-6189 |
| 팩　　　스 | (02)737-2260 |
| 홈페이지 | www.songsanpub.co.kr |
| E-mail | songsan1@korea.com |
| 등 록 일 | 1976년 2월 2일 제9-40호 |

ISBN 978-89-7780-166-0 13720

# 前言

　　新汉语水平考试（HSK）是国家汉办组织中外汉语教学、语言学、心理学和教育测量学等领域的专家，在充分调查、了解海外实际汉语教学情况的基础上，借鉴近年来国际语言测试研究的最新成果，以《国家汉语能力标准》为依据，推出的一项国际汉语能力标准化考试。从2010年起在海外汉语水平的测试均采用由国家汉办主办的新汉语水平考试。

　　新汉语水平考试相比于旧HSK，有很大变化。新HSK分笔试和口试两部分，笔试和口试是相互独立的。笔试包括HSK（一级）、HSK（二级）、HSK（三级）、HSK（四级）、HSK（五级）和HSK（六级）；口试包括HSK（初级）、HSK（中级）和HSK（高级），口试采用录音形式。

　　本书以《新汉语水平考试大纲HSK四级》为依据，为参加新汉语水平考试的考生，准备了四套模拟试题。这四套模拟试题基本上涵盖了新汉语水平考试四级的全部语法点和词汇，每套试题都有详细的注释，因此学生只要根据此书认真学习，并根据已掌握的基本知识与技巧加以举一反三，融会贯通的话，在考试中一定会取得理想的成绩。

　　本书是由北京语言大学教授合作编写的，参加编写的几位教授长期从事对外汉语教学，不仅具有丰富的教学经验，另外还编写了很多教材和论文。在编写此书时，为应考需要，准备了多种多样的模拟试题，并对答案加以精解，从而帮助考生解决"为什么这个选择是对的，而那个选择是错的"的问题，使考生不仅"知其然"，而且"知其不然"，从而大大提高考生的应考能力。最后希望此书对参加新汉语水平考试的朋友们有所帮助。

作者

2010年1月25日于北京

신한어수평고시(HSK)는 국가한반이 중국과 외국의 중국어 교육, 언어학, 심리학과 교육 측정학 등 영역의 전문가를 조직, 해외의 실제 중국어 교육 상황을 충분히 조사하고 이해한 기초를 바탕으로 최근 국제 언어 테스트 연구의 최신 성과를 참고하여, 〈국가한어능력표준〉을 근거로 출시한 국제한어능력표준화 시험이다. 2010년부터 해외에서 한어수평 측정은 모두 국가한반이 주관하는 신한어수평고시로 치뤄진다.

신한어수평고시는 구 HSK에 비해 많은 변화가 있다. 신 HSK는 필기시험과 구술시험으로 나누어진다. 필기시험과 구술시험은 서로 독립되어 있다. 필기시험은 HSK(1급), HSK(2급), HSK(3급), HSK(4급), HSK(5급), HSK(6급)이 포함된다. 그리고 구술시험은 HSK(초급), HSK(중급), HSK(고급)이 포함되며 녹음 형식을 채택한다.

본서는 〈新汉语水平考试大纲HSK四级〉에 근거하여, 신한어수평고시에 참가하는 학생을 위해 4회분의 모의고사가 준비되어 있다. 이 문제들은 한어수평고시4급에 해당되는 문법과 어휘를 모두 포괄하고 있으며, 그리고 해설도 함께 실려 있다. 따라서 수험생들은 이 책을 가지고 열심히 공부하고, 이미 배운 기본지식과 기교를 바탕으로 하여, 하나를 들으면 열을 알듯이, 체계적이고 철저하게 이해하면 반드시 이상적인 성적을 얻을 수 있을 것이다.

본서는 北京语言大学교수들이 공저한 것이다. 저서에 참여한 교수님들은 모두 오랫동안 중국어 교육에 종사하고 있기 때문에, 중국어를 가르치는 경험이 아주 풍부할 뿐만 아니라, 많은 교재와 논문을 편찬하였다. 이 책을 편찬할 때, 시험을 대비하기 위하여 다양한 모의고사를 준비하였으며, 답안에 대해 자세한 해설도 함께 실었다. 따라서 수험생들이 왜 이것이 정답이고, 저것이 오답인지를 알 수 있으며, 왜 그런지 알뿐만 아니라 왜 그렇지 않는지도 알 수 있어, 수험생들의 시험대비 능력을 크게 키울 수 있다. 마지막으로 이 책이 한어수평고시에 응시하는 여러분께 도움이 되길 바란다.

저자

2010년 1월 25일 베이징에서

# 목차

# 新汉语水平考试（HSK）介绍

为使汉语水平考试（HSK）更好地满足于海外不断增长的汉语学习者对汉语考试的新的要求，中国国家汉办组织中外汉语教学、语言学、心理学和教育测量学等领域的专家，在充分调查、了解海外实际汉语教学情况的基础上，借鉴近年来国际语言测试研究最新成果，重新研发并将于2009年11月起逐步推出新汉语水平考试（HSK）。

## 一、考试结构

新HSK是一项国际汉语能力标准化考试，重点考查汉语非第一语言的考生在生活、学习和工作中运用汉语进行交际的能力。新HSK分笔试和口试两部分，笔试和口试是相互独立的。笔试包括HSK（一级）、HSK（二级）、HSK（三级）、HSK（四级）、HSK（五级）和HSK（六级）；口试包括HSK（初级）、HSK（中级）和HSK（高级），口试采用录音形式。

| 笔试 | 口试 |
|---|---|
| HSK（六级） | HSK（高级） |
| HSK（五级） | |
| HSK（四级） | HSK（中级） |
| HSK（三级） | |
| HSK（二级） | HSK（初级） |
| HSK（一级） | |

## 二、考试等级

新HSK各等级与《国际汉语能力标准》《欧洲语言共同参考框架（CEF）》的对应关系如下表所示：

| 新HSK | 词汇量 | 国际汉语能力标准 | 欧洲语言框架（CEF） |
|---|---|---|---|
| HSK（六级） | 5000及以上 | 五级 | C2 |
| HSK（五级） | 2500 | | C1 |
| HSK（四级） | 1200 | 四级 | B2 |
| HSK（三级） | 600 | 三级 | B1 |
| HSK（二级） | 300 | 二级 | A2 |
| HSK（一级） | 150 | 一级 | A1 |

通过HSK（一级）的考生可以理解并使用一些非常简单的汉语词语和句子，满足具体的交际需求，具备进一步学习汉语的能力。

通过HSK（二级）的考生可以用汉语就熟悉的日常话题进行简单而直接的交流，达到初级汉语优等水平。

通过HSK（三级）的考生可以用汉语完成生活、学习、工作等方面的基本交际任务，在中国旅游时，可应对遇到的大部分交际任务。

通过HSK（四级）的考生可以用汉语就较广泛领域的话题进行谈论，比较流利地与汉语为母语者进行交流。

通过HSK（五级）的考生可以阅读汉语报刊杂志，欣赏汉语影视节目，用汉语进行较为完整的演讲。

通过HSK（六级）的考生可以轻松地理解听到或读到的汉语信息，以口头或书面的形式用汉语流利地表达自己的见解。


三、考试原则

新HSK遵循"考教结合"的原则，考试设计与目前国际汉语教学现状、使用教材紧密结合，目的是"以考促教""以考促学"。

新HSK关注评价的客观、准确，更重视发展考生汉语应用能力。

新HSK制定明确的考试目标，便于考生有计划、有成效地提高汉语应用能力。


四、考试用途

新HSK延续原有HSK汉语能力考试的定位，面向成人汉语学习者。其成绩可以满足多元需求：

1．为院校招生、分班授课、课程免修、学分授予提供参考依据。

2．为用人机构录用、培训、晋升工作人员提供参考依据。

3．为汉语学习者了解、提高自己的汉语应用能力提供参考依据。

4．为相关汉语教学单位、培训机构评价教学或培训成效提供参考依据。


五、成绩报告

考试结束后3周内，考生可以通过网络查询到本人的汉语考试成绩并将获得由"国家汉办"颁发的新HSK成绩报告。

# 신 한어수평고사(HSK) 소개

한어수평고사(HSK)가 해외에서 끊임없이 증가하는 중국어 학습자의 중국어 시험에 대한 새로운 요구를 더욱 잘 만족시키기 위하여 중국 국가한반은 중외 중국어 교육, 언어학, 심리학과 교육 측정학 등 영역의 전문가를 조직하여 해외의 실제 중국어 교육 상황을 충분히 조사하고 이해한 기초를 바탕으로 최근 국제 언어 테스트 연구의 최신 성과를 참고하여 새롭게 연구 개발하였으며, 2009년 11월부터 점차 신 한어수평고사 (HSK)를 실시하게 되었다.

## 1. 시험 구조

신 HSK는 국제 중국어 능력 표준화 수준 시험으로 중국어가 모국어가 아닌 수험생의 생활, 학습과 업무에 중국어를 이용하여 소통하는 능력을 중점 측정한다. 신 HSK는 필기시험과 구술시험으로 나누어져 있으며, 필기시험과 구술시험은 서로 독립되어 있다. 필기시험은 HSK(1급), HSK(2급), HSK(3급), HSK(4급), HSK(5급), HSK(6급)으로 나누어져 있다. 구술시험은 HSK(초급), HSK(중급), HSK(고급)으로 나누어져 있으며, 녹음 형식을 채택한다.

| 필기시험 | 구술시험 |
|---|---|
| HSK (6급) | HSK (고급) |
| HSK (5급) | HSK (고급) |
| HSK (4급) | HSK (중급) |
| HSK (3급) | HSK (중급) |
| HSK (2급) | HSK (초급) |
| HSK (1급) | HSK (초급) |

## 2. 시험 등급

신 HSK 각 등급과《국제 중국어 능력 표준》,《유럽언어 공동 참고 프레임 (CEF)》의 대응 관계는 아래 표와 같다:

| 신 HSK | 어휘량 | 국제 중국어 능력 표준 | 유럽언어 프레임 (CEF) |
|---|---|---|---|
| HSK (6급) | 5,000 및 이상 | 5급 | C2 |
| HSK (5급) | 2,500 | 5급 | C1 |
| HSK (4급) | 1,200 | 4급 | B2 |
| HSK (3급) | 600 | 3급 | B1 |
| HSK (2급) | 300 | 2급 | A2 |
| HSK (1급) | 150 | 1급 | A1 |

HSK(1급)를 통과한 수험생은 매우 간단한 중국어 단어와 문장을 이해하고 사용할 수 있으며, 구체적인 소통을 할 수 있으므로 진일보한 중국어 학습 능력을 갖추었다.

HSK(2급)를 통과한 수험생은 익숙한 일상 화제에 대해 중국어로 간단하고 직접적인 교류를 할 수 있으며, 초급 중국어 우수 수준에 도달하였다.

HSK(3급)를 통과한 수험생은 중국어로 생활, 학습, 업무 등 방면의 기본 교제 임무를 완성할 수 있으며, 중국에서 여행 시 만나는 대부분의 교제 임무를 대처할 수 있다.

HSK(4급)를 통과한 수험생은 비교적 광범위한 영역의 화제에 대해 중국어로 토론을 진행할 수 있으며, 중국어를 모국어로 하는 사람과 비교적 유창하게 교류를 할 수 있다.

HSK(5급)를 통과한 수험생은 중국어 정기 간행물과 잡지를 읽고 중국어 영화와 TV 프로그램을 감상할 수 있으며, 중국어로 비교적 완전한 연설을 할 수 있다.

HSK(6급)를 통과한 수험생은 중국어 정보를 수월하게 알아듣거나 읽을 수 있으며, 구두 또는 서면 형식으로 유창한 중국어를 이용하여 자신의 견해를 표현할 수 있다.


3. 시험 등급

신 HSK는 "시험과 교육의 결합"의 원칙을 따르고, 시험 설계는 현재 국제 중국어 교육 현황, 교재사용과 긴밀하게 결합하며, 목적은 "시험으로 교육을 촉진하며", "시험으로 학습을 촉진한다"이다.

신 HSK는 평가의 객관성, 정확성을 중시하며 수험생의 중국어 응용 능력의 발전을 더욱 중요시한다.

신 HSK는 명확한 시험 목표를 제정하여, 수험생이 계획적이고 효과적으로 중국어 응용 능력을 향상시키기에 편하도록 한다.


4. 시험 용도

신 HSK는 기존의 HSK 중국어 능력 시험의 객관적인 평가의 연속으로 성인 중국어 학습자를 대상으로 한다. 신 HSK의 성적은 다양한 수요를 만족시킬 수 있다:

(1) 대학의 학생모집, 분반수업, 과정면제, 학점수여 등을 위해 참고 근거를 제공한다.

(2) 인재모집 기관의 채용, 양성, 직원의 진급 등에 참고 근거를 제공한다.

(3) 중국어 학습자가 자신의 중국어 응용 능력을 이해하고 향상시키는데 참고 근거를 제공한다.

(4) 관련 중국어 교육 부서, 양성 기관의 교육 평가 또는 양성 효과 등에
참고 근거를 제공한다.

5. 성적 보고
　시험 종료 후 3주내에 수험생은 인터넷을 통해 본인의 중국어 시험 성적을 조회
할 수 있으며, ‘국가 한반’ 이 수여한 신 HSK 성적 보고를 획득한다.

# HSK（四级）介绍

　　HSK（四级）考查考生的汉语应用能力，它对应于《国际汉语能力标准》四级，《欧洲语言共同参考框架（CEF）》B2级。通过 HSK（四级）的考生可以用汉语就较广泛领域的话题进行谈论，比较流利地与汉语为母语者进行交流。

## 一、考试对象

　　HSK（四级）主要面向按每周2－4课时进度学习汉语四个学期（两学年），掌握1200 个常用词语的考生。

## 二、考试内容

　　HSK（四级）共100题，分听力、阅读，书写三部分。

| 考试内容 | | 试题数量（个） | | 考试时间（分钟） |
|---|---|---|---|---|
| 一 听力 | 第一部分 | 10 | 45 | 约 30 |
| | 第二部分 | 15 | | |
| | 第三部分 | 20 | | |
| 二 阅读 | 第一部分 | 10 | 40 | 35 |
| | 第二部分 | 10 | | |
| | 第三部分 | 20 | | |
| 三 书写 | 第一部分 | 10 | 15 | 25 |
| | 第二部分 | 5 | | |
| 填写答题卡 | | | | 10分钟 |
| 共计 | / | 100 | | 约 100分钟 |

　　全部考试约105分钟（含考生填写个人信息时间5分钟）。

## 1. 听力

　　第一部分，共10题。每题听一次。每题都是一个人先说一小段话，另一个人根据这段话说一个句子，试卷上也提供这个句子，要求考生判断对错。

第二部分，共15题。每题听一次。每题都是两个人的两句对话，第三个人根据对话问一个问题，试卷上提供4个选项，考生根据听到的内容选出答案。

第三部分，共20题。每题听一次。每题都是4到5句对话或一小段话，根据对话或语段问一到两个问题，试卷上每题提供4个选项，考生根据听到的内容选出答案。

## 2．阅读

第一部分，共10题。每题提供一到两个句子，句子中有一个空格，考生要从提供的选项中选词填空。

第二部分，共10题。每题提供三个句子，考生要把这3个句子按顺序排列起来。

第三部分，共20题。这部分试题都是一小段文字，每段文字带一到两个问题，考生要从4个选项中选出答案。

## 3．书写

第一部分，共10题。每题提供几个词语，要求考生用这几个词语写一个句子。

第二部分，共5题。每题提供一张图片和一个词语，要求考生结合图片用这个词语写一个句子。

## 三、成绩报告

HSK(四级)成绩报告提供听力，阅读，书写和总分四个分数。总分180分为合格。

|  | 满分 | 你的分数 |
|---|---|---|
| 听力 | 100 |  |
| 阅读 | 100 |  |
| 书写 | 100 |  |
| 总分 | 300 |  |

HSK成绩长期有效，作为外国留学生进入中国院校学习的汉语能力的证明，其有效期为两年(从考试当日算起)。

# HSK（四级） 成绩报告

国家汉办/孔子学院总部
**Hanban/Confucius Institute Headquarters**

## 新 汉 语 水 平 考 试
### Chinese Proficiency Test

## HSK（四级） 成绩报告
### HSK（Level 4）Examination Score Report

姓 名：
Name

性 别：　　　　　国 籍：
Gender　　　　　Nationality

考试时间：　　　　年　　　月　　　日
Examination Date　　　Year　　Month　　Day

编 号：
No.

|  | 满分(Full Score) | 你的分数(Your Score) |
|---|---|---|
| 听力 (Listening) | 100 | |
| 阅读 (Reading) | 100 | |
| 书写 (Writing) | 100 | |
| 总分 (Total Score) | 300 | |

总分180分为合格 (Passing Score: 180)

主任
Director

中国 ·北京
Beijing China

# 신HSK (4급)소개

　　HSK (4급) 은 수험생의 중국어 응용능력을 테스트하며, 등급은 ≪국제한어능력표준≫ 4급, ≪유럽 언어 공동 참고 프레임 ( CEF ) ≫ B2급에 해당된다. HSK (4급) 테스트를 통해 수험생들은 중국어의 광범위한 테마에 대해 중국어로 토론할 수 있어야 하며, 유창하게 중국어를 모국어로 하는 사람과 의사소통을 할 수 있어야 한다.

## 一、시험 대상자

　　HSK (4급) 은 주로 매주 2-4시간으로 2년 동안 공부하고, 1,200개의 상용어휘를 알고 있는 수험생에 해당 된다.

## 二、시험 내용

HSK(4급)은 총 100문제이며, 듣기, 독해, 쓰기 3부분으로 나누어져 있다.

| 시험 내용 | | 시험문제 수 (문항) | | 시험시간 (분) |
|---|---|---|---|---|
| 一 듣기 | 제1부분 | 10 | 45 | 약 30분 |
| | 제2부분 | 15 | | |
| | 제3부분 | 20 | | |
| 二 독해 | 제1부분 | 10 | 40 | 35분 |
| | 제2부분 | 10 | | |
| | 제3부분 | 20 | | |
| 三 쓰기 | 제1부분 | 10 | 15 | 25분 |
| | 제2부분 | 5 | | |
| 답안지 작성 | | | | 10분 |
| 합계 | / | 100 | | 약 100분 |

시험 총 시간은105분이다.(수험생 개인정보 입력시간 5분 포함.)

### 1. 듣기

제1부분은 총10문항이다. 모든 문제는 한 번씩 들려준다. 모든 문제에서 한 사람이 한 단락의 문장을 읽으면, 다른 사람이 그 문장과 관련된 한 구절의 문장을 읽는다. 시험지에도 이 문장이 제시되어 있으며, 응시자는 들려주는 내용과 맞는지 판단한다.

제2부분은 총15문항이다. 모든 문제는 한 번씩 들려준다. 모든 문제는 두 사람의 대화로 이루어져 있으며, 두 문장으로 구성되어 있다. 세 번째 사람이 이 대화와 관련된 질문을 한다. 응시자는 시험지에 주어진 4개의 선택 항목 중에서 정답을 고른다.

제3부분은 총20문항이다. 모든 문제는 한 번씩 들려준다. 모든 문제는4-5 문장으로 구성된 대화 또는 단문이다. 이 내용을 들려준 후 관련된1-2개의 질문을 한다. 응시자는 시험지에 주어진4개의 선택 항목 중에서 정답을 고른다.

### 2. 독해

제1부분 총10문항이다. 모든 문제는1-2개의 문장으로 구성되어 있으며, 문장 가운데에는 하나의 빈간이 있나. 응시자는 선택 항목 중, 빈긴에 들이갈 알맞은 단어를 선택한다.

제2부분은 총10문항이다. 모든 문제는 3개의 문장으로 구성되어 있다. 응시자는 3개의 문장을 순서대로 나열한다.

제3부분은 총20문항이다. 이 부분의 문제는 하나의 단문과 그에 따른1-2개의 질문이 제시된다. 응시자는 시험지에 주어진 항목 4개 중에서 정답을 고른다.

### 3. 쓰기

제1부분은 총10문항이다. 모든 문제는 여러 개의 단어가 제시되어 있다. 응시자는 주어진 단어를 사용하여 하나의 문장을 만든다.

제2부분은 총5문항이다. 모든 문제에는 한 장의 그림과 하나의 단어가 제시된다. 응시자는 그림을 보고 주어진 단어를 사용하여 하나의 문장을 만든다.

### 三、 성적 통지

HSK(4급)성적통지는 듣기, 독해, 쓰기와 합계 점수를 제공하며 합계가 180점이면 합격이다.

| | 만점 | 당신의 점수 |
|---|---|---|
| 듣기 | 100 | |
| 독해 | 100 | |
| 쓰기 | 100 | |
| 합계 | 300 | |

HSK성적은 장기간 유효하다. 외국인 유학생으로 중국의 대학에 진학할 때 중국어능력 증명서로 쓸 경우, 유효기간은 2년이다(시험당일부터 계산한다).

# HSK（四级）考试要求及过程

## 一、 HSK（四级）考试要求

1．考试前，考生要通过《新汉语水平考试大纲HSK四级》等材料，了解考试形式，熟悉答题
方式。
2．参加考试前，考生需要带：身份证件、准考证件、2B铅笔、橡皮。

## 二、HSK（四级）考试过程

1．考试开始时，主考宣布：

> 大家好！欢迎参加HSK（四级）考试。

2．主考提醒考生（可以用考生的母语及其他有效方式）：
（1） 关闭手机。
（2） 把准考证和身份证证件放在桌子的右上方。

3．之后，主考请监考发试卷。

4．试卷发完后，主考向考生解释试卷封面上的注意内容（可以用考生的母语及其他有效方
式）：

---

### 注　意

一、HSK（四级）分三部分：
　　1．听力（45题，约30分钟）
　　2．阅读（40题，35分钟）
　　3．书写（15题，25分钟）
二、答案先写在试卷上，最后10分钟再写在答题卡上。
三、全部考试约105分钟（含考生填写个人信息时间5分钟）。

---

5．之后，主考宣布：

> 现在请大家填写答题卡。

　　主考示意考生参考准考证( 可以用考生的母语及其他有效方式) ，用铅笔填写答题卡上的姓名、国籍、序号、性别、考点、年龄、你是华裔吗？学习汉语的时间等信息。
　　姓名要求写证件上的姓名。
　　关于华裔考生的概念，可解释为：父母双方或一方是中国人的考生。

6．之后，主考宣布：

> 现在开始听力考试。

7．主考播放听力录音。

8．听力考试结束后，主考宣布：

> 现在开始阅读考试。考试时间为３５分钟。

9．阅读考试还剩5分钟时，主考宣布：

> 阅读考试时间还有5分钟。

10．阅读考试结束后， 主考宣布：

> 现在开始书写考试。考试时间为２５分钟。**请直接把答案写在答题卡上。**

主考提示考生直接把答案写在答题卡上( 可以用考生的母语及其他有效方式) ：

11．书写考试还剩5分钟时，主考宣布：

> 书写考试时间还有5分钟。

12．书写考试结束后，主考宣布：

> 现在请把第1到第８５题的答案写在答题卡上，时间为１０分钟。

主考提醒考生把答案写在答题卡上( 可以用考生的母语及其他有效方式) ：

13 . 10分钟后，主考请监考收回试卷和答题卡。

14 . 主考清点试卷和答题卡后宣布：

考试现在结束。谢谢大家！再见。

# HSK (4급)시험 요구사항과 과정

## 一、 HSK (4급)시험 요구 사항

1. 시험 전에 《신한어수평고시 대강 HSK 4급》등 자료를 통하여 시험유형을 이해하고 답안지 작성방식을 숙지해야 한다.
2. 시험 시 지참해야 할 것: 신분증, 수험표, 2B연필, 지우개.

## 二、 HSK (4급)시험 과정

1. 시험을 시작할 때 주임 시험관이 다음과 같이 말한다:

> 여러분 안녕하세요. HSK(4급)에 응시하신 것을 환영합니다.

2. 주임 시험관이 수험생에게 안내말씀을 한다. **(수험생의 모국어 또는 다른 유효한 방식을 이용할 수 있다)**:
   (1) 핸드폰을 꺼주세요.
   (2) 수험표와 신분증을 책상 우측 상단에 놓으세요.

3. 그리고 주임 시험관이 시험 감독에게 시험지를 나누어 주도록 한다.

4. 시험지를 다 나누어 준 다음, 주임 시험관이 수험생에게 시험지 표지의 주의사항을 해석해 준다. **(수험생의 모국어 또는 다른 유효한 방식을 이용할 수 있다)**:

---

### 주 의

一、HSK(4급)은 세 부분으로 나누어져 있다.
　1. 듣기 (45문제 약 35분)
　2. 독해 (40문제, 35분)
　3. 쓰기 (15문제, 25분)
二、**답안은 우선 시험지에 적고, 마지막 10분 남았을 때 답안지에 옮겨 적는다.**
三、시험 총 시간은 105분이다(수험생 개인정보 입력시간 5분 포함).

---

5. 그리고 나서 주임 시험관이 말한다:

> 지금부터 여러분의 답안지 카드를 작성하십시오.

    주임 시험관은 수험생에게 수험표를 참고하여(**수험생의 모국어 또는 다른 유효한 방식을 이용할 수 있다**), 연필로 답안지 카드에 성명, 국적, 수험표번호, 성별, 시험 장소, 나이, 당신은 화교입니까? 중국어를 배운 시간 등 정보를 적어 넣도록 한다.
    성명은 증명서의 이름을 써야 한다.
    화교의 개념을 해석하자면 부모 쌍방 혹은 부모 중 한 쪽이 중국인인 수험생을 말함.

6. 그리고 나서 주임 시험관이 말한다:

> 지금부터 듣기시험을 시작합니다.

7. 주임 시험관이 듣기시험녹음을 틀어준다.

8. 듣기시험이 끝나면 주임 시험관이 말한다:

> 지금부터 독해시험을 시작합니다. 시험시간은 35분입니다.

9. 독해시험 시간이 5분 남았을 때 주임 시험관이 말한다.

> 독해시험이 5분 남았습니다.

10. 독해시험이 끝나면 주임 시험관이 말한다:

> 지금부터 쓰기시험을 시작합니다. 시험시간은 25분입니다. **답안을 직접 답안지에 적어주십시오.**

주임 시험관은 수험생에게 답안을 직접 답안지에 작성할 것을 일깨워 준다(**수험생의 모국어 또는 다른 유효한 방식을 이용할 수 있다**).

11. 필기시험시간이 5분 남았을 때 주임 시험관이 말한다:

> 쓰기시험이 5분 남았습니다.

12. 쓰기시험 끝나면 주임 시험관이 말한다.

> 지금부터 문제 1-85의 답안을 답안지에 옮겨 적으시오. 시간은 10분입니다.

주임 시험관은 수험생에게 답안을 직접 답안지에 작성할 것을 일깨워 준다(**수험생의 모국어 또는 다른 유효한 방식을 이용할 수 있다**).

13. 10분 후 주임 시험관은 시험 감독에게 시험지와 답안지를 거두도록 한다.

14. 주임 시험관은 시험지와 답안지를 체크하고 말한다:

> 시험을 여기서 마치겠습니다. 감사합니다.

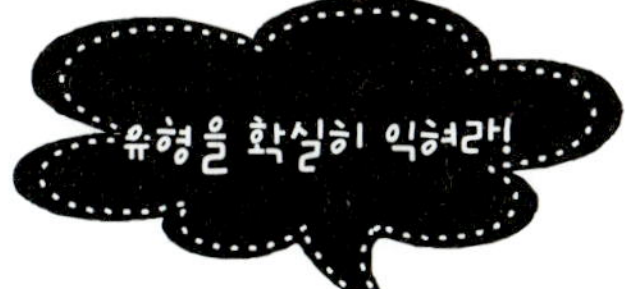


# 실전모의시험

欲速则不达　≪论语·子路≫

일을 너무 서두르면 오히려 목적을
이루지 못한다.

# 新 汉 语 水 平 考 试 题

## HSK（四级）模拟试题（1）

注　意

一、HSK（四级）分三部分：

　　1. 听力（45题，约30分钟)

　　2. 阅读（40题，35分钟)

　　3. 书写（15题，25分钟）

二、答案先写在试卷上，最后10分钟再写在答题卡上。

三、全部考试约105分钟（含考生填写个人信息时间5分钟）

# 一、听 力

## 第 一 部 分

第1－10题: 判断对错。

例如：我想去办个信用卡，今天下午你有时间吗？陪我去一趟银行？

  ★ 他打算下午去银行。          （√）

  现在我很少看电视，其中一个原因是，广告太多了，不管什么时间，也不管什么节目，只要你打开电视，总能看到那么多的广告，浪费我的时间。

  ★ 他喜欢看电视广告。          （X）

1．★ 火车一点到达北京。        （  ）

2．★ 有些年轻人婚后暂时不想要孩子。   （  ）

3．★ 小张觉得他的工资少。       （  ）

4．★ 他已经出院了。         （  ）

5．★ 现在是春天。          （  ）

6．★ 前些年北京风沙不太大。      （  ）

7．★ 小张现在是部门主管了。      （  ）

8．★ 他想买新车。          （  ）

9．★ 她在美发屋。          （  ）

10．★ 他害怕坐电梯。         （  ）

# 第 二 部 分

第11−25题: 请选出正确答案。

例如：女：该加油了，去机场的路上有加油站吗？
男：有，你放心吧。
问：男的主要是什么意思?
A 去机场　　　　　B 快到了　　　　　C 油是满的　　　　　D 有加油站　√

11.　A 复印要花钱　　　B 女的要吃饭　　　C 复印要排队　　　D 复印机坏了

12.　A 结婚不容易　　　B 打算今年结婚　　C 他不打算结婚　　D 他已经结婚了

13.　A 天黑了　　　　　B 衣服湿了　　　　C 要下雨了　　　　D 忘了带手机

14.　A 彩电　　　　　　B 冰箱　　　　　　C 电风扇　　　　　D 洗衣机

15.　A 想睡觉　　　　　B 想看电视　　　　C 想一起吃饭　　　D 想给小明钱

16.　A 很咸　　　　　　B 很油腻　　　　　C 非常好吃　　　　D 觉得有点儿辣

17.　A 心细　　　　　　B 幽默　　　　　　C 马大哈　　　　　D 没有耐心

18.　A 棒极了　　　　　B 法国队赢了　　　C 意大利队赢了　　D 两个队踢平了

19.　A 多喝开水　　　　B 去医院看病　　　C 买点儿药吃　　　D 在家里休息

20.　A 律师　　　　　　B 秘书　　　　　　C 教师　　　　　　D 服务员

21.　A 回老家　　　　B 打工赚钱　　　　C 一个人去旅游　　　D 跟旅行社旅游

22.　A 市场里　　　　B 饭店里　　　　　C 百货商店里　　　　D 出租汽车里

23.　A 12月6号　　　B 12月8号　　　　C 12月10号　　　　D 12月16号

24.　A 他没有钱　　　B 不感兴趣　　　　C 他喜欢花钱　　　　D 手机还能用

25.　A 开车　　　　　B 开会　　　　　　C 加班　　　　　　　D 吃饭

第 三 部 分

第26－45题：选出正确答案。

例如：男： 把这个文件复印五份，一会儿拿到会议室发给大家。
　　　女： 好的。会议是下午3点吗？
　　　男： 改了。三点半，推迟了半个小时。
　　　女： 好，602会议室没变吧？
　　　男： 对，没变。
　　　问： 会议几点开始？
　　　A 两点　　　　　　　B 3点　　　　　　　C 3：30　✓　　　　　D 6点


26.　　A 两个人　　　　　B 三个人　　　　　C 四个人　　　　　D 五个人

27.　　A 赞成　　　　　　B 不赞成　　　　　C 责怪他　　　　　D 感到很意外

28.　　A 比赛　　　　　　B 奥运会　　　　　C 一道化学题　　　D 一道数学题

29.　　A 他变心了　　　　B 他脾气不好　　　C 他爸爸反对　　　D 他妈妈反对

30.　　A 太麻烦　　　　　B 只有大雨伞　　　C 雨已经停了　　　D 他没有雨伞

31.　　A 外面下雨了　　　B 今天不营业　　　C 擦得不干净　　　D 清洁工没来上班

32.　　A 五块钱　　　　　B 七块钱　　　　　C 十块钱　　　　　D 十五块钱

33.　　A 医院里　　　　　B 商店里　　　　　C 市场里　　　　　D 大街上

34.　　A 升职了　　　　　B 开工资了　　　　C 发奖金了　　　　D 她喜欢他

35.　A 应该一起去　　　　B 她不太想去　　　　C 应该买礼物　　　　D 不用买礼物

36.　A 上网　　　　B 网上银行　　　　C 网上聊天儿　　　　D 网上购物的利弊

37.　A 网上　　　　B 超市　　　　C 电视购物　　　　D 百货商店

38.　A 做饭　　　　B 洗衣服　　　　C 照顾孩子　　　　D 去公司上班

39.　A 做饭　　　　B 洗衣服　　　　C 买牛奶　　　　D 说服婆婆

40.　A 感冒　　　　B 拉肚　　　　C 肺结核　　　　D 以前少有的病

41.　A 不运动　　　　B 乱吃药　　　　C 环境污染　　　　D 饮食不合理

42.　A 律师　　　　B 厨师　　　　C 推销员　　　　D 电视节目主持人

43.　A 鼓励消费　　　　B 锻炼身体　　　　C 不应该浪费　　　　D 健康的消费意识

44.　A 技能　　　　B 勇气　　　　C 热情　　　　D 智慧

45.　A 外企　　　　B 大企业　　　　C 就业难　　　　D 大学生就业问题

# 二、阅 读

第 一 部 分

第46－50题：选词填空。

A 好好儿　　　　B 到底　　　C 热情　　　　D 高达　　　　E 把　　　　F 坚持

例如：她每天都（　F　）走路上下班，所以身体一直很不错。

46.　中国人非常喜欢红色，因为红色代表着（　　　　）、勤奋和能量。

47.　据调查表明，我国18岁以上的居民当中，高血压患者（　　　　）18.8%。

48.　你先回饭店（　　　　）休息一下，晚上我来接你。

49.　你（　　　　）想不想去？如果你不想去的话，那我就自己去了。

50.　你先（　　　　）这些资料复印一下，然后再帮我预定一下明天去南京的火车票。

第51－55题：选词填空。

　　　　A 开演　　　　　B 充电　　　　　C 上场　　　　　D 打扰　　　　E 戒掉　　　　F 温度

例如：A:　今天真冷啊，好像白天最高（ F ）才2℃。

　　　B:　刚才电视里说明天更冷。

51．A:　这么晚还来（　　　）您，真不好意思。

　　　B:　没关系，快进来吧。

52．A:　你等一下，我去买盒烟。

　　　B:　你就不能把烟（　　　）吗？

53．A:　电影几点（　　　）？

　　　B:　10点，还有一个小时，我们去吃点儿东西吧。

54．A:　才回来啊？你的电话怎么总是关机啊？

　　　B:　对不起，我忘了（　　　）了。

55．A:　我的篮球不如小王，他原来是校篮球队的，所以还是让他去参加比赛吧。

　　　B:　我们还缺两个人，所以你也得（　　　）。

第56－65题：排列顺序。


例如：A: 可是今天起晚了

　　　　B: 平时我骑自行车上下班

　　　　C: 所以就打车来公司


B　A　C


56．A: 而我却非常喜欢运动

　　　B: 我跟我男朋友的兴趣爱好完全不同

　　　C: 他喜欢喝酒，不喜欢运动


57．A: 大熊猫是我国的国宝

　　　B: 它喜欢吃新鲜的竹笋、竹叶，也吃肉

　　　C: 主要生活在四川、甘肃和陕西


58．A: 我一喝咖啡就睡不着觉

　　　B: 我喜欢喝绿茶，不喜欢喝咖啡

　　　C: 另外喝咖啡对身体也不好


59．A: 但总算有了固定收入

　　　B: 不用再像以前那样，每天在家里看父母的脸色了

　　　C: 虽然工资不高

60. A: 再过一个星期我们就搬到新房去住了

    B: 我和爱人辛辛苦苦攒了十多年

    C: 终于买上了房子

___________


61. A: 还可以在网上购物

    B: 在网上我们可以查找各种资料

    C: 因特网给我们的生活带来了很多方便

___________


62. A: 北京的私家车越来越多

    B: 所以政府鼓励市民坐公交车上下班

    C: 交通问题也就越来越严重了

___________


63. A: 因为冬天天气寒冷，缺乏食物

    B: 动物熟睡时，消耗的能量比较少

    C: 动物为什么要冬眠呢?

___________


64. A: 不仅晋升的机会多

    B: 而且又能学到很多东西

    C: 在大公司工作的话

___________


65. A: 负责销售工作

    B: 我曾经在谷歌的人事部担任过行政助理

    C: 后来调到销售部

___________

## 第 三 部 分

第66－85题：请选出正确答案。

例如：她很活泼，说话很有趣，总能给我们带来快乐，我们都很喜欢和她在一起。

    ★ 她是个什么样的人？

A 幽默　　　√　　　B 马虎　　　　　C 骄傲　　　　　D 害羞

66. 看着蓝蓝的天，心想这么好的阳光，关在屋子里太可惜了，所以我给小张打了个电话，约他一起去香山玩儿。

    ★ 根据这段话，可以知道：

A 我心情很好　　　B 今天天气很好　　C 天气太可惜了　　D 我喜欢在家里

67. 小陈的爱好非常广泛，尤其是在文艺方面，音乐、舞蹈、画画儿没有他不喜欢的，体育方面就更不用说了。

    ★ 关于小陈，我们可以知道什么？

A 朋友多　　　　B 喜欢交朋友　　　C 不喜欢体育　　　D 喜欢各种文体活动

68. 天气在逐渐转暖，可是白天和夜间的温差仍然很大，夜晚会比较冷，出门要多穿衣服。另外还要保持室内的湿度，以免得病。

    ★ 根据这段话，我们可以知道什么？

A 天气干冷　　　　B 现在是秋天　　　C 天气很潮湿　　　D 得病的人多

69. 学生每天看电视的时间超过三个小时的话，既会耽误学习，又会影响身体健康。特别是有些电视节目的内容不适合中小学生看，因此，应该限制他们看电视的时间。

    ★ 根据这段话，可以知道中小学生：

A 不用学习　　　　B 要多运动　　　C 应该看电视　　　D 要限制他们看电视

70. 自从有了电脑之后，坐在电脑前的时间多了，而人和人之间的交流少了，运动的
时间也减少了，身体的抵抗力也下降了。

   ★ 这段话主要谈的是：

     A 没时间运动　　　　B 打电脑的坏处　　　C 人们喜欢上网　　　D 人们喜欢交流


71. 杭州湾跨海大桥是一座横跨中国杭州湾海域的跨海大桥，它北起浙江，南至宁
波，全长36公里，是目前世界上最长的跨海大桥。

   ★ 杭州湾跨海大桥：

     A 是天桥　　　　　　B 是木桥　　　　　　C 是世界之最　　　　D 位于杭州市


72. 生活中，有悲，有喜。在生活中，你会学到很多东西，它会教你怎么做人，怎么学
习，它是人的一生中最好的老师。

   ★ 一生中最好的老师是：

     A 生活　　　　　　　B 父母　　　　　　　C 小学老师　　　　　D 班主任老师


73. 关心别人是一种美德。生活在这世界上，难免遇到困难。每当这时，就会希望有
人关心，有人帮助。而要想得到别人的关心和帮助，必须先学会关心别人。

   ★ 这段话主要说：

     A 关心自己　　　　　B 要关心别人　　　　C 怎样关心别人　　　D 希望有人关心


74. 以前大家都到书店去买书，然而现在更多的年轻人喜欢在网上书店买书，这样不
仅不用出门，而且还给打七八折。

   ★ 现在许多年轻人：

     A 喜欢上网　　　　　B 不喜欢出门　　　　C 到书店买书　　　　D 在网上购书


75. 没有孩子不是不能活，两人世界也不是不浪漫。问题是家庭的压力，世俗的眼光。
做女人难，做一个不生孩子的女人更难。

   ★ 根据这段话，我们可以知道：

     A 早结婚好　　　　　B 没有孩子好　　　　C 养不起孩子　　　　D 父母反对不生孩子

76. 怎样才能减肥呢? 减肥不应该依赖于减肥药, 因为减肥药多多少少对身体有负面影响, 多锻炼自然会瘦身的, 还能增强自身的免疫力。

★ 减肥应该:

A 不吃饭　　　　B 少吃饭　　　　C 多运动　　　　D 吃减肥药

77. 早上我听了天气预报, 所以就带上了伞。大家看见我的伞, 似乎在笑我。下课的时候, 突然下起阵雨来了, 同学们都用羡慕的眼光看着我。

★ 根据这段话, 我们可以知道:

A 他很粗心　　　　B 他喜欢笑　　　　C 大家羡慕他　　　　D 今天没下雨

78. 从上周起, 我开始打工教汉语了。这样我就不用跟父母要零花钱了, 如果假期他们还要跟我学汉语的话, 我不打算回老家了。

★ 根据这段话, 可以知道我:

A 是学生　　　　B 是老师　　　　C 喜欢学习　　　　D 是公司职员

79. 花最多时间跟父母呆在一块儿, 陪父母一起感受家庭的温暖。我们常想可以等到有出息了、有钱了, 让父母过上好日子, 但是父母不能等, 也等不了。

★ 父母为什么不能等?

A 没有时间　　　　B 会去世的　　　　C 身体不好　　　　D 想早点儿回家

80-81.

　　一天, 狐狸胖胖发现了一块儿又大又肥的肉, 它想: "这么大的一块肉, 我得请我的朋友一起吃。"于是狐狸胖胖把花花、晶晶、宁宁邀请到了家里。它把肉切成了三块, 却忘了自己的那份, 怎么办呢?　　想了半天, 狐狸说: "我最近在减肥。"伙伴们说: "不不不, 还是我们大家一起吃吧! "于是, 它们又重新把肉分成了四份, 它们每人一份, 吃得非常香!

★ 狐狸胖胖:

A 很善良　　　　B 很狡猾　　　　C 很贪心　　　　D 很幽默

★ 最初狐狸把肉切成了几块儿?

A 一块儿　　　　B 两块儿　　　　C 三块儿　　　　D 四块儿

82-83.

　　随着生活水平的提高，我们的居住环境也有了很大的改善。首先居住面积跟以前比大了许多，其次房屋的装修也越来越豪华了，然而房屋天花板的高度却越来越低了。美国明尼苏达大学最近的一项研究结果显示，人们在天花板较高的房间里，可以激发出各种创造性的想法。而在天花板低的房间里，这种能力就会受到抑制。

★ 天花板的高度会影响人们的：

　A 思维　　　　　　B 睡眠　　　　　　C 健康　　　　　　D 性格

★ 我们的居住环境有了很大的改善，屋顶的高度：

　A 跟以前一样　　　B 越来越低了　　　C 越来越高了　　　D 不受任何限制

84-85.

　　傣族主要聚居在云南省西双版纳傣族自治州等地，有自己的语言和文字，傣族人不仅能歌善舞，而且创造了灿烂的文化。傣族人的风俗习惯比较特别，忌讳也比较多。比如说，忌讳外人骑马、赶牛；进入傣家竹楼，要把鞋脱在门外，他们的婚俗更是特别。

★ 这段话主要介绍的是：

　A 傣族　　　　　　B 傣族的文化　　　C 傣族的婚俗　　　D 傣族人的忌讳

★ 关于傣族，我们可以知道：

　A 没什么忌讳　　　B 喜欢吃羊肉　　　C 有自己的文字　　　D 没有自己的语言

# 三、书写

## 第 一 部 分

第86-95题：完成句子。

例如：　那座桥　　　　　800年的　　　　历史　有　　了

　　　　<u>那座桥有800年的历史了。</u>


86. 电影　　　喜欢　　　中国　　　他　　　看

87. 感兴趣　　　我　　　对　　　中国历史　　　很

88. 更　　　那里　　　的　　　便宜　　　东西

89. 幽默的　　　每个人　　　老师　　　都　　　喜欢

90. 一些　　　给了　　　复习　　　材料　　　老师

91. 听懂　　　能　　　他　　　一点儿　　　日语

92. 衣服　　　的　　　怎么样　　　这件　　　颜色

93. 是　　　他　　　人　　　非常　　　一个　　　细心的

94. 火车票　　　买到　　　你　　　明晚去北京的　　　吗　　　了

95. 符合　　　太　　　这个产品　　　不　　　标准

# 第 二 部 分

第96–100题：看图，用词造句。

例如：　　　　　　　　乒乓球　　　<u>她很喜欢打乒乓球。</u>

96. 　　　买　　　　97. 　　　回答

98. 　　　菜　　　　99. 　　　会

100. 　　　碎

# 新 汉 语 水 平 考 试 题

## HSK（四级）模拟试题（2）

注　　意

一、HSK（四级）分三部分：

　　1. 听力（45题，约30分钟)

　　2. 阅读（40题，35分钟)

　　3. 书写（15题，25分钟）

二、答案先写在试卷上，最后10分钟再写在答题卡上。

三、全部考试约105分钟（含考生填写个人信息时间5分钟）

# 一、听 力

## 第 一 部 分

第1－10题: 判断对错。

例如：我想去办个信用卡，今天下午你有时间吗？陪我去一趟银行？

    ★ 他打算下午去银行。 （√）

    现在我很少看电视，其中一个原因是，广告太多了，不管什么时间，也不管什么节目，只要你打开电视，总能看到那么多的广告，浪费我的时间。

    ★ 他喜欢看电视广告。 （X）

1. ★ 这里是火车站。 （ ）

2. ★ 现在大学生的工资低得可怜。 （ ）

3. ★ 小李觉得百货商店里的衣服值得买。 （ ）

4. ★ 王刚打算下班以后跟他一起去吃饭。 （ ）

5. ★ 他让丽丽再发一次电子邮件。 （ ）

6. ★ 张阿姨家的孩子是请老师学弹钢琴的。 （ ）

7. ★ 他让小王预定饭店和机票。 （ ）

8. ★ 他想买个小房子。 （ ）

9. ★ 他在商店里。 （ ）

10. ★ 那家快餐厅的菜非常好吃。 （ ）

第11－25题: 请选出正确答案。

例如：女：该加油了，去机场的路上有加油站吗？
男：有，你放心吧。
问：男的主要是什么意思？
A 去机场　　B 快到了　　C 油是满的　　D 有加油站　✓

11. A 在家　　　　B 在单位　　　C 在外地　　　D 不清楚

12. A 3万多块　　B 4万块　　　C 4万4千块　　D 4万5千块

13. A 20年前的同学　B 20岁时的同学　C 20年前的老师　D 20年前的同事

14. A 水果店　　　B 服装店　　　C 大型超市　　　D 公用电话亭

15. A 为了钱　　　B 为了上班近　C 想换个环境　　D 想多拿奖金

16. A 七点半　　　B 八点　　　　C 八点半　　　　D 九点

17. A 秘书　　　　B 老师　　　　C 警察　　　　　D 公务员

18. A 生气　　　　B 埋怨　　　　C 赞成　　　　　D 很高兴

19. A 非常脏　　　B 还可以　　　C 不清楚　　　　D 非常干净

20. A 太潮　　　　B 太热　　　　C 太干燥　　　　D 又热又干

21.　A 在喝酒　　　　B 在学习　　　　C 在看电影　　　　D 在公司工作

22.　A 很贵　　　　B 很便宜　　　　C 不好看　　　　D 不适合她穿

23.　A 结婚　　　　B 找工作　　　　C 读研究生　　　　D 去外国留学

24.　A 旅游　　　　B 天气　　　　C 昆明的风景　　　　D 海南岛的风景

25.　A 寄钱　　　　B 寄书　　　　C 寄衣服　　　　D 寄吃的

## 第 三 部 分

第26－45题：选出正确答案。

例如：男： 把这个文件复印五份，一会儿拿到会议室发给大家。
　　　女： 好的。会议是下午3点吗？
　　　男： 改了。三点半，推迟了半个小时。
　　　女： 好，602会议室没变吧？
　　　男： 对，没变。
　　　问： 会议几点开始？
　　　A 两点　　　　　B 3点　　　　C 3：30　√　　　D 6点


26.　　A 非常赞成　　　　B 非常羡慕　　　　C 价钱很便宜　　　D 价钱太贵了

27.　　A 春天　　　　　　B 夏天　　　　　　C 秋天　　　　　　D 冬天

28.　　A 做着吃很好　　　B 她喜欢做饭　　　C 做着吃很麻烦　　D 买着吃很麻烦

29.　　A 没买到票　　　　B 女的受伤了　　　C 单位有急事　　　D 家里来客人了

30.　　A 他们刚认识　　　B 他们俩是同事　　C 他们俩是邻居　　D 他们俩是同学

31.　　A 孩子的个子　　　B 孩子的教育　　　C 孩子的优点　　　D 孩子的缺点

32.　　A 丢了　　　　　　B 没电池了　　　　C 不能用了　　　　D 需要修理

33.　　A 2.5元　　　　　B 3.5元　　　　　C 10元　　　　　　D 35元

34.　　A 他们喜欢吃　　　B 他们是恋人　　　C 学校食堂很远　　D 他们决定吃抻面

35.　A 问路　　　　　B 买东西　　　　C 找银行　　　　D 找旅店

36.　A 睡觉　　　　　B 看电视　　　　C 到外面散心　　D 吃好吃的东西

37.　A 压力大　　　　B 要多运动　　　C 要互相帮助　　D 要保持良好的心态

38.　A 很幽默　　　　B 很开朗　　　　C 很勇敢　　　　D 是书呆子

39.　A 拒绝　　　　　B 不高兴　　　　C 吓了一跳　　　D 想跟王平一起散步

40.　A 一般　　　　　B 很畅通　　　　C 很拥挤　　　　D 信号灯总是坏

41.　A 他性格很急　　B 地铁修好了　　C 他经常迟到　　D 他们单位很远

42.　A 羡慕　　　　　B 失望　　　　　C 后悔　　　　　D 庆幸

43.　A 没锁好门　　　B 忘了锁门　　　C 是个马大哈　　D 今天他休息

44.　A 做菜　　　　　B 中国菜　　　　C 中国人　　　　D 中国文化

45.　A 因为便宜　　　B 因为油腻　　　C 因为味道好　　D 因为送货到家

# 二、阅 读

## 第 一 部 分

第46－50题：词填空。

    A 应该       B 等      C 古老      D 可能性     E 看样子     F 坚持

例如：她每天都（ F ）走路上下班，所以身体一直很不错。

46．北京是一座（　　　）的城市，也是中国历史上几个朝代的首都。

47．大量研究结果表明，吸烟的人比不吸烟的人患肝癌的（　　　）要大得多。

48．其实人老了，总呆在家里也不太好，（　　　）多出去运动运动。

49．我们已经等了半个多小时了，（　　　）汽车是不会来了，我们还是打车吧。

50．我把车停在二楼的停车场了，你在这儿（　　　）我一会儿。

第51-55题：选词填空。

A 可　　　B 组团　　　C 卫生间　　　D 连　　　E 楼梯　　　F 温度

例如：A:　今天真冷啊，好像白天最高（　F　）才2℃。

　　　B:　刚才电视里说明天更冷。

51. A:　暑假我们想（　　　　）去杭州旅行，你去不去?

　　 B:　不好意思，我已经去过了。

52. A:　老张，干吗不坐电梯走（　　　　）啊?

　　 B:　为了锻炼身体啊。

53. A:　你又买新衣服啦?

　　 B:　漂亮吧?　这（　　　　）是世界名牌儿，打六折买的，便宜吧?

54. A:　这套房子有几个（　　　　）?

　　 B:　卧室里有一个，客厅里还有一个。

55. A:　喂，您是哪位啊?

　　 B:　是我，李冬，当上了总经理（　　　　）老同学的声音都听不出来了?

第 二 部 分

第56-65题：排列顺序。

例如：A： 可是今天起晚了

　　　 B： 平时我骑自行车上下班

　　　 C： 所以就打车来公司

B　A　C

56．A： 但为了方便顾客

　　 B： 现在有很多银行周六也营业

　　 C： 一般来说，周末的时候，银行是休息的

56. ___________________

57．A： 每年七月，法国都举行自行车比赛

　　 B： 一共有21个赛段

　　 C： 法国自行车赛全程3870公里

57. ___________________

58．A： 我排了一天的队，还是没买到票

　　 B： 一到过春节的时候， 大家都想回老家过年

　　 C： 所以火车票非常紧张

58. ___________________

59．A： 所以吃完以后剩下的饭菜一定要放在冰箱里

　　 B： 因为夏天气温高，再加上潮湿

　　 C： 食品很容易变质

59. ___________________

60. A: 但同时也要具备各种能力

　　 B: 现在的年轻人跟以前比

　　 C: 机会确实多了不少


61. A: 羽毛球是人们非常喜爱的一项体育运动

　　 B: 在什么地方都可以打

　　 C: 原因之一是不受场地的限制


62. A: 连偏远的山区也都被污染了

　　 B: 现在环境污染越来越严重

　　 C: 无论是大城市还是小城市


63. A: 河马虽然喜欢呆在水里

　　 B: 吃东西必须上岸

　　 C: 但是它们在水里时绝不进食


64. A: 而且又善于交际

　　 B: 他的业务能力很强

　　 C: 所以我觉得他是最佳人选


65. A: 不能喝酒，更不能抽烟

　　 B: 保证充分的睡眠

　　 C: 大夫对我说，要注意休息

第 三 部 分

第66－85题：请选出正确答案。

例如：她很活泼，说话很有趣，总能给我们带来快乐，我们都很喜欢和她在一起。

  ★ 她是个什么样的人？
  A 幽默  √  B 马虎    C 骄傲    D 害羞

66. 我刚在一家贸易公司找到一份工作，收入倒是不错，可是工作量特别大，所以我每
  天都得加班加点。

  ★ 根据这段话，可以知道我：

  A 收入低    B 工作很轻松  C 以前是大学生  D 不能正点下班

67. 假期我本来打算去西藏旅游，可是小张找到我说，他们公司有些英文资料需要马上
  翻译出来，没办法我只好答应了。

  ★ 根据这段话，可以知道我：

  A 喜欢旅游   B 不想去旅游  C 不能去旅游了  D 去西藏旅游了

68. 气候干燥的时候要注意多喝水，但是喝水太多也不利于健康，特别是在很短的时间
  内，喝太多的水会使心脏的负担加重，所以喝水也要讲究科学。

  ★ 根据这段话，我们可以知道：

  A 应该少喝水  B 现在是夏季  C 注意喝水方法  D 多喝茶多运动

69. 中国是茶的故乡，人们常常用茶来招待客人，中国生产茶叶的历史已经有两千多年
  了，人们最早喝的茶是绿茶，后来才开始喝红茶。

  ★ 根据这段话，我们可以知道中国：

  A 不生产茶叶  B 只有乌龙茶  C 是茶的祖先  D 产茶有两千多年

70. 青少年不应过早配戴眼镜，因为青少年身体正处于生长发育阶段，如果及时治疗的话，视力是可以恢复过来的。

    ★ 这段话，主要谈的是青少年：

    A 视力不好        B 正在成长        C 应该配戴眼镜    D 不宜过早戴眼镜

71. 珠江三角洲，是组成珠江的西江、北江和东江入海时，冲击沉淀而形成的一个三角洲，面积大约一万多平方公里。

    ★ 珠江三角洲：

    A 是三角形        B 是四角形        C 是五角形        D 是长方形

72. 良好的学习习惯，可以激发学生的学习积极性和主动性，可以提高学习效率，还可以培养学生的创新精神和创造能力，使学生终生受益。

    ★ 能使学生终生受益的是：

    A 主动性          B 学习效率        C 学习积极性      D 好的学习习惯

73. 人际关系是我们生活中的一个重要组成部分。如果搞不好人际关系，将对我们的工作、生活及心理健康有不良的影响。

    ★ 根据这段话，我们可以知道人际关系：

    A 不重要          B 非常重要        C 让人头痛        D 让人兴奋

74. 每个人的自信心是非常重要的，只有自己真的相信自己，才能让别人相信你。如果你对自己没有信心的话，那么做什么事你都不会成功的。

    ★ 这段话主要谈的是：

    A 成功之道        B 相信自己        C 要有自信心      D 让别人相信你

75. 一个富翁和一个穷人是邻居，穷邻居日子过得还很开心。富翁很不理解，穷邻居告诉他说，因为我没有钱，不用担心有人来偷，所以我过得很快乐。

    ★ 穷邻居：

    A 羡慕富翁        B 过得很开心      C 过得不开心      D 担心自己没钱

76. 怎样才能学习好呢？上课时认真听讲，做好课堂笔记。做作业时认真做。做完作业
　　后，复习复习老师上课讲的内容，另外还要预习第二天要学的内容。

　　　★ 这段话主要谈的是：

　　　A 要预习　　　　　B 应该复习　　　　　C 要认真听讲　　　　D 提高成绩的办法

77. 早上起床以后，一看表已经八点半了，我急忙穿上衣服，打车来到了公司。可是公司
　　里一个人也没有，我觉得很奇怪，一看挂历我才发觉，今天是礼拜天。

　　　★ 今天公司里为什么一个人也没有？

　　　A 今天休息　　　　B 都下班了　　　　　C 都去开会了　　　　D 都去做礼拜了

78. 找工作的时候，我最先考虑的是薪水，其次是企业的发展前景，最后是工作环境。
　　当然如果是我喜欢做的事情的话，那就更好了。

　　　★ 根据这段话，可以知道我：

　　　A 重视收入　　　　B 是大学生　　　　　C 找工作很难　　　　D 找到工作了

79. 对中小学生来说适当的竞争和压力是必需的，但不能以孩子的幸福为代价，至少让
　　孩子每天能有一到两个小时的自由时间。这样，才会让他们觉得有期盼、有动力。

　　　★ 根据这段话，可以知道中小学生：

　　　A 没有压力　　　　B 没有竞争　　　　　C 应该旅游　　　　D 应该有自由时间

80-81.

　　　一只鸟儿和一棵树是好朋友。鸟儿坐在树枝上，天天给树唱歌。树呢，天天
　　听着鸟儿唱歌。寒冷的冬天就要来到了，鸟儿必须离开树，飞到很远很远的地方
　　去。鸟儿说："我明年一定回来，给你唱歌。"鸟儿说完，就向南方飞去了。春
　　天来了，鸟儿回到这里，找它的好朋友。可是，发现树不见了，只剩下树根，鸟
　　儿伤心地哭了起来。

　　　★ 鸟儿天天给谁唱歌？

　　　A 风　　　　　　　B 树　　　　　　　　C 树枝　　　　　　　D 树根

　　　★ 第二年春天鸟儿回来找它的朋友时：

　　　A 树死了　　　　　B 树被砍了　　　　　C 树飞走了　　　　D 树变心了

82-83.

　　现在懒人越来越多，做懒人的买卖，可以赚大钱。所谓的懒人，不是无所事事的懒人，而是勤奋的懒人。他们收入丰厚，只是因为工作太忙，没有时间关注专业以外的事情。懒人商品种类繁多，有能拖地的拖鞋，有家喻户晓的方便面，还有很多类似速冻饺子的速冻食品。

★ 在这里懒人是指：

A 退休的人　　　　B 懒惰的人　　　　C 呆在家里的人　　D 忙于工作的人

★ 这段话的题目应该是：

A 懒人　　　　　　B 勤奋的人　　　　C 赚钱之道　　　　D 有趣的人

84-85.

　　喜马拉雅地区是世界上高峰最密集的地方。它的平均海拔高达6000米以上，拥有10座8000米以上的高峰，50多座7000米以上的高峰。这些巨型高峰从西北向东南分布。喜马拉雅山系的面积达60多万平方公里，其中珠穆朗玛峰高为8848.13米，是世界之最。

★ 喜马拉雅地区：

A 是平原　　　　　B 是高原　　　　　C 是盆地　　　　　D 是沙漠

★ 珠穆朗玛峰：

A 六千八百米　　　B 不到九千米　　　C 没有人敢登　　　D 位于新疆境内

# 书 写

## 第 一 部 分

第86-95题：完成句子。

例如： 那座桥　　　　800年的　　　　历史　　有　　　了

　　　　<u>那座桥有800年的历史了。</u>


86. 泰国　　　想　　　留学　　　他　　　去

87. 了解　　　我　　　对　　　这里的情况　　　不太

88. 比　　　我　　　高　　　小张　　　一点儿

89. 自己的　　　每个人　　　生活习惯　　　都　　　有

90. 两本　　　买了　　　我　　　汉语书　　　昨天

91. 听懂　　　能　　　他说的　　　我　　　话

92. 新买　　　的　　　怎么样　　　我　　　裙子

93. 坐　　　上班　　　地铁　　　我　　　每天早上

94. 话　　　听明白　　　你　　　我说的　　　吗　　　了

95. 大学　　　在　　　我爸爸　　　不　　　工作

第96–100题：看图，用词造句。

例如：　　　　　　　　乒乓球　　　她很喜欢打乒乓球。

_______________

96.　　　　　　　　　　有

97.　　　　　　　　　　觉得

98.　　　　　　　　　　多少

99.　　　　　　　　　　饱

100.　　　　　　　　　　经常

# 新 汉 语 水 平 考 试 题

## HSK（四级）模拟试题（3）

注　　意

一、HSK（四级）分三部分：

1．听力（45题，约30分钟)

2．阅读（40题，35分钟)

3．书写（15题，25分钟）

二、答案先写在试卷上，最后10分钟再写在答题卡上。

三、全部考试约105分钟（含考生填写个人信息时间5分钟）

# 一、听力

## 第 一 部 分

第1－10题: 判断对错。

例如：我想去办个信用卡，今天下午你有时间吗？陪我去一趟银行？

    ★ 他打算下午去银行。 （√）

    现在我很少看电视，其中一个原因是，广告太多了，不管什么时间，也不管什么节目，只要你打开电视，总能看到那么多的广告，浪费我的时间。

    ★ 他喜欢看电视广告。 （X）

1．★ 飞机已降落。 （ ）

2．★ 学英语不去外国不行。 （ ）

3．★ 最近小赵学习不顺心。 （ ）

4．★ 她爱人走路走得很快。 （ ）

5．★ 他觉得那天停车位一定很紧张。 （ ）

6．★ 这家餐厅的客人当中球迷占一多半。 （ ）

7．★ 他没买到火车票。 （ ）

8．★ 他们在照相馆。 （ ）

9．★ 他在澡堂。 （ ）

10．★ 国贸大厦没什么可看的。 （ ）

第11－25题: 请选出正确答案。

例如：女：该加油了，去机场的路上有加油站吗？
男：有，你放心吧。
问：男的主要是什么意思？
A 去机场 B 快到了 C 油是满的 D 有加油站 √

11. A 老何 B 老何的爱人 C 老何的妈妈 D 老何的爸爸

12. A 怀疑 B 否认 C 高兴 D 感谢

13. A 怕热 B 怕花钱 C 没有时间 D 不喜欢旅行

14. A 跳舞 B 去教堂 C 听音乐 D 什么都不做

15. A 女的来晚了 B 女的不守约 C 女的喝醉了 D 女的不想结婚

16. A 多运动 B 多吃菜 C 劝他吃补药 D 劝他去医院

17. A 汽车里 B 火车站 C 地铁站 D 汽车站

18. A 水果 B 可乐 C 饮料 D 汉堡包

19. A 出去吃 B 做着吃 C 喝咖啡 D 叫外卖

20. A 不想去了 B 没钱买票 C 门票没了 D 错过了时间

21.　A 男的　　　　　B 女的　　　　　C 小张　　　　　D 一样高

22.　A 坐车　　　　　B 走路　　　　　C 汽车　　　　　D 骑自行车

23.　A 爱情　　　　　B 买书　　　　　C 借东西　　　　D 交朋友

24.　A 一位　　　　　B 两位　　　　　C 三位　　　　　D 四位

25.　A 她爱人　　　　B 物业管理处　　C 售后服务部　　D 汽车维修部

## 第 三 部 分

第26－45题：选出正确答案。

例如：男： 把这个文件复印五份，一会儿拿到会议室发给大家。

女： 好的。会议是下午3点吗？

男： 改了。三点半，推迟了半个小时。

女： 好，602会议室没变吧？

男： 对，没变。

问： 会议几点开始？

A 两点      B 3点      C 3：30 √      D 6点

26.    A 太贵      B 式样不好      C 颜色太艳      D 不适合女的穿

27.    A 兴趣很广      B 喜欢养花      C 喜欢香味儿      D 只是喜欢看花

28.    A 中国人      B 韩国人      C 日本人      D 日本人和韩国人

29.    A 北京人      B 山东人      C 本地人      D 不清楚

30.    A 不满      B 高兴      C 命令      D 可惜

31.    A 一支      B 两支      C 一支红笔      D 一支黑笔

32.    A 足球赛      B 篮球赛      C 排球赛      D 乒乓球赛

33.    A 同情      B 责怪      C 批评      D 安慰

34.    A 商店      B 银行      C 邮局      D 饭店

35.　A　要结婚　　　　　B　很漂亮　　　　　C　很有钱　　　　　D　经理不欣赏她

36.　A　病了　　　　　　B　感冒了　　　　　C　去医院了　　　　D　不赞成网恋

37.　A　要运动　　　　　B　要关心别人　　　C　要多喝水　　　　D　网恋的危险性

38.　A　很懒　　　　　　B　很勤快　　　　　C　在饭店工作　　　D　喜欢做家务

39.　A　做饭　　　　　　B　接电话　　　　　C　擦桌子　　　　　D　洗衣服

40.　A　家庭妇女　　　　B　职业女性　　　　C　一个中学生　　　D　一个大学生

41.　A　一月一号　　　　B　三月八号　　　　C　五月一号　　　　D　六月一号

42.　A　机场　　　　　　B　上海　　　　　　C　天津　　　　　　D　北京

43.　A　很年轻　　　　　B　是导游　　　　　C　很漂亮　　　　　D　是售票员

44.　A　博客　　　　　　B　学习　　　　　　C　交朋友　　　　　D　谈恋爱

45.　A　爱好多　　　　　B　很自信　　　　　C　喜欢学习　　　　D　喜欢看博客

# 二、阅 读

## 第 一 部 分

第46－50题：词填空。

A 让　　B 才　　C 表现　　D 最好是　　E 记得　　F 坚持

例如：她每天都（ F ）走路上下班，所以身体一直很不错。

46． 到朋友家里去聚会的时候，（　　　）给女主人准备些礼物。

47． 最近他在学校（　　　）很好，上课的时候也非常认真。

48． 我（　　　）你结婚才一个多月，怎么这么快就怀孕了？

49． 我来中国（　　　）一个多月，可是我觉得好像是过了一年。

50． 你（　　　）他们快点送来，我急着要用。

第51－55题：选词填空。

　　A 暂时　　　B 真不巧　　　C 错　　　D 寿命　　　E 一口　　　F 温度

例如：A： 今天真冷啊，好像白天最高（ F ）才2℃。
　　　B： 刚才电视里说明天更冷。

51． A： 明天你有没有空儿？我想让你陪我去买衣服。
　　　B： （　　　　），明天我得去参加会计师考试。

52． A： 师傅，这路车到西直门吗？
　　　B： 您坐（　　　　）了车。

53． A： 这台机器怎么又出毛病啦？不是刚修过吗？
　　　B： 我看啊，它的（　　　　）已经到期了。

54． A： 你的普通话说得真地道，不像我，（　　　　）山东腔。
　　　B： 你来北京才一年，可我来北京已经有七八年了。

55． A： 你结婚有三年了吧？怎么不要孩子啊？
　　　B： 不是我不想要，是我家那位（　　　　）不想要，他说过两年再生。

第 二 部 分

第56－65题：排列顺序。

例如：A： 可是今天起晚了

　　　　B： 平时我骑自行车上下班

　　　　C： 所以就打车来公司

B　A　C

56．A： 只是偶尔得感冒

　　　B： 没得过什么大病

　　　C： 我身体非常健康

57．A： 客厅的墙上挂着一个钟

　　　B： 里边的小桌上放着电话机

　　　C： 客厅的左边是毛泽东住过的卧室

58．A： 顺着这条马路一直走下去，十分钟就到了

　　　B： 所以我经常去那里散心

　　　C： 我们学校附近有个小小的公园儿

59．A： 如果说性格决定命运，

　　　B： 直到成功

　　　C： 那么我愿意接受命运的挑战

60．A: 那天虽然下着小雨，又刮着风

　　B: 我们一行20个人，都爬到了山顶

　　C: 但没有一个人掉队

_______________________


61．A: 同时，也有五大菜系之说，通常指鲁菜、川菜、粤菜、淮扬菜和东北菜

　　B: 有鲁菜、川菜、粤菜、闽菜、苏菜、浙菜、湘菜、徽菜

　　C: 中国菜主要有八大菜系

_______________________


62．A: 财政陷入了困境

　　B: 最近我们公司经营状况不太好

　　C: 所以有好几个月没发工资了

_______________________


63．A: 为通知其同伴，会发出特殊的叫声

　　B: 猴子和猩猩在发现食物后

　　C: 科学研究已证实

_______________________


64．A: 我们俩是老朋友了

　　B: 所以做什么事情都很合得来

　　C: 彼此比较了解

_______________________


65．A: 可是作为一个男人

　　B: 口袋里没钱的滋味儿太让人难受了

　　C: 其实累点儿苦点儿我还能忍耐

_______________________

第66－85题：请选出正确答案。

例如：她很活泼，说话很有趣，总能给我们带来快乐，我们都很喜欢和她在一起。

★ 她是个什么样的人？
A 幽默　　√　　B 马虎　　　　C 骄傲　　　　D 害羞

66. 工作压力大会影响身体健康，所以我想找个轻松点儿的工作，少挣点儿钱没关系，身体是最要紧的。

★ 根据这段话，可以知道我：

A 挣得少　　　　B 工作轻松　　　　C 重视健康　　　　D 工作压力不大

67. 我们给张凡介绍过好几个对象，头一个嫌人家个子矮，第二个又嫌人家没学历，第三个又嫌人家胖。

★ 张凡最可能：

A 个子高　　　　B 学历高　　　　C 比较挑剔　　　　D 长得很帅

68. 营养学家主张婴儿四个月以前，应该喂母乳，但四个月以后，需要增加营养，应该给婴儿增加一些其他食物，以补充母乳的不足。

★ 婴儿四个月以后：

A 喂稀粥　　　　B 只喂母乳　　　　C 不喂母乳　　　　D 不能只喂母乳

69. 有些人不吃早饭，因此午饭吃得比较多，晚饭吃得非常丰盛。三餐分配得不合理对身体健康是很不利的。有句话说得好，"早餐吃得像皇帝，午餐吃得像平民，晚餐吃得像乞丐。"

★ 这段话主要谈的是：

A 早饭要多吃　　B 应该吃早饭　　C 晚饭要少吃　　D 要合理分配三餐

70. 心情不愉快的时候，要学会自我调节。你可以去美发屋改变一下发型，可以去运动，还可以和朋友们一起去旅行，这样你的心情会好很多。

　　★ 在这里说，运动可以：

　　　　A 减肥　　　　　　B 健身　　　　　　C 交朋友　　　　　D 调节心情

71. 峨眉山是中国四大佛教名山之一，大约有26座寺庙，1996年12月6日，峨眉山乐山大佛被联合国教科文组织列入世界遗产名录。

　　★ 峨眉山：

　　　　A 是佛山　　　　　B 信佛的人多　　　　C 有乐山大佛　　　D 是中国之最

72. 看报纸是获得信息的最好办法之一。它可以帮助我们了解最新的新闻，获得最新的知识。所以我们要养成读报纸的好习惯。

　　★ 这段话主要说的是：

　　　　A 要看书　　　　　B 要学习　　　　　C 要看新闻　　　　D 要看报纸

73. 最好的老师应该帮助学生养成良好的学习习惯和思维习惯，引导学生自己去学习和掌握各种知识，这样的老师才是优秀的老师。

　　★ 这段话主要说：

　　　　A 学习习惯　　　　B 思维习惯　　　　C 要引导学生　　　D 好老师的标准

74. 电子邮件与普通信件相比有很多优点。比如，发送电子邮件不仅免费，而且还非常迅速。另外电子邮件不仅可以传送文本，还可以传送声音、视频什么的。

　　★ 电子邮件：

　　　　A 非常慢　　　　　B 很麻烦　　　　　C 是免费的　　　　D 没什么优越性

75. 每年春节的时候，亲戚朋友一见到我就问，怎么还不结婚啊？我感觉压力很大。我不是不想结婚，可结婚是一辈子的事儿，我觉得应该谨慎一点儿。

　　★ 根据这段话，可以知道我：

　　　　A 不想结婚　　　　B 年龄大了　　　　C 做事比较认真　　D 还没找到对象

76. 怎样才能长高呢? 要想长高, 应该多吃蛋白质含量较高的食品, 比如豆类、牛奶、蔬菜等。甜点则应尽量不吃, 可乐与果汁也要少喝。

　　★ 如果想长个儿应该：

　　　A 多运动　　　　　B 多吃饭　　　　　C 不吃蛋糕　　　　D 多喝可乐

77. 我给刚相亲的对象打了个电话, 一开始不接, 后来她表妹接的, 说她出去了, 我又给她发了个短信, 她也不回。

　　★ 根据这段话, 可以知道她：

　　　A 喜欢我　　　　　B 生气了　　　　　C 想结婚　　　　　D 好像不太喜欢我

78. 早婚比晚婚好, 但有一点, 早婚必须早要孩子, 等孩子大了, 你的事业也成功了, 只需要处理好工作和家庭的关系就可以了。

　　★ 根据这段话, 我们可以知道：

　　　A 晚婚好　　　　　B 不结婚好　　　　C 孩子大了好　　　　D 要早生孩子

79. 商品微型化是一种趋势。比如MP3、录音机、照相机、摄像机……现代社会制作新颖、精巧的日用品已成为人们消费热点, 因此开发这方面的日用品市场将大有可为。

　　★ 商品微型化：

　　　A 不利于携带　　　B 是发展趋势　　　C 价格也便宜　　　D 生产也方便

80-81.

　　　狮子爱上了农夫的女儿, 农夫不想把女儿嫁给狮子, 但又惧怕狮子, 于是他想出了一个好办法。狮子再次来请求农夫时, 他说, 狮子必须先拔去牙齿, 剁掉爪子, 否则不能把女儿嫁给他, 因为姑娘惧怕这些东西, 狮子一口答应了农夫的要求。从那以后, 那只狮子就变成了一头大公牛, 整天为农夫和农夫的女儿服务。

　　★ 狮子爱上了谁?

　　　A 农妇　　　　　　B 狐狸　　　　　　C 仙女　　　　　　D 农夫的女儿

　　★ 狮子为什么答应了农夫的无礼要求?

　　　A 为健康　　　　　B 为娶妻子　　　　C 为减少麻烦　　　　D 为成为英雄

82-83.

　　美貌，虽然和能力无关，但却会左右我们对人的感觉，人们总是偏爱那些美丽的人。无论是在学校、公司，还是在社会，他们都会占便宜，所以现在做美容手术的人越来越多。

★ 这段话主要介绍的是：

　　A 人际关系　　　　B 美容手术　　　　C 工作能力　　　　D 美貌的重要性

★ 现在做美容手术的人为什么那么多?

　　A 为了健康　　　　B 为了下一代　　　　C 为了找对象　　　　D 美人受欢迎

84-85.

　　在过去的一个世纪里，地球的温度上升了0.6℃，大多数科学家认为这主要是因为大量温室气体的排放而造成的。科学家预测，如果温室气体继续以现在的速度在大气中积聚，那么北冰洋上的浮冰将不断减少。25年后，辽阔的北冰洋在整个夏天将再也看不到浮冰。

★ 地球升温的主要原因是：

　　A 温室气体　　　　B 人口的增加　　　　C 气候的变化　　　　D 生态的破坏

★ 科学家预测，25年后的夏季北冰洋将是：

　　A 一片雪海　　　　B 一片冰川　　　　C 一片废墟　　　　D 没有浮冰的大海

# 三、书写

第 一 部 分

第86－95题：完成句子。

例如：　那座桥　　　　　800年的　　　　历史　　有　　　了

　　　　<u>那座桥有800年的历史了。</u>

86．我的　　　不一样　　　想法　　　跟　　　你

87．一点儿　　　喜欢　　　不　　　我　　　运动　　　也

88．一下　　　我　　　借用　　　想　　　你的　　　自行车

89．不够　　　每个月的　　　花　　　工资　　　都

90．内容　　　那个广告　　　的　　　十分　　　滑稽

91．喝　　　能　　　他　　　两瓶　　　啤酒

92．吃　　　我　　　今天晚上　　　你　　　请　　　法国菜

93．人　　　看那部电影　　　的　　　非常　　　多

94．天气预报　　　听　　　你　　　今天的　　　吗　　　了

95．来　　　经常　　　我家　　　不　　　客人

第 二 部 分

第96 – 100题：看图，用词造句。

例如：　　　　乒乓球　　　她很喜欢打乒乓球。

96. 　　吗

97. 　　到

98. 　　听说

99. 　　湿

100. 　　正在

# 新 汉 语 水 平 考 试 题

## HSK（四级）模拟试题（4）

### 注　　意

一、HSK（四级）分三部分：

   1．听力（45题，约30分钟)

   2．阅读（40题，35分钟)

   3．书写（15题，25分钟）

二、答案先写在试卷上，最后10分钟再写在答题卡上。

三、全部考试约105分钟（含考生填写个人信息时间5分钟）

# 一、听 力

## 第 一 部 分

第1－10题: 判断对错。

例如: 我想去办个信用卡, 今天下午你有时间吗? 陪我去一趟银行?

    ★ 他打算下午去银行。　　　　　　　　　　　　　　　　　　　　　　　　（ √ ）

    现在我很少看电视, 其中一个原因是, 广告太多了, 不管什么时间, 也不管什么节目, 只要你打开电视, 总能看到那么多的广告, 浪费我的时间。

    ★ 他喜欢看电视广告。　　　　　　　　　　　　　　　　　　　　　　　　（ X ）


1. ★ 今天商场营业时间将延长1个小时。　　　　　　　　　　　　（　　　）

2. ★ 越来越多的女性喜欢上了洗澡。　　　　　　　　　　　　　　（　　　）

3. ★ 小月现在是公司职员。　　　　　　　　　　　　　　　　　　（　　　）

4. ★ 昨天小陈做了很多菜。　　　　　　　　　　　　　　　　　　（　　　）

5. ★ 小张没钱了。　　　　　　　　　　　　　　　　　　　　　　（　　　）

6. ★ 王宇在全国乒乓球比赛中得了第二名。　　　　　　　　　　　（　　　）

7. ★ 他想买一辆二手车。　　　　　　　　　　　　　　　　　　　（　　　）

8. ★ 他的自行车坏了。　　　　　　　　　　　　　　　　　　　　（　　　）

9. ★ 明天下午我们班要进行足球比赛。　　　　　　　　　　　　　（　　　）

10. ★ 上星期我没借到书。　　　　　　　　　　　　　　　　　　　（　　　）

第11-25题: 请选出正确答案。

例如: 女: 该加油了, 去机场的路上有加油站吗?
　　　男: 有, 你放心吧。
　　　问: 男的主要是什么意思?
　　　A 去机场　　　　B 快到了　　　　C 油是满的　　　　D 有加油站　√


11.　A　不想卖菠菜　　B　不想卖给男的　　C　不知道怎么卖　　D　让男的去别的地方买

12.　A　美国　　B　日本　　C　英国　　D　中国

13.　A　喜欢小李　　B　要结婚了　　C　已经结婚了　　D　小李喜欢女的

14.　A　眼霜　　B　晚霜　　C　口红　　D　防晒霜

15.　A　去　　B　不去　　C　不确定　　D　不想去

16.　A　买了手表　　B　买了西服　　C　买了手机　　D　请人吃饭了

17.　A　男的　　B　女的　　C　王芳　　D　不知道

18.　A　兄妹　　B　姐弟　　C　母子　　D　父女

19.　A　她不认识路　　B　她不是本地人　　C　她不想告诉男的　　D　打的去比较方便

20.　A　厨师　　B　教师　　C　秘书　　D　律师

21.　A　男的没还书　　B　男的还了书　　C　男的丢了书　　D　不知道还没还

22.　A　足球赛　　　　B　奥运会　　　　C　排球赛　　　　D　亚运会

23.　A　电视　　　　　B　手表　　　　　C　相机　　　　　D　电脑

24.　A　不知道　　　　B　回国了　　　　C　没回国　　　　D　去了别的国家

25.　A　开会　　　　　B　吃饭　　　　　C　上课　　　　　D　睡觉

# 第 三 部 分

第26－45题：选出正确答案。


例如：男：把这个文件复印五份，一会儿拿到会议室发给大家。

　　　女：好的。会议是下午3点吗?

　　　男：改了。三点半，推迟了半个小时。

　　　女：好，602会议室没变吧?

　　　男：对，没变。

　　　问：会议几点开始?

　　　A 两点　　　　　　B 3点　　　　　　C 3：30　✓　　　　D 6点


26． A 1个　　　　　　B 2个　　　　　　C 3个　　　　　　D 4个

27． A 1元　　　　　　B 2元　　　　　　C 3元　　　　　　D 4元

28． A 不愿意上班　　　B 小李受伤了　　　C 今天是周日　　　D 家里有急事

29． A 走着去　　　　　B 坐地铁　　　　　C 自己开车　　　　D 坐公共汽车

30． A 便宜　　　　　　B 质量好　　　　　C 价格合理　　　　D 售后服务比较好

31． A 没复习好　　　　B 考试题太难　　　C 考试题太多了　　D 全班大部分人都不及格

32． A 高兴　　　　　　B 命令　　　　　　C 埋怨　　　　　　D 兴奋

33． A 书店　　　　　　B 商店　　　　　　C 邮局　　　　　　D 图书馆

34． A 韩国　　　　　　B 法国　　　　　　C 巴西　　　　　　D 意大利

35． A 邻居　　　　　　B 姐妹　　　　　　C 同事　　　　　　D 同学

36. A 上网　　　　B 玩具　　　　C 电子宠物　　　　D 真实宠物

37. A 很贵　　B 喂养简单　　C 携带方便　　D 让孩子丧失与动物交流的机会

38. A 王明想成为一名记者　　B 王明想早些成家立业　　C 王明想报考会计专业　　D 王明想报考财务管理专业

39. A 没有做出让步　　B 同意王明的想法　　C 反对王明的想法　　D 家人坚持自己的想法

40. A 可以过生日　　B 父母很有钱　　C 在家里地位最高　　D 可以吃贵的食品

41. A 孩子有同情心　　B 孩子喜欢吃蛋糕　　C 孩子喜欢过生日　　D 孩子不会关心他人

42. A 学生　　B 厨师　　C 推销员　　D 主持人

43. A 此饮料的价格　　B 此饮料的味道　　C 此饮料的优点　　D 此饮料的作用

44. A 很容易换工作　　B 没有良好的心态　　C 能拿到很高的薪水　　D 能合理的评价自身的价值

45. A 大学生的经历　　B 大学生的薪水　　C 大学生的工作　　D 要合理评价自身的价值

# 二、阅 读

第 一 部 分

第46－50题：词填空。

A 让　　　B 幽默　　　C 慢慢儿　　　D 迷恋　　　E 下降　　　F 坚持

例如：她每天都（ F ）走路上下班，所以身体一直很不错。

46．　现在的青少年因（　　　）网络游戏，耽误学业，还影响身体健康。

47．　时间还早着呢，甭着急，你（　　　）来吧。

48．　天气预报说，明天气温会（　　　）5到6度，明天得多穿点儿衣服。

49．　张老师不仅教学经验丰富，而且又风趣（　　　），因此很受学生的欢迎。

50．　我的自行车（　　　）小明借走了，到现在也没还给我，我明天怎么上班啊？

第51－55题：选词填空。

    A 别忘了　　　B 难题　　　C 特别　　　D 堵车　　　E 做　　　F 温度

例如：A：　今天真冷啊，好像白天最高（　F　）才2℃。

      B：　刚才电视里说明天更冷。

51．A：　你这不是给我出（　　　）吗?

     B：　老李，你就帮帮我吧，你一定会有办法的。

52．A：　我最近总是失眠，所以早上起床的时候（　　　）痛苦。

     B：　是不是压力太大了？去外边活动活动、散散心，可以缓解压力。

53．A：　你怎么现在才来啊？会议已经进行了15分钟了!

     B：　对不起，路上（　　　），所以来晚了。

54．A：　听说你最近发财了。

     B：　都是谣言，我最近（　　　）生意，赔了很多钱。

55．A：　（　　　）我昨天晚上拜托你的事情!

     B：　放心吧，忘不了，我一定会给你物色一个又漂亮又有能力的好助手。

## 第 二 部 分

第56－65题：排列顺序。

例如：A： 可是今天起晚了

     B： 平时我骑自行车上下班

     C： 所以就打车来公司

B　A　C

56．A： 因为不同季节感冒的病毒并非完全一样

     B： 普通感冒虽多发于初冬

     C： 但任何季节，如春天、夏天也可能会发生

57．A： 诺贝尔奖包括金质奖章、证书和奖金

     B： 它是目前世界上最受关注的奖项

     C： 诺贝尔奖是以瑞典著名化学家诺贝尔的部分遗产作为基金创立的

58．A： 到一个安静、舒适的乡村去生活

     B： 很多人都渴望离开都市

     C： 但大多数人不会付诸于行动

59．A： 激动易怒的人应该少吃糖和盐

     B： 比如大蒜、土豆儿、香蕉等

     C： 多吃维生素含量较多的食品

60. A: 该市一位名叫王明的村民遭遇了雪崩

    B: 在这次特大雪灾中

    C: 在大雪中挣扎了10个小时后终于获救


61. A: 不管是上课还是下课，都吃个不停

    B: 她这个人特别爱吃零食

    C: 小月是我的同桌


62. A: 随着社会的进步

    B: 人的寿命也越来越长了

    C: 人们生活水平的提高


63. A: 大家出门都带着阳伞、帽子或者太阳镜

    B: 因为这种高温天气很容易中暑

    C: 白天街道上行人稀少


64. A: 所以每个学期听他课的学生都非常多

    B: 但他的课特别有吸引力

    C: 张老师个子不高，长相也一般


65. A: 看到我的孩子手上拿着一个气球

    B: 可是到家的时候气球突然炸了

    C: 昨天我去幼儿园接孩子的时候

第 三 部 分

第66－85题：请选出正确答案。

例如：她很活泼，说话很有趣，总能给我们带来快乐，我们都很喜欢和她在一起。

　　★ 她是个什么样的人？

　　A 幽默　　　√　　　B 马虎　　　　　　C 骄傲　　　　　　D 害羞

66. "在家靠父母，出门靠朋友"，但我的经历却让我对这条格言产生了怀疑。

　　★ 通过这段话可以知道"我"：

　　A 相信这条格言　B 不相信这条格言　C 没听过这条格言　D 不太喜欢这条格言

67. 沟通是人际关系中最重要的一部分，它是人与人之间传递情感、态度、事实、信念和想法的过程，所以良好的沟通指的就是一种双向的沟通过程。

　　★ 根据这段话，我们可以知道沟通在人际关系中：

　　A 不重要　　　　B 无所谓　　　　C 没有价值　　　D 非常重要

68. 造成失眠的原因很多，平时工作和学习压力过重，精神紧张常会引起失眠，周围环境的改变也会造成失眠，另外，晚餐吃得太多、睡前喝茶和咖啡也会造成失眠。

　　★ 这段话主要介绍的是：

　　A 生活习惯　　　B 失眠的原因　　C 工作的压力　　D 避免失眠的措施

69. 逛二十分钟商店，我就会觉得非常累，但是逛书店的时候却截然相反，即使逛三四个小时也不觉得累，这是因为书会给你知识和力量，并会开阔你的眼界。

　　★ 逛书店的时候为什么不觉得累？

　　A 书价便宜　B 逛商场太累了　C 会让你增长知识　D 逛书店不需要很长时间

70. 实践表明，坚持做眼保健操，可以缓解眼部疲劳，还可以起到保护视力、防止近视的
作用。

   ★ 根据这段话，我们可以知道眼保健操：

      A 没有作用        B 不能保护视力     C 可以治疗眼病    D 有很好的效果

71. 期末考试结束了，儿子的成绩很糟糕，到家后儿子小声说："妈妈，我考试不及
格。"妈妈先是大吃一惊，但是没有责备儿子，妈妈说："没关系，不要灰心，下次
要努力考好"！

   ★ 妈妈的态度是：

      A 责备          B 鼓励          C 无奈          D 生气

72. 一般来说，大家学习外语都有各自的一套办法，有的只爱大声朗读，有的只爱闷头儿
看书，这些方法，虽然都有一定的效果，但是实践证明，眼手口耳脑的综合运用，才
能更快、更深地在大脑皮层上留下不易磨灭的印象，才能更好、更快地掌握外语。

   ★ 学习外语的最好方法是什么？

      A 大声朗读       B 自己学习       C 闷头儿看书    D 眼手口耳脑综合运用

73. 下午回来以后肚子疼得很厉害，我怀疑中午在饭馆吃的饺子有问题，一起去的几位同
事也说肚子有点儿难受，所以我打算下班以后去医院看看。

   ★ 我现在：

      A 生病了         B 在医院         C 正在吃饭       D 跟同事逛街呢

74. 近来社会上出现了一股快餐式的爱情和婚姻的潮流，那些选择快餐式爱情和婚姻的群
体被称为"闪婚族"，其成员年龄一般在20-30岁之间。"闪婚"，顾名思义是指快
结快离的闪电式婚姻。

   ★ 下面的文字与原文意思不相符的是：

      A 闪婚是最近才出    B 闪婚族谈恋爱    C 闪婚是一种快    D 闪婚人群的年龄
        现的               的时间较长         餐式的婚姻        一般在20-30岁
                                                               之间

75. 在招员工的时候，我首先考虑的是他的责任心，其次是他的工作能力，最后我才考虑
他对工资的要求。如果是非常优秀的人才，我是一定不会在乎给他高工资的。

   ★ 根据这段话，可以知道"我"是：

    A 大学生         B 企业老总        C 特级教授       D 优秀人才

76. 大学生就业时，面试是一个非常重要的过程，有些大学生在这个过程中感到不知所
措，或者做得不好，使自己在求职中因小失大而不能成功。只有在求职过程中注意基
本礼仪和技巧，才能达到事半功倍的效果。

   ★ 这段话没有谈到的是：

    A 就业难        B 面试的重要性   C 要注意面试的技巧  D 要注意基本的礼节

77. 早上出门的时候，雨下得很大，我带了一把新雨伞。可是不一会儿新雨伞就坏了，等
我到公司的时候浑身上下已经被淋湿了，还没到中午，我就发烧了，没办法只好请假
回家了。

   ★ 根据这段话，我们可以知道"我"今天：

    A 没带伞         B 发烧了        C 没请假        D 上午没上班

78. 今天我一大早就起床了，收拾好之后，急匆匆赶到了学校。在教室一直等了一个多小
时，一个同学也没有来，后来我才发现今天是星期天。

   ★ 今天教室里为什么一个同学也没有？

    A 放学了         B 同学病了      C 今天没课     D 今天开运动会

79. 为了赚这个学期的学费，我已经开始在一家公司打工了，所以这个假期我不能回老家
了，也不能跟朋友一起去旅游了，不过想到可以为父母分担一点儿忧愁，我感到非常
欣慰。

   ★ 根据这段话，可以知道"我"是：

    A 男的          B 女的         C 学生         D 职员

80-81.

　　据调查发现，从2001到2003年，30岁以下和20岁以下罪犯人数所占比例分别为2001年80.1%和22.4%，2002年82.4%和23.7%，2003年83.3%和26.2%，从数字上可以看出，青少年罪犯在罪犯总数中所占的比例，存在着逐年增加的趋势，其中20岁以下罪犯已达到罪犯总数的三分之一。

★ 青少年犯罪率哪一年最高？

A 2001　　　　　B 2002　　　　　C 2003　　　　　D 2004

★ 20岁以下罪犯达到了罪犯总数的：

A 四分之一　　　B 三分之一　　　C 三分之二　　　D 二分之一

82-83.

　　1905年，中国第一部电影《定军山》在北京的丰泰照相馆诞生，著名京剧表演艺术家谭鑫培在镜头前表演了自己最拿手的几个片断，片子随后被拿到前门大观楼熙攘的人群中放映。这是有记载的中国人自己摄制的第一部电影，标志着中国电影的诞生。

★ 中国第一部电影的主角是：

A 梅兰芳　　　　B 尚小云　　　　C 谭鑫培　　　　D 不知道

★ 中国第一部电影拍摄地点是：

A 小巷　　　　　B 电影院　　　　C 照相馆　　　　D 前门大观楼

84-85.

　　常听人说音乐可以解除疲劳、减轻压力、避免各类慢性疾病的发生，这些都是有医学根据的。在医学研究中发现，音乐节奏会对人体的脑波、心跳产生某些作用，进而使身心更加健康。音乐无形的力量远超乎个人想象，所以聆听音乐、鉴赏音乐，是现代人调剂生活的极为普遍的一种方式。

★ 上文主要讲的是什么内容？

A 常听音乐的好处　　B 现代人喜欢音乐　　C 怎样使身心健康　　D 什么样的人喜欢听音乐

★ 经常听音乐有什么好处？

A 可以减肥　　　B 心情郁闷　　　C 可以减轻生活压力　　D 提高欣赏音乐的水平

# 三、书 写

第 一 部 分

第86-95题：完成句子。

例如：那座桥　　　800年的　　　历史　　　有　　　了

　　　<u>那座桥有800年的历史了。</u>

86. 在　　　学校　　　吃饭　　　我　　　食堂　　　中午

87. 预定　　　我　　　一个　　　想　　　房间

88. 今天晚上　　　有　　　一个　　　我　　　约会

89. 可能　　　在　　　他　　　医院里　　　现在

90. 一起　　　我们　　　吧　　　喝　　　去　　　咖啡

91. 听清楚　　　我　　　没　　　话　　　你说的

92. 明白　　　不　　　你　　　意思　　　的　　　我

93. 说服　　　要　　　我　　　爸爸　　　一定

94. 去年春节　　　我们公司　　　七天　　　休息了

95. 去　　　一个人　　　旅行　　　有意思　　　没

<h1 style="text-align:center">第 二 部 分</h1>

第96－100题：看图，用词造句。

例如：　　　　　　　乒乓球　　　　她很喜欢打乒乓球。

96. 　　买　　　　97. 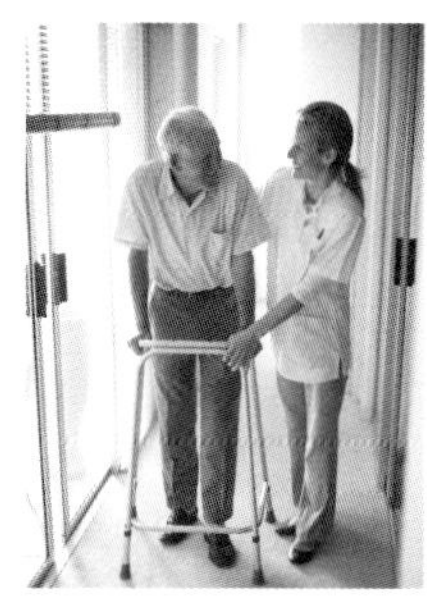　　担心

98. 　　锻炼　　　99. 　　打扫

100. 　　打算

# 내 공 쌓기

天上不会掉馅饼。

세상에 공짜는 없어.

## ★ 주요 질문 방식

➡ 듣기녹음을 들을 때 '질문이 뭘까?' 란 생각을 하면서 조마조마할 때가 많다. 그리고 문제는 어렵지 않은데 질문이 무엇인지 몰라 난감할 때도 많다. 따라서 시험에 자주 나오는 질문 방식을 미리 익혀두면 보기만 봐도 무엇을 묻는 지 유추할 수 있어 마음의 준비를 할 수 있다. 보기를 먼저 봐라!

1. 장소: 对话最可能发生在什么地方?　　대화는 어디에서 이뤄질 가능성이 가장 큰가?

   说话人最可能在哪儿?　　화자는 어디에 있을 가능성이 가장 큰가?

2. 시간: 现在最可能是什么时候?　　지금은 언제일 가능성이 가장 큰가?

   他们几点开会?　　회의는 몇 시에 시작하는가?

3. 직업: 说话人(男的, 女的)最可能是做什么的?

   화자는(남자는, 여자는) 무엇을 하는 사람일 가능성이 가장 큰가?

4. 행동: 他正在做什么?　　그는 무엇을 하고 있는가?

   她最可能在做什么?　　그녀는 무엇을 하고 있을 가능성이 가장 큰가?

   他想做什么?　　그는 무엇을 하려고 하나?

5. 의미 파악:

   说话人(男的, 女的)主要是什么意思?

   화자(남자, 여자)의 주요한 의미는 무엇인가?

   小王的话主要是什么意思?　　샤오왕의 말의 주요한 의미는 무엇인가?

   根据对话, 可以知道什么?　　이 대화를 통해, 무엇을 알 수 있는가?

   关于男的, 可以知道什么?　　남자에 관해, 무엇을 알 수 있는가?

   关于说话人, 可以知道什么?　　화자에 관해, 무엇을 알 수 있는가?

6. 심정·어기·태도:

   说话人(男的, 女的)心情怎么样?　　화자(남자, 여자)의 심정은 어떠한가?

   说话人(男的, 女的)是什么语气?　　화자(남자, 여자)의 말투는 어떠한가?

   男的说话(女的说话)是什么语气?　　남자(여자)의 말투는 어떠한가?

   男的说话(女的说话)是什么态度?　　남자(여자)가 말하는 태도는 어떠한가?

7. 주제 파악:

   他们在谈哪方面的内容?　　그들은 어떤 방면의 내용을 이야기하고 있나?

   他们在说什么事儿?　　그들은 어떤 일에 대해 말하고 있나?

   关于说话人(男的, 女的), 可以知道什么?

   　　화자(남자, 여자)에 관해, 무엇을 알 수 있나?

   这段话主要谈的是什么?　　이 문장은 주로 무엇에 대해 이야기 하고 있나?

*8.* 기타:

根据对话，可以知道我:　　　　대화에 근거하여, 나에 대해 알 수 있는 것은:

根据这段话，可以知道泰山:　　대화에 근거하여, 태산에 대해 알 수 있는 것은:


★　핵심 어휘 외우기

➡ 신HSK 4급 듣기내용은 주로 일상생활 이야기들이 많다. 그리고 출제하시는 선생님
　 들이 대부분이 고등학교 선생이나 대학교 교수이기 때문에 학교나 공부 그리고 여름
　 방학, 겨울방학 등에 관한 이야기가 많다. 따라서 이러한 단어들을 집중적으로 공략
　 하면 접수를 높일 수 있다.

| 家 | 가족 | 夫妻 fūqī 부부 \| 老婆 lǎopo 아내 \| 老公 lǎogōng 남편 \| 男孩儿 nánháir 남자아이 \| 女孩儿 nǚháir 여자아이 \| 独生子女 dúshēngzǐnǚ 외동아들·외동 딸 \| 计划生育 jìhuàshēngyù 산아 제한 \| 全家福 quánjiāfú 가족사진 \| 结婚照 jiéhūnzhào 결혼 사진 |
| --- | --- | --- |
| | 건물 | 小区 xiǎoqū 주택 단지 \| 楼道 lóudào 복도 \| 楼梯 lóutī (건물의)계단 \| 电梯 diàntī 엘리베이터 \| 超市 chāoshì 슈퍼마켓 \| 小卖店 xiǎomàidiàn 매점, 구멍가게 \| 托儿所 tuō'érsuǒ 탁아소 \| 幼儿园 yòu'éryuán 유치원 |
| | 생활 | 隔壁 gébì 이웃집 \| 做客 zuòkè 손님이 되다 \| 卧室 wòshì 침실 \| 卫生间 wèishēngjiān 화장실 \| 厕所堵了 cèsuǒdǔle 화장실이 막혔다 \| 垃圾 lājī 쓰레기 \| 垃圾桶 lājītǒng 쓰레기통 \| 吵架 chǎojià 말다툼하다 \| 打架 dǎjià 싸우다 \| 吵 chǎo 싸우다, 시끄럽다 \| 油盐酱醋 yóuyánjiàngcù (요리에 쓰는) 기름·소금·간장·식초 등 조미료 \| 保质期 bǎozhìqī 품질 보증 기간[식품을 이 기한 내에 먹으면 가장 좋음을 의미] \| 月租 yuèzū 월세 |
| | 신조어 | 物业 wùyè 아파트 관리사무소 \| 保安 bǎo'ān 경비 \| 护工 hùgōng 간병인 \| 月嫂 yuèsǎo 출산 시 가사일을 도와주는 도우미 \| 房屋中介所 fángwūzhōngjièsuǒ 부동산 중개사무소 \| 快递公司 kuàidìgōngsī 택배회사 \| 叫快递 jiàokuàidì 택배를 부르다 \| 透支 tòuzhī 가불하다 \| 电子警察 diànzǐjǐngchá 과속 단속 카메라 \| 卫星导航器 wèixīng dǎohángqì 네비게이션 \| 基金 jījīn 기금, 펀드 \| 社团 shètuán 서클, 동아리 |
| | 가전 제품 | 电视 diànshì 텔레비전 \| 冰箱 bīngxiāng 냉장고 \| 洗衣机 xǐyījī 세탁기 \| 空调 kōngtiáo 에어컨 \| 电(风)扇 diàn(fēng)shàn 선풍기 \| 电话 diànhuà 전화기, 전화 \| 吸尘器 xīchénqì 청소기 \| 熨斗 yùndǒu 다리미 \| 吹风机 chuīfēngjī 헤어드라이어 \| 台灯 táidēng 탁상용 스탠드 \| 录音机 lùyīnjī 녹음기 \| 电饭锅 diànfànguō 전기밥솥 \| 煤气炉 méiqìlú 가스렌지 \| 微波炉 wēibōlú 전자레인지 \| 计算机 jìsuànjī 컴퓨터, 계산기 |

| 学校 | 学校<br>生活 | 招生 zhāoshēng 신입생을 모집하다 \| 中考 zhōngkǎo 고등학교 및 고등학교 수준의 전문학교의 신입생 입학시험 \| 及格 jígé 합격하다 \| 不及格 bú jígé 불합격 \| 满分 mǎnfēn 만점 \| 念书 niànshū 책을 읽다, 학교에 다니다 \| 课程表 kèchéngbiǎo 교과 과정표 \| 一节课 yìjiékè 한 시간 수업 \| 寒暑假 hánshǔjià 여름 방학과 겨울 방학의 합칭 \| 迟到 chídào 지각하다 \| 毕业典礼 bìyèdiǎnlǐ 졸업식 \| 毕业照 bìyèzhào 졸업 사진 \| 合影 héyǐng 단체 사진 \| 考砸了 kǎozále 시험을 망쳤다 \| 校长 xiàozhǎng 학교장 \| 班主任 bānzhǔrèn 담임교사 \| 家长 jiāzhǎng 학부모 \| 批评 pīpíng 비판하다, 지적하다, 질책하다, 꾸짖다, 나무라다 \| 表扬 biǎoyáng 칭찬하다, 표창하다 \| 表现好 biǎoxiànhǎo (무슨 일하는데) 태도가 좋다 \| 说 shuō 말하다, 꾸짖다, 혼내다 \| 集合 jíhé 집합하다 \| 讨论 tǎolùn 토론하다 \| 竞赛 jìngsài 시합하다 \| 交作业 jiāozuòyè 숙제를 제출하다 \| 发短信 fāduǎnxìn 문자 보내다 \| 门卫 ménwèi 수위 \| 收发室 shōufāshì 수위실 |
| | 대학교 | 高考 gāokǎo 중국의 대학 입학 시험 \| 本科 běnkē (대학교의) 학부 과정 \| 考研 kǎoyán 대학원에 응시하다 \| 考博 kǎobó 박사 시험에 응시하다 \| 选课 xuǎnkè 과목을 신청하다 \| 系 xì 학과 \| 系主任 xìzhǔrèn 학과장 \| 论文 lùnwén 논문 \| 学术研讨会 xuéshùyántǎohuì 세미나 \| 寝室 qǐnshì (주로 단체 기숙사의) 침실 \| 校园艺术节 xiàoyuányìshùjié 대학교 축제 |
| 公司 | | 上下班 shàngxiàbān 출퇴근 \| 业务 yèwù 업무 \| 工作环境 gōngzuòhuánjìng 작업 환경 \| 人际关系 rénjìguānxì 인간관계 \| 上级 shàngjí 상급부서, 상급자 \| 下级 xiàjí 하급부서, 하급자 \| 奖金 jiǎngjīn 상금, 보너스 \| 年终奖 niánzhōngjiǎng 연말상여금 \| 发工资 fāgōngzī 월급을 지급하다 \| 月薪 yuèxīn 월급 \| 年薪 niánxīn 연봉 \| 工资待遇 gōngzīdàiyù 월급을 ~ 정도로 대우하다 \| 午休时间 wǔxiūshíjiā 점심 휴식시간 \| 领导 lǐngdǎo 지도하다 \| 请假 qǐngjià (휴가 · 조퇴 · 외출 · 결근 · 결석 등의 허락을) 신청하다 \| 文件 wénjiàn 공문 · 서류 \| 报告书 bàogàoshū 보고 문서 \| 资料 zīliào 자료 \| 开会 kāihuì 회의를 열다 \| 会议室 huìyìshì 회의실 \| 打印机 dǎyìnjī 프린터 \| 打印 dǎyìn 프린트하다 \| 复印机 fùyìnjī 복사기 \| 复印 fùyìn 복사하다 \| 传真 chuánzhēn 팩스 \| 发传真 fāchuánzhēn 팩스를 보내다 \| 发电子邮件 fādiànzǐyóujiàn 이메일을 보내다 \| 展销会 zhǎnxiāohuì 전시 판매회 \| 展销 zhǎnxiāo 전시 판매하다 \| 博览会 bólǎnhuì 박람회 \| 展出 zhǎnchū 진열하다 \| 提前 tíqián (예정된 시간 · 위치를) 앞당기다 \| 推迟 tuīchí 뒤로 미루다 \| 出差 chūchāi 출장 가다 \| 盈利 yínglì 이윤을 얻다 \| 亏损 kuīsǔn 결손나다 \| 缺乏 quēfá 결핍되다, 결여되다 \| 资金 zījīn 자금 \| 价格磋商 jiàgécuōshāng 가격 협상 \| 洽谈 qiàtán 협의하다, 상담하다 \| 贸易往来 |

| | |
|---|---|
| | màoyìwǎnglái 무역거래 \| 支付 zhīfù 지불하다, 내다 \| 结账 jiézhàng 결산하다 \| 谈生意 tánshēngyì 거래를 하다 \| 签合同 qiānhétong 계약서에 사인하다 \| 合同 hétong 계약서 \| 订单 dìngdān 주문서 \| 订货 dìnghuò 발주하다 \| 发货 fāhuò 화물을 발송하다 \| 交货 jiāohuò 물품을 인도하다 \| 交货日期 jiāohuòrìqī 납기기일 \| 客户 kèhù 거래처, 바이어 \| 样品 yàngpǐn 샘플 \| 促销 cùxiāo 판매를 촉진시키다, 판촉하다 \| 营销 yíngxiāo 마케팅하다 \| 策划 cèhuà 계획하다, 기획하다 |
| 商店 | 开门 kāimén 문을 열다 \| 关门 guānmén 문을 닫다 \| 营业时间 yíngyèshíjiān 영업 시간 \| 顾客 gùkè 고객, 손님 \| 负责人 fùzérén 책임자 \| 经理 jīnglǐ 사장 \| 刷卡 shuākǎ 카드를 긁다 \| 用现金 yòngxiànjīn 현금을 사용하다 \| 收据 shōujù 영수증 \| 发票 fāpiào 영수증 \| 大减价 dàjiǎnjià 대할인 \| 7折优惠 qīzhéyōuhuì 30%할인 \| 大甩卖 dàshuǎimài 헐값으로 팔다 \| 买二送一 mǎièrsòngyī 두 개를 사면 하나를 더 준다 \| 服务态度 fúwùtàidu 서비스 태도 \| 售后服务 shòuhòufúwù A/S \| 退货 tuìhuò 반품하다 \| 退钱 tuìqián 환불하다 \| 交钱 jiāoqián 돈을 지불하다 |
| 银行 | 存折 cúnzhé 예금 통장 \| 存款 cúnkuǎn 저금(예금)하다 \| 取款 qǔkuǎn 돈을 찾다 \| 填写 tiánxiě (일정한 양식에) 써 넣다 \| 存款单 cúnkuǎndān 예금 증서 \| 取款单 qǔkuǎndān 인출 증서 \| 自动取款机 zìdòngqǔkuǎnjī 현금 자동 인출기 \| 利息 lìxī 이자 \| 存活期 cúnhuóqī 예금자가 수시로 인출할 수 있는 예금을 붓다 \| 存定期 cúndìngqī 정기예금을 붓다 \| 网上银行 wǎngshàngyínháng 인터넷뱅킹 \| 电话银行 diànhuàyínháng 텔레뱅킹 \| 开账户 kāizhànghù 신규계좌를 개설하다 \| 密码 mìmǎ 비밀 번호 \| 按密码 ànmìmǎ 비밀 번호를 누르다 \| 办信用卡 bànxìnyòngkǎ 신용 카드를 만들다 \| 换钱 huànqián 환전하다 \| 汇率 huìlǜ 환율 \| 汇款 huìkuǎn 돈을 부치다 \| 寄钱 jìqián 돈을 부치다 \| 身份证 shēnfènzhèng 신분증 |
| 医院 | 病人 bìngrén 환자 \| 患者 huànzhě 환자 \| 家属 jiāshǔ 가족, 식구 \| 照顾 zhàogù 보살피다, 돌보다 \| 挂号 guàhào (병원)접수하다 \| 挂号处 guàhàochù (병원)접수처 \| 住院 zhùyuàn 입원하다 \| 出院 chūyuàn 퇴원하다 \| 探视时间 tànshìshíjiān 문병 시간 \| 感冒 gǎnmào 감기, 감기에 걸리다 \| 着凉 zháoliáng 감기에 걸리다 \| 发高烧 fāgāoshāo 고열이 있다 \| 咳嗽 késou 기침하다 \| 头疼 tóuténg 머리가 아프다 \| 量体温 liángtǐwēn 체온을 재다 \| X光 Xguāng X레이 \| 门诊 ménzhěn 외래 진찰 \| 开刀 kāidāo 수술하다 \| 手术费 shǒushùfèi 수술비용 \| 护士 hùshi 간호사 \| 护理 hùlǐ 간호하다, 간병하다 \| 检查身体 jiǎncháshēntǐ 건강검진을 받다 \| 打针 dǎzhēn 주사를 놓다, 주사를 맞다 \| 开药 kāiyào 약을 받다 \| 开药方 kāiyàofāng 처방전을 받다 \| 打点滴 dǎdiǎndī 링거 주사 맞다 \| 输血 shūxuè 수혈하다 \| 验血 yànxiě 혈액 검사를 하다 \| 化验单 huàyàndān 분석 검진표 |
| 饭店 | 餐厅 cāntīng 식당 \| 快餐 kuàicān 패스트푸드 \| 快餐厅 kuàicāntīng 패스트푸드점 \| 小吃店 xiǎochīdiàn 간이식당, 스낵바 \| 小吃 xiǎochī 간단한 음식 \| |

| | |
|---|---|
| | 大厅 dàtīng 대청, 홀, 로비 \| 包房 bāofáng (아파트·숙박업소의 객실등을) 전세 내다 \| 点菜 diǎncài 요리를 주문하다 \| 上菜 shàngcài 요리를 내오다 \| 菜单 càidān 메뉴, 식단, 차림표 \| 打包 dǎbāo 음식을 싸 가다 \| 结账 jiézhàng 계산하다 \| 买单 mǎidān 계산서 \| AA制 AAzhì 더치페이하다 \| 各付各的 gèfùgède 각자 계산하다 \| 请客 qǐngkè 한턱 내다 \| 开宴会 kāiyànhuì 연회를 열다 \| 宴会大厅 yànhuì dàtīng 연회장 \| 筷子 kuàizi 젓가락 \| 勺子 sháozi 국자, 주걱, 수저 \| 湿巾 shījīn 물수건 \| 餐巾纸 cānjīnzhǐ (식탁용의) 종이 냅킨 \| 特色菜 tèsècài 독특한 요리 \| 汤 tāng 국 \| 白酒 báijiǔ 바이주〔고량주〕 \| 啤酒 píjiǔ 맥주 \| 饮料 yǐnliào 음료 \| 味道 wèidao 맛 \| 主食 zhǔshí 주식 |
| 酒店 | 前台 qiántái 프런트 \| 客房 kèfáng 객실 \| 单人间 dānrénjiān 싱글 룸 \| 双人间 shuāngrénjiān 더블 룸 \| 登记 dēngjì 체크인하다 \| 退房 tuìfáng 체크 아웃 \| 预定 yùdìng 예약하다 \| 叫醒服务 jiàoxǐngfúwù 모닝콜 서비스 |
| 邮局 | 寄 jì (우편으로) 부치다, 보내다 \| 包裹 bāoguǒ 소포, 보따리 \| 邮票 yóupiào 우표 \| 慢件 mànjiàn 일반우편 \| 快件 kuàijiàn 빠른 우편 \| 挂号信 guàhàoxìn 등기 우편 \| EMS特快专递 EMStèkuàizhuāndì EMS특급 우편 \| 邮编 yóubiān 우편번호의 약칭 \| 信 xìn 편지, 서신, 서한 \| 信封 xìnfēng 편지봉투 \| 写信 xiěxìn 편지 쓰다 \| 收信人 shōuxìnrén 수신인 \| 发信人 fāxìnrén 발신인 |
| 火车站 | 售票处 shòupiàochù 매표소 \| 候车室 hòuchēshì 대합실 \| 直达 zhídá 직행하다 \| 快车 kuàichē 급행열차 \| 慢车 mànchē 완행열차 \| 直达快车 zhídákuàichē 직통급행열차 \| 硬座 yìngzuò (기차의) 일반석 \| 软座 ruǎnzuò 부드럽고 편안한 좌석 \| 硬卧 yìngwò (열차 등의) 일반 침대석 \| 软卧 ruǎnwò 중국 열차에서 4인 1실의 일등 침대석 \| 卧铺 wòpù (기차나 장거리 버스의) 침대 \| 站台 zhàntái 플랫폼 \| 12次列车 shíèrcìlièchē 12호 열차 \| 餐车 cānchē (열차의) 식당칸 \| 车厢 chēxiāng (열차·자동차 등의 사람·물건을 싣는) 객실, 화물칸, 차실, 트렁크 |
| 汽车站 | 8路车 bālùchē 8번 버스 \| 始发站 shǐfāzhàn 시발역 \| 终点站 zhōngdiǎnzhàn 종착역 \| 头班车 tóubānchē 첫차 \| 末班车 mòbānchē 막차 \| 交通卡 jiāotōngkǎ 교통카드 \| 接站 jiēzhàn (역·공항 등으로) 마중 나가다 \| 送站 sòngzhàn 정거장까지 배웅하다 |
| 地铁站 | 2号线 èrhàoxiàn 2호선 \| 出口 chūkǒu 출구 \| 入口 rùkǒu 입구 |
| 飞机场 | 办登机手续 bàndēngjīshǒuxù 탑승수속을 하다 \| 登机口 dēngjīkǒu 탑승구 \| 登机牌 dēngjīpái 탑승권 \| 商务舱 shāngwùcāng 비즈니스석 \| 往返机票 wǎngfǎnjīpiào 왕복 비행기티켓 \| 空中小姐 kōngzhōngxiǎojiě 스튜어디스 \| 晚点 wǎndiǎn 연착〔연발〕 하다 \| 起飞 qǐfēi (비행기) 이륙하다 \| 降落 jiàngluò 착륙하다 \| 正点到达 zhèngdiǎndàodá 정시 도착하다 \| 托运 tuōyùn (짐·화물을) 탁송하다 \| 行李 xíngli 짐, 여행짐 \| 超重 chāozhòng 과적하다 \| 免税店 Miǎnshuìdiàn 면세점 \| 免税商品 miǎnshuìshāngpǐn 면세품 \| 机场大巴 jīchǎngdàbā 공항리무진 |

| | | | | | |
|---|---|---|---|---|---|
| 节日 | 양력(阳历) | 元旦 | yuándàn | 一月一日 | 신정 |
| | | 妇女节 | fùnǚjié | 三月八日 | 국제 여성의 날 |
| | | 清明节 | qīngmíngjié | 四月五日 | 청명(절) |
| | | 劳动节 | láodòngjié | 五月一日 | 노동절 |
| | | 母亲节 | mǔqīnjié | 五月的第二个星期天 | 어머니의 날 |
| | | 儿童节 | értóngjié | 六月一日 | 어린이날 |
| | | 父亲节 | fùqīnjié | 六月的第三个星期天 | 아버지의 날 |
| | | 教师节 | jiàoshījié | 九月十日 | 스승의날 |
| | | 国庆节 | guóqìngjié | 十月一日 | 국경일 |
| | | 圣诞节 | shèngdànjié | 十二月二十五日 | 크리스마스 |
| | | 情人节 | qíngrénjié | 二月十四日 | 발렌타인데이 |
| | | 白色情人节 | báisèqíngrénjié | 三月十四日 | 화이트데이 |
| | 음력(阴历) | 春节 | chūnjié | 正月初一 | 설날, 구정 |
| | | 元宵节 | yuánxiāojié | 正月十五 | 정월 대보름 |
| | | 端午节 | duānwǔjié | 五月初五 | 단오 |
| | | 中秋节 | zhōngqiūjié | 八月十五 | 추석 |

| | |
|---|---|
| 饮食 | 川菜 chuāncài 사천 요리 \| 咸 xián 짜다 \| 淡 dàn 싱겁다 \| 咸淡 xiándàn (짜고 싱거운)맛, 간 \| 酸 suān 시다 \| 甜 tián 달다 \| 苦 kǔ 쓰다 \| 辣 là 맵다 |
| 旅游 | 护照 hùzhào 여권 \| 办护照 bànhùzhào 여권을 신청하다 \| 签证 qiānzhèng 비자 \| 办签证 bàn qiānzhèng 비자를 신청하다 \| 旅行社 lǚxíngshè 여행사 \| 导游 dǎoyóu 가이드 \| 跟团走 gēntuánzǒu 여행상품으로(여행사를 따라) 여행하다 \| 自助旅行 zìzhùlǚxíng 자유여행 \| 游客 yóukè 여행객 \| 七日游 qīrìyóu 7일 여행 \| 门票 ménpiào 입장권 \| 景点 jǐngdiǎn 관광 명소 |
| 爱好 | 画画儿 huàhuàr 그림을 그리다 \| 画展 huàzhǎn 회화전 \| 书法 shūfǎ 서예 \| 美术馆 měishùguǎn 미술관 \| 书展 shūzhǎn 도서전 \| 博物馆 bówùguǎn 박물관 \| 钓鱼 diàoyú 낚시를 하다 \| 养花 yǎnghuā 꽃을 가꾸다 \| 养鱼 yǎngyú 관상어를 기르다 \| 养宠物 yǎngchǒngwù 애완동물을 기르다 \| 集邮 jíyóu 우표수집 \| 看电影 kàndiànyǐng 영화를 보다 \| 登山 dēngshān 등산하다 \| 逛街 guàngjiē 거리를 거닐다 \| 聊天儿 liáotiānr 잡담을 하다 \| 看书 kànshū 책을 보다 \| 唱歌 chànggē 노래를 하다 \| 跳舞 tiàowǔ 춤을 추다 \| 京剧 jīngjù 경극 \| 话剧 huàjù 연극 \| 表演 biǎoyǎn 공연, 쇼 \| 马戏团 mǎxìtuán 서커스단 \| 杂技 zájì 서커스 \| 魔术 móshù 마술 |
| 运动 | 足球 zúqiú 축구 \| 篮球 lánqiú 농구 \| 排球 páiqiú 배구 \| 羽毛球 yǔmáoqiú 배드민턴 \| 乒乓球 pīngpāngqiú 탁구 \| 台球 táiqiú 당구 \| 棒球 bàngqiú 야구 \| 网球 wǎngqiú 테니스 \| 高尔夫球 gāo'ěrfūqiú 골프 \| 滑冰 huábīng 스케이트를 타다 \| 游泳 yóuyǒng 수영을 하다 \| 瑜伽 yújiā 요가 |

**☘ 중국에 관한 기본 상식을 잘 알아두면 잘 안 들려도 문제를 풀 수 있다.**

1. 중국인들은 자전거를 타고 출퇴근을 많이 한다.
2. 아침식사로는 죽을 먹을 때가 많으며, 또 집에서 해먹지 않고 밖에 나가서 먹는 경우가 많다.
3. 점심에 잠깐 낮잠을 자는 습관이 있다.
4. 저녁이나 주말에도 나가서 외식하지 않고 집에서 손수 해먹는다.
5. 중국은 아이를 하나밖에 못 낳게 한다.
6. 아이가 하나 이다보니 초등학생 같은 경우 부모가 직접 아이를 학교에 바래다주고 끝나면 학교 앞까지 가서 아이를 집으로 데려온다.
7. 중국은 맞벌이 부부가 95%가 넘는다.
8. 가사일은 부부가 함께 하는 것이 당연하고, 남편이 더 많이 하는 경우도 많다.
9. 젊은이들은 어르신들 앞에서 고개 돌려 술을 마시지 않아도 되며, 또 술잔을 돌리지도 않는다.
10. 담배도 선배, 부모와 같이 피울 수도 있다.
11. 건강에 매우 신경을 쓴다. 요리에서도 궁합이 맞는지 안 맞는지 꼭 따진다.
12. 베이징, 상하이, 광저우, 선쩐 등 대도시를 제외하고는 이삿짐센터가 많지 않다. 한 직장에서 또는 한 고장에서 죽을 때까지 안 옮기는 경우가 많아서이다. 트럭 혹은 인력거 등을 빌려 가족, 친지 분들의 도움으로 이사하는 사람이 많다.
13. 중국인의 생활습관 중에는 서양식과 동양식이 결합된 부분이 있어 약간은 난해 할 때가 있다. 예를 들어 부부는 서로 이름을 잘 부르고, 아는 분과 서로 인사를 나눌 때 사장이든 일반 사원이든 간단히 고개만 끄덕이면 된다. 이것은 서양식 습관이다. 손님을 접대할 때 주인, 손님자리가 정해 져 있고, 식사 할 때는 '많이 드세요', '천천히 드세요' 등의 인사를 한다. 이것은 동양식 습관이다.
14. 여름에 날씨가 더우면 슬리퍼와 반바지를 입고 출근하는 사람들이 있다. 공장에는 작업복이 있지만, 평상시 사무실 근무하는 사람들은 따로 유니폼이 없어 복장이 자유롭다.
15. 중국어에서 자주 쓰이는 "嗯(èng, 응)" 같은 어휘는 반말이 아니라 대답을 할 때 자주 쓰는 관용어로, 간단한 응답이라고 보면 된다. 예를 들어 아빠가 집에 들어 온 딸에게 "밥 먹었니?" 라고 물으면, 딸은 "嗯(èng, 응), 吃了" 라고 답한다.
16. 중국동북 같은 경우 거의 광활한 평원이기 때문에 산이 많지 않다. 남쪽은 산이 많지만 사람들이 사는 곳과 많이 떨어져 있고, 서쪽은 평지의 평균해발이 2000미터가 넘고 산의 평균해발은 4000미터가 넘는다. 따라서 등산은 취미생활로 할 수 있는 부분이 아니라서 "취미생활이 뭐에요?" 라고 물으면 "등산을 좋아합니다" 라고 대답하는 사람이 거의 없을 정도이다.
17. 북쪽 지역은 겨울에 눈이 많이 오면 각 직장 혹은 상가에서 자동으로 나와서 눈을 치운다. 담당 구역이 정해져 있기 때문이다.

◈ 출제하시는 선생님들 대부분이 베이징에서 살고 있기 때문에 베이징에 관한 기본 상식을 알아두면 문제풀기가 훨씬 쉬어진다.

1. 베이징은 봄에 황사 현상이 심하고(风沙大, 황사현상이 심하다 ; 沙尘暴, 황사현상), 여름에는 덥고 건조(干燥)하다. 그러나 가을에는 날씨가 아주 좋다.

2. 출퇴근할 때 짧은 거리는 자전거(骑车·骑自行车, 자전거를 타다)를 타고 다니고 먼 거리는 지하철이나 버스를 이용한다. 아직까지 자가용으로 출퇴근하는 사람은 한국같이 많지 않다.

3. 베이징에는 역사유적지가 아주 많다. 따라서 베이징에 있는 长城、故宫、颐和园、天坛公园、明十三陵、北京海洋公园、北京景山公园、中国科学技术馆、北京动物园、北京植物园 등을 미리 익혀 두면 시험에 유리하다.

4. 베이징 사람들의 문화생활은 아직 그다지 다양하지 않다. 따라서 일반적으로 취미생활은 배드민턴(羽毛球), 탁구(乓乓球), 수영(游泳), 축구(足球), 농구(篮球), 영화(看电影) 등 정도이다.

➡ HSK 4급 작문은 자유주제로 하는 작문이 아니라 제한이 있는 작문시험이다, 즉 주어진 단어로 문장을 만드는 형식과 그림과 제시어를 보고 문장을 만드는 형식이다, 두 가지 형식에는 모두 4급에 해당되는 기본적인 문법이 포함되어 있다, 따라서 시험에 나올만한 문법을 미리 익혀두면 아주 유리할 것이다, 다음은 HSK 4급에 해당되는 문법으로써 시험에 출제될 가능성이 아주 높으므로 꼭 기억해 두길 바란다,

1. 심리동사와 조동사의 용법: 심리동사(心理動詞)는 '喜欢，爱，想' 등과 같이 인식이나 정서적인 경험을 나타내는 동사를 가리키고, 조동사는 '应该，能，可以，会，要' 등을 가리킨다. 작문할 때 심리동사와 조동사는 반드시 다른 동사 앞에 와야 한다.

他　　喜欢　　　看　　　　　中国电影 。그는 중국 영화보기를 좋아한다.
↳ 주어　↳ 심리동사　↳ 일반동사　↳ 목적어

他　　能　　　听懂　　一点儿　　日语 。그는 일본어를 좀 알아들을 수 있다.
↳ 주어　↳ 조동사　↳ 동사　↳ 한정어　↳ 목적어

2. 형용사 술어문: 일반 형용사 술어문의 어순은 '주어+부사+형용사' 이다. 하지만 시험에 출제되는 형용사술어문의 주어 앞에는 한정어가 오는 경우가 많다. 즉 '한정어+주어+부사+형용사' 의 형식을 취한다.

金庸写的　　武侠小说　十分　　有趣 。　김용이 쓴 무협소설은 아주 재미있다.
↳ 한정어　↳ 주어　　↳ 부사　↳ 목적어

这件衣服的　　颜色　　怎么样?　　이 옷의 색상은 어떤가?
↳ 한정어　　↳ 주어　↳ 怎么样?

3. 동사 술어문: 일반 동사 술어문의 어순은 '주어+술어동사+목적어' 이다. 하지만 시험에 출제되는 동사술어문의 주어와 목적어 앞에는 한정어가 오고, 술어 앞에는 부사가 오는 경우가 많다. 즉 '한정어+주어+부사+술어+한정어+목적어' 의 형식을 취한다.

每个人　都　　喜欢　　幽默的　老师。　모든 사람들은 유머스러운 선생을 좋아한다.
↳ 주어　↳ 부사　↳ 동사　↳ 한정어　↳ 목적어

现在　　有能力的　　人　非常　　受　欢迎。지금은 능력 있는 사람이 환영을 받는다.
↳ 시간사　↳ 한정어　↳ 주어　↳ 부사　↳ 동사　↳ 목적어

4. 동작의 완료를 나타내는 '了' : 동작의 완료를 나타내는 '了'는 동사 뒤이나 문장의 맨 마지막에 모두 올 수 있다. 그러나 목적어에 한정어가 있을 경우, '了'는 동사 뒤에 위치 한다.

    他们    提供    了        一些    参考材料。
  ↳ 주어  ↳ 동사  ↳ 동작의 완료를 나타내는 '了'  ↳ 한정어  ↳ 목적어
그들은 일부 참고자료를 제공했다.

무엇을 했느냐는 질문의 어순은 '주어+동사+(한정어+)목적어+了+ 吗?'이다. 참고로 술어 뒤에 결과보어가 올 수도 있다.

    你    听    明白    我说的    话    了    吗?
  ↳ 주어  ↳ 동사  ↳ 결과보어  ↳ 한정어  ↳ 목적어  ↳ 了 ↳ 吗
내가 한 말 알아들었어?

5. 비교문: 비교문의 어순은 다음과 같다.
A+比+B+형용사+一点儿/一些(차이가 크지 않음을 나타냄)
A+比+B+형용사+多了/得多(차이가 크다는 것을 나타냄)
A+比+B+형용사+수사+양사(구체적으로 얼마나 차이 난다는 깃을 나타냄)

    我    比    小张    高    一点儿。    나는 샤오장보다 키가 조금 더 크다.
  ↳ A  ↳ 比  ↳ B  ↳ 형용사  ↳ 一点儿

6. 중국어의 부정: 중국어의 부정은 술어동사를 부정할 수도 있고, 술어동사 앞에 오는 부사도 부정할 수 있고, 주어 뒤에 오는 전치사도 부정할 수 있다. 즉 부정 하고자 하는 품사 앞에 부정 부사 '不/没'를 붙이면 된다. 예컨대 '저의 아버님 은 대학에서 근무하지 않습니다'란 말은 대학이 아닌 다른 곳에서 근무한다는 뜻이기 때문에 부정 부사 '不'를 '工作' 앞에 놓으면 안 되고, '在大学' 앞에 놔야 한다.

    我    不    在    大学    工作。
  ↳ 주어  ↳ 부정부사  ↳ 전치사  ↳ 장소  ↳ 술어동사
저의 아버님은 대학에서 근무하지 않습니다.

7. 종속절: '知道, 告诉, 打算' 등 동사 뒤에 오는 목적어가 한 단어가 아니라, 한 문장일 경우 종속절이라고 한다. 이때 어순은 다음과 같다. '주어+(不+)知 道(告诉, 打算)+종속절'이다. 종속절이란 주어, 술어와 목적어로 구성된 문장 을 가리킨다. 주어나 목적어는 생략할 수도 있다.

┌ 종속절의 주어　　┌ 술어　┌ 목적어

她　　　不　　　　知道　　老师的电话号码　　是　　　多少 。

↳ 주어　　↳ 부정부사　↳ 知道　　↳ 종속절

그는 선생님의 전화번호가 몇 번인지 모른다.

8. '把' 자문: '把' 자문은 동작이 어떤 사물을 어떻게 처리했는가와 그 처리 결과를 강조하여 설명할 경우에 주로 쓰이며, 특징은 목적어를 술어동사 앞에 놓는 것이다. '把' 자문의 형식은 '주어+把+목적어+동사+기타성분(어떻게 처리되었는지 혹은 처리의 결과)' 이다. 여기서 기타성분은 '了', 결과보어, 정도보어, 동사의 중첩 등이 해당된다.

他　　　　把　　　　录音机　　　　摔　　　　坏了。  그는 카세트를 망가뜨렸다.

↳ 주어　　↳ 把　　↳ 목적어　　↳ 동사　　↳ 기타성분(결과보어)

9. '被' 자문: 주어가 동작의 대상이 되어 피동을 나타내는 문장을 '被' 자문이라고 한다. '被' 자문은 전치사 '被, 让, 叫'를 써서 동작의 주체를 이끌어낸다. '被' 자문의 형식은 '목적어+被/让/叫+주어+동사+기타성분' 이다. 여기서 기타 성분은 '了', 결과보어, 정도보어, 동사의 중첩 등이 해당된다.

录音机　　　被　　　他　　　　摔　　　　坏了。　　카세트는 그에 의해 망가졌다.

↳ 목적어　↳ 被　　↳ 주어　　↳ 동사　　↳ 기타성분(결과보어)

## ★ 응시 비법

1. 빠른 속도로 주어진 단어, 그림과 제시어를 묵독하되, 잘못 읽거나 빠지지 않도록 하나하나 잘 체크하면서 묵독해야 한다.

2. 문장을 쓸 때 문법을 염두에 두고 작문해야 한다. 따라서 사전에 기본적인 문법을 숙지해야 하며 문장을 통째로 외우는 것도 좋은 방법이다.

3. 자신이 쓴 문장을 작은 소리로 한 번 읽어보면 어색하고 잘못된 부분을 찾아낼 수 있다.

4. 그림을 보고 작문할 때 너무 욕심내지 말고 자신의 수준에 맞는 문장을 만드는 것이 훨씬 유리하다. 괜히 어려운 문장을 만들다가 착오가 생기면 낭패를 볼 수 있다.

# 실전모의고사 1회
# 정답 및 해설

天上不会掉馅饼。
세상에 공짜는 없어.

# 第一套模拟试题答案

## 一、听力

### 第一部分

| 1. | X | 2. | V | 3. | V | 4. | X | 5. | V |
|---|---|---|---|---|---|---|---|---|---|
| 6. | X | 7. | V | 8. | X | 9. | V | 10. | X |

### 第二部分

| 11. | D | 12. | A | 13. | C | 14. | C | 15. | C |
|---|---|---|---|---|---|---|---|---|---|
| 16. | D | 17. | C | 18. | A | 19. | C | 20. | C |
| 21. | D | 22. | D | 23. | C | 24. | D | 25. | D |

### 第三部分

| 26. | C | 27. | B | 28. | D | 29. | D | 30. | A |
|---|---|---|---|---|---|---|---|---|---|
| 31. | D | 32. | C | 33. | A | 34. | C | 35. | C |
| 36. | D | 37. | A | 38. | C | 39. | D | 40. | D |
| 41. | A | 42. | D | 43. | D | 44. | A | 45. | D |

## 二、阅读

### 第一部分

| 46. | C | 47. | D | 48. | A | 49. | B | 50. | E |
|---|---|---|---|---|---|---|---|---|---|
| 51. | D | 52. | E | 53. | A | 54. | B | 55. | C |

### 第二部分

| 56. | BCA | 57. | ACB | 58. | BAC | 59. | CAB | 60. | BCA |
|---|---|---|---|---|---|---|---|---|---|
| 61. | CBA | 62. | ACB | 63. | CAB | 64. | CAB | 65. | BCA |

### 第三部分

| 66. | B | 67. | D | 68. | A | 69. | D | 70. | B |
|---|---|---|---|---|---|---|---|---|---|
| 71. | C | 72. | A | 73. | B | 74. | D | 75. | D |
| 76. | C | 77. | C | 78. | A | 79. | B | 80. | A |
| 81. | C | 82. | A | 83. | B | 84. | A | 85. | C |

三、书写



86. 他喜欢看中国电影。

87. 我对中国历史很感兴趣。

88. 那里的东西更便宜。

89. 每个人都喜欢幽默的老师。

90. 老师给了一些复习材料。

91. 他能听懂一点儿日语。

92. 这件衣服的颜色怎么样?

93. 他是一个非常细心的人。

94. 你买到明晚去北京的火车票了吗?

95. 这个产品不太符合标准。

第二部分

96. 你想买什么?

97. 她不知道应该怎样回答老师的问题。

98. 这个菜味道真好。

99. 他会游泳。

100. 杯子被打碎了。

# 一、听力

## 第一部分



**★ 유형파악 & 공략하기**

보기의 내용이 녹음 내용과 일치하는 지, 일치하지 않은 지 판단하는 문제이다. 문제를 한 번 읽어주고, 보기 내용도 한 번 읽어주니, 주의 깊게 잘 들으면 쉽게 풀 수 있을 것이다.

现在开始第1题 ｜ 지금부터 1번 문제를 시작합니다.

1  旅客同志们请注意了，由大连开往北京的 D12次列车，运行途中出现故障，大概晚点一个小时到达北京。

여객 여러분께 안내말씀 드립니다. 대련발 북경행 D12호 열차는 운행도중 고장으로, 약 한 시간 정도 지연되어 북경에 도착합니다.

★ 火车一点到达北京。

★ 열차는 1시에 북경에 도착한다.

**정답** X

**어휘** 由…开往 yóu…kāiwǎng …로부터 …을 향하여 출발하다 | 故障 gùzhàng 고장 | 晚点 wǎndiǎn 연착하다

**해설** 듣기에서 '晚点一个小时, 1시간 지연 된다' 고 하였으니 정답은 'X' 이다.

2　现在有些年轻人结婚后暂时不想生孩子，主要原因是担心有了孩子影响工作。特别是女性，更害怕因为生了孩子后，影响身材及今后的事业发展。

요즘 어떤 젊은이들은 결혼 후 바로 아이를 낳으려 하지 않는다. 주요원인은 아이 때문에 일이 지장을 받을까봐서이다. 특히 여성은 아이를 낳으면, 몸매나 사업 발전에 지장이 있을 까봐 더욱 두려워한다.

★ 有些年轻人婚后暂时不想要孩子。

★ 어떤 젊은이들은 결혼 후 당분간 아이를 가지려고 하지 않는다.

**정답**　√

**어휘**　暂时 zànshí 잠시 | 生 shēng (애기를) 낳다 | 影响 yǐngxiǎng 영향을 끼치다

**해설**　듣기에서 '暂时不想生孩子, 당분간 아이를 가지려고 하지 않는다' 라고 하였으니 정답은 '√' 이다.


3　小张对他现在的工作不太满意，薪水低、工作又累，每天都要工作到很晚才能下班，所以有机会的话，他想换个工作。

샤오장은 지금 그가 하고 있는 일에 대해 별로 만족하지 않는다. 월급도 적고 일도 힘들며, 매일 늦게까지 야근을 해야 퇴근을 할 수 있다. 그래서 기회가 뇌년 식장을 옮기려고 한다.

★ 小张觉得他的工资少。

★ 샤오장은 그의 월급이 적다고 생각한다.

**정답**　√

**어휘**　薪水 xīnshuǐ 급여 | 低 dī 낮다

**해설**　핵심 포인트는 '薪水低, 월급이 적다' 이다.


4　前两天打篮球的时候，他把腿摔伤了，在医院的病床上躺了两个多星期，现在能走路了，大夫说过两天就可以出院了。

그는 며칠 전 농구를 하다가 다리를 부상당했다. 병원 침대에 2주 이상 누워있었고, 지금은 걸을 수 있게 되었다. 의사선생님 말로는 며칠 지나면 퇴원할 수 있다고 한다.

★ 他已经出院了。

★ 그는 이미 퇴원했다.

**정답**　X

**어휘**　摔伤 shuāishāng 상처를 입다 | 躺 tǎng 눕다

**해설**　듣기에서 '过两天就可以出院了, 며칠 지나면 퇴원할 수 있다' 라고 하였으니 정답은 'X' 이다.

**5**    还没到夏天，天气就这么热了，看来今年夏天我得买个空调了。哎，小王，你说买什么牌子的好呢?

     ★ 现在是春天。

아직 여름도 안 됐는데 날씨가 이렇게 더워서야, 올 여름은 에어컨을 사야 할 것 같은데. 참, 샤오왕, 어떤 브랜드를 사면 좋을까?

     ★ 지금은 봄이다.

**정답**   √

**어휘**   牌子 páizi 브랜드

**해설**   듣기에서 '还没到夏天, 아직 여름도 안 됐는데' 라고 했으므로, 지금은 봄이라는 것을 알 수 있다. 따라서 정답은 '√' 이다.

**6**    前些年每到春天的时候，北京的姑娘们上街的时候，经常要把头整个包起来，最近几年好像很少看到这种情况了。

     ★ 前些年北京风沙不太大。

몇 년 전만해도 봄이 되면, 북경 아가씨들은 외출할 때 늘 머리를 싸매고 다녔는데, 근래는 이런 상황을 자주 찾아 볼 수가 없다.

     ★ 몇 년 전 북경은 황사현상이 심하지 않았다.

**정답**   X

**어휘**   整个 zhěnggè 온, 전체 | 包 bāo 싸다, 싸매다

**해설**   듣기에서 봄이 되면 북경 아가씨들이 머리 전체를 싸매고 다녔다는 뜻은 황사현상이 심했다는 뜻이다. 따라서 정답은 'X' 이다.

**7**    张主任，祝贺你啊! 这么快就升为部门主管了，今后还请你多多帮忙。

     ★ 小张现在是部门主管了。

장주임님, 축하합니다! 이렇게 빨리 부서 팀장으로 승진하다니요. 앞으로 잘 좀 부탁드립니다.

     ★ 샤오장은 지금 부서 팀장이다.

**정답**   √

**어휘**   升为 shēngwéi …으로 승진하다 | 主管 zhǔguǎn 팀장

**해설**   듣기에서 '升为部门主管了, 부서 팀장으로 승진했다' 라고 하였으니 정답은 '√' 이다.

**8**    我想买辆二手车，只要没什么大的毛病，省油就行。另外还要有北京牌照，当然外观越漂亮越好。

     ★ 他想买新车。

저는 중고차 한대를 사려고 하는데, 큰 문제가 없고 기름을 적게 먹으면 됩니다. 그리고 북경 자동차번호판이 있어야 하며, 외관이 예쁘면 예쁠수록 좋습니다.

     ★ 그는 새 차를 사려고 한다.

**정답**   X

**어휘**   二手车 èrshǒuchē 중고차 | 省油 shěngyóu 기름이 절약된다 | 牌照 páizhào 자동차 번호판

 듣기 문제들은 앞쪽 문제보다 뒤쪽 문제가 더 어렵다. 따라서 문제를 풀 때 안 들리는 단어가 있더라도 당황하지 말고 핵심 포인트만 체크하면 충분히 잘 할 수 있다. 이 문제 같은 경우, '我想买辆二手车, 난 중고차 한 대를 사려고 하는데' 가 핵심 포인트다. 기타 어려운 단어들은 안 들려도 문제를 풀 수 있다.

**9** 你好! 我想烫发, 烫大卷儿的, 一会儿我要去参加婚礼, 所以, 麻烦你快点儿帮我弄。

　★ 她在美发屋。

안녕하세요! 파마를 하려고 하는데요, 굵은 웨이브로 해주세요. 좀 이따가 결혼식에 참석해야 하니까 좀 빨리 해주세요.

　★ 그녀는 미용실에 있다.

정답　√

어휘　烫发 tàngfà 파마하다 | 大卷儿 dàjuǎnr (파마) 큰 웨이브 | 美发屋 měifàwū 미용실

해설　듣기에서 '我想烫发, 파마하려고 합니다' 라고 하였으니 미용실에 있는 것이 틀림없다. 따라서 정답은 '√' 이다.

**10** 有一天我很晚才回家, 拖着疲惫的身体, 坐上了电梯, 可是不幸的是电梯走到6楼突然停住了, 我害怕极了, 四处打电话求救, 但还是在电梯里困了一个多小时。

　★ 他害怕坐电梯。

하루는 아주 늦게 귀가했다. 지친 몸을 끌고 엘리베이터에 탔는데, 불행하게도 엘리베이터가 6층까지 올라가다가 갑자기 멈춰 버렸다. 너무 두려워 사방에 전화를 걸어 도움을 요청했지만, 결국은 한 시간 동안 엘리베이터 안에 갇혀 있었다.

　★ 그는 엘리베이터 타는 것을 두려워 한다.

정답　X

어휘　拖 tuō 끌다 | 疲惫 píbèi 지치다 | 求救 qiújiù 구원을 청하다 | 困 kùn 곤경에 빠지다

해설　듣기 내용이 아주 길지만 마지막 한 마디만 들으면 된다. 즉 '在电梯里困了一个多小时, 한 시간 동안 엘리베이터 안에 갇혀 있었다' 라는 표현이다. 그는 엘리베이터 안에 갇혀있었다고 말했을 뿐 엘리베이터 타는 것을 두려워하는 것은 아니다. 따라서 정답은 'X' 이다.

## 第二部分

총 15문항이며, 모든 문제는 한 번 씩 들려준다.

문제 11-25: 정답을 고르시오.

예:

　여: 주유해야 하는데 공항 가는 길에 주유소가 있어요?

　남: 있어요, 걱정하시지 마세요.

　문: 남자의 뜻은 무엇입니까?

　　A 공항에 가다　　B 곧 도착한다　　C 기름이 찼다　　D 주유소가 있다　√

4급에 해당하는 문제이기 때문에 듣기에 함정은 크게 없고, 단지 뜻이 같은 단어 두세 개를 함께 사용하여 혼동이 조금 생길 수 있을 정도이다. 예를 들어 '선풍기'를 '电风扇', '电扇' 두 단어를 함께 사용하는 경우이다. 문제의 흐름만 잘 따악하면 쉽게 풀 수 있다.

现在开始第11题 │ 지금부터 11번 문제를 시작합니다.

11  男: 我要复印文件。　　　　　　　　　　남: 서류를 복사하려고 하는데요.
    女: 对不起，今天机器出了点儿毛病，　여: 미안합니다. 기계가 고장이 나서 한 시
        请过一个小时再来。　　　　　　　　　간 후에 다시 오세요.
    问: 女的为什么让他过一个小时再来？　문: 여자는 왜 남자에게 한 시간 후에 다시
        　　　　　　　　　　　　　　　　　　오라고 하나？

    A  复印要花钱　　　　　　　　　　　　A  복사하려면 돈을 내야 한다
    B  女的要吃饭　　　　　　　　　　　　B  여자가 밥을 먹어야 하기 때문에
    C  复印要排队　　　　　　　　　　　　C  복사하려면 줄을 서야 한다
    D  复印机坏了　　　　　　　　　　　　D  복사기가 고장났다. √

**어휘**　出 chū 발생하다 | 毛病 máobìng 고장

**해설**　핵심어를 통한 상황 파악 문제이다. 두 사람의 대화에서 '机器出了点儿毛病, 기계가 고장났다' 라는 말이 들리면 문제를 풀 수 있다.

12  女: 李刚，你快30岁了吧？怎么还不结　여: 리강 씨, 곧 서른 살이시죠？ 왜 아직도
        婚啊？　　　　　　　　　　　　　　　결혼을 안 하세요？
    男: 哎，我很想结婚，可是难啊！不是人　남: 참, 저도 결혼하고 싶지만 쉽지가 않네
        家看不上我，就是我看不上人家。　　요. 제가 마음에 들어하면, 상대방이 저
        　　　　　　　　　　　　　　　　　　를 마음에 들어 하지 않고 말입니다.

    问: 李刚的话是什么意思？　　　　　　文: 리강의 말 뜻은 무엇인가？
    A  结婚不容易　　　　　　　　　　　　A  결혼하기가 쉽지 않다. √
    B  打算今年结婚　　　　　　　　　　　B  올해 결혼 할 예정이다.
    C  他不打算结婚　　　　　　　　　　　C  그는 결혼 할 생각이 없다.
    D  他已经结婚了　　　　　　　　　　　D  그는 이미 결혼을 했다.

**어휘**　不是…就是… búshì…jiùshì… A가 아니면 B이다. (둘 중에 하나이다) 예) 一到周末, 他不是去爬山就是去踢足球。주말만 되면 그는 등산하러 가지 않으면, 축구하러 간다. | 看不上 kànbúshàng 마음에 안 들다

**해설**　화자의 말을 통해 뜻을 파악하는 문제이다. 대화에서 남자가 '我很想结婚, 可是难啊! 결혼하고 싶은데, 너무 어렵네요' 라고 했으니 A가 정답이다.

13  男： 你不是要去香山看红叶吗？怎么回来了？

女： 你看，天一会儿晴，一会儿阴。

问： 女的为什么回来了？

A   天黑了

B   衣服湿了

C   要下雨了

D   忘了带手机

남： 단풍 보러 샹산에 간다고 하지 않았나? 왜 되돌아 왔어?

여： 봐봐, 날씨가 맑았다가 흐렸다가 하잖아.

문： 여자는 왜 되돌아 왔나?

A   날이 저물어서

B   옷이 젖어서

C   곧 비가 올 것 같아서  √

D   핸드폰 가져가는 것을 잊어서

**어휘**  一会儿…一会儿… yíhuìr…yíhuìr… 이랬다가 저랬다가 | 湿 shī 젖다

**해설**  이 대화에서 핵심어는 '天一会儿晴, 一会儿阴, 날씨가 맑았다가 흐리다가 하다' 이다. 이를 통해 날씨가 안 좋다는 것을 알 수 있기 때문에 C가 정답이다.

14  女： 我有一个朋友，推销电视、冰箱、电扇什么的。都是出厂价，很便宜，你想不想买？

男： 太好了，我正想买个电扇呢。

问： 男的想买什么？

A   彩电

B   冰箱

C   电风扇

D   洗衣机

여： 제 친구가 하나 있는데 텔레비전, 냉장고, 선풍기 등을 판촉하고 있습니다. 모두 공장도 가격이고 진짜 싸요, 사시지 않을래요?

남： 잘 됐네요, 마침 선풍기를 사려던 중이었는데.

문： 남자는 무엇을 사려고 하나?

A   컬러 TV

B   냉장고

C   선풍기 √

D   세탁기

**어휘**  推销 tuīxiāo 내다 팔다 | 出厂价 chūchǎngjià 공장도가격(net back price)

**해설**  남자가 '我正想买个电扇呢, 마침 선풍기를 사려던 중이었는데' 라고 했으므로, 보기에서 '电风扇, 선풍기' 을 찾아내면 된다.

15  男： 中午去机场接了一个客人，没来得及吃午饭。饿死我了，咱家小明呢？

女： 早回来了，在他房间里。

问： 男的为什么找小明？

A   想睡觉

B   想看电视

C   想一起吃饭

D   想给小明钱

남： 점심때 공항에 손님 마중 가느라고 밥도 못 먹었어. 배고파 죽겠는데. 우리 샤오밍은?

여： 벌써 들어 왔죠, 방에 있어요.

문： 남자는 왜 샤오밍을 찾는가?

A   자려고

B   텔레비전을 보려고

C   같이 밥을 먹으려고  √

D   샤오밍에게 돈을 주려고

**해설**  '咱家小明, 우리 샤오밍' 이란 호칭은 부부 사이에서만 쓸 수 있는 표현이다. 참고로 중국에서 '咱妈, 우리엄마' 는 부부가 시어머니나 장모님을 언급할 때 쓰는 표현이다. 그리고 남자가 '饿死我了, 배고파 죽겠다' 라고 했으니 밥을 먹으려고 아이를 찾고 있다는 것을 알 수 있다.

16  女： 你喜欢吃川菜吗？
　　男： 喜欢是喜欢，不过我觉得有点儿辣。
　　问： 男的觉得川菜怎么样？
　　A　很咸
　　B　很油腻
　　C　非常好吃
　　D　觉得有点儿辣

여： 스촨 요리를 좋아 합니까？
남： 좋아하긴 하지만 좀 매운 것 같아요.
문： 남자는 스촨 요리를 어떻게 생각하나？
A　매우 짜다
B　매우 느끼하다
C　매우 맛있다
D　좀 맵다고 생각한다 √

**어휘** 川菜 chuāncài 스촨(사천)요리 | 咸 xián 짜다 | 油腻 yóunì 느끼하다

**해설** 핵심어는 '不过我觉得有点儿辣, 그런데 조금 매운 것 같아요' 이다. '喜欢是喜欢, 좋아하기는 하지만' 은 'A是A, 비록…하지만' 의 형식으로 양보의 뜻을 나타낸다.
예) 好看是好看，不过太贵了。예쁘지만 너무 비싸다.

17  男： 糟糕，雨伞落在公共汽车里了。
　　女： 上次是落在地铁里，这次又落在公共汽车里了。
　　问： 男的是什么样的人？
　　A　心细
　　B　幽默
　　C　马大哈
　　D　没有耐心

남： 아뿔싸, 우산을 버스에 두고 내렸네.
여： 지난번에는 지하철에 두고 내리더니 이번에는 또 버스에 두고 내렸군.
문： 남자는 어떤 사람인가？
A　꼼꼼하다
B　유머러스하다
C　덜렁이다 √
D　인내심이 없다

**어휘** 落 là 빠뜨리다 | 心细 xīnxì 꼼꼼하다 | 耐心 nàixīn 인내심

**해설** 대화를 통해 남자가 어떤 사람인가를 파악하는 문제이다. 핵심 포인트는 '又落在公共汽车里了, 또 버스에 두고 내렸군' 이다. 남자가 우산을 놓고 내린 경우가 또 있었다는 것을 알 수 있다. 따라서 보기의 '马大哈, 덜렁꾼' 이 정답이다.

18  女： 昨晚法国队对意大利队的世界杯足球赛真精彩，你看了没有？
　　男： 看是看了，不过没看完就睡着了。
　　问： 昨晚的足球比赛怎么样？
　　A　棒极了
　　B　法国队赢了
　　C　意大利队赢了
　　D　两个队踢平了

여： 어제 밤 프랑스와 이태리의 축구시합이 너무 멋졌는데, 보셨어요？
남： 보기는 봤는데, 다 못보고 잠 들었어요.
문： 어제 밤 축구시합은 어땠나？
A　훌륭했다 √
B　프랑스팀이 이겼다
C　이태리팀이 이겼다
D　두 팀은 비겼다

**어휘** 精彩 jīngcǎi 멋지다 | 棒 bàng 좋다 | 踢平 tīpíng (축구)비기다

**해설** 보기를 통해 시합에 관한 문제라는 것을 알 수 있다. 그런데 남자가 '没看完就睡着了, 다 보지 못하고 잠들었다' 고 했으므로 시합 결과는 알 수 없었다. 그리고 여자가 '어젯밤 프랑스와 이태리의 축구시합이 너무 멋졌는데' 라고 했으므로 A가 정답이라는 것을 알 수 있다.

**19**

男: 我可能是着凉了，早上起床以后，头疼、发烧，都三天了，还不见好。

女: 去药店买点儿药吃吧。

问: 女的让男的做什么？

A　多喝开水

B　去医院看病

C　买点儿药吃

D　在家里休息

남: 제가 아마 감기에 걸린 것 같아요. 아침에 일어나보니 머리가 아프고 열도 났어요. 3일이 됐는데 낫지가 않네요.

여: 약국에 들러 약을 사 드세요.

문: 여자는 남자에게 무엇을 하라고 했나?

A　끓인 물을 많이 드시라고

B　병원 가서 진찰받으라고

C　약을 사 드시라고　√

D　집에서 쉬라고

**어휘**　着凉 zháoliáng 감기에 걸리다 | 见好 jiànhǎo 나아지다

**해설**　듣기 문제를 풀 때 질문이 무엇인지 잘 모를 때가 많다. 이럴 땐 상식적인 사고방식으로 문제를 풀면 맞을 확률이 높다. 이 대화에서 남자가 아프다고 하였다. 그러면 여자가 할 수 있는 말은 '병원이나 약국에 가봐' 이다. 들을 때 병원이나 약국, 약 등의 단어를 찾아내라.

**20**

女: 王志刚，你的成绩怎么会突然下降得这么厉害呢？

男: 我也不太清楚。

问: 女的最有可能是做什么工作的？

A　律师

B　秘书

C　教师

D　服务员

여: 왕쯔강, 네 성적이 왜 이렇게 많이 떨어지는 거야?

남: 저도 잘 모르겠습니다.

문: 여자는 어떤 직업 일 가능성이 가장 큰가?

A　변호사

B　비서

C　교사　√

D　종업원

**어휘**　下降 xiàjiàng 떨어지다

**해설**　대화를 통해 직업을 파악하는 문제이다. '成绩, 성적' 이란 단어가 들리고, 또 여자가 큰 목소리로 남자를 혼내고 있고, 남자가 겁먹은 목소리로 말하는 그림이 그려지면 여자가 선생님이라는 것을 알 수 있다.

**21**

男: 这个寒假你打算做什么？

女: 我打算跟团去哈尔滨旅游，听说那里的冰灯非常漂亮。

问: 女的打算做什么？

A　回老家

B　打工赚钱

C　一个人去旅游

D　跟旅行社旅游

남: 이번 겨울방학 때 무엇을 하려고 합니까?

여: 여행사를 따라 하얼빈에 여행 가려고 합니다. 하얼빈의 얼음등이 매우 멋있다고 들었거든요.

문: 여자는 무엇을 하려고 하나?

A　고향에 간다

B　아르바이트 해서 돈을 번다

C　혼자 여행한다

D　여행사 따라 여행간다　√

**어휘**　跟团 gēntuán 단체를 따라다니다, 즉 여행상품으로 여행하는 것을 가리킴 | 冰灯 bīngdēng (얼음으로 조각한) 얼음등

**해설**　핵심 포인트는 '跟团去哈尔滨旅游, 여행사를 따라 하얼빈에 여행 가려고 합니다' 이다.

22   女：我要去机场，大概多少钱啊？  여：공항에 가려고 하는데, 얼마입니까？

男：不堵车的话，80多块。堵车的话，  남：차가 막히지 않는다면 80위안이면 되고
　　那可就不好说了。  요, 막히면 잘 모르겠습니다.

问：对话最可能发生在什么地方？  문：대화는 어디에서 이뤄질 가능성이 가장
　　　　　　　　　　　　　　　　　큰가？

A 市场里  A 시장에서
B 饭店里  B 호텔에서
C 百货商店里  C 백화점에서
D 出租汽车里  D 택시 안 √

**어휘** 不好说 bùhǎoshuō 말하기 어렵다

**해설** 대화가 발생한 장소를 묻는 문제이다. 핵심 포인트는 '我要去机场, 大概多少钱啊？ 공항에 가려고 하는데, 얼마입니까？' 이다. 이로서 대화가 택시 안에서 이뤄졌다는 것을 알 수 있다.

23   男：展销会是从12月8号开始，没错吧？  남：전시회는 12월8일부터죠, 틀림없죠？

女：您等一会儿，让我看一下记录。  여：잠깐만요, 메모를 좀 볼게요. 참, 깜박
　　噢，忘了告诉您，展销会推迟了两  하고 말씀 못 드렸네요, 전시회가 이틀
　　天。  연기되었습니다.

问：展销会是从什么时候开始？  문：전시회는 언제부터 시작하는가？

A 12月6号  A 12월6일
B 12月8号  B 12월8일
C 12月10号  C 12월10일 √
D 12月16号  D 12월16일

**어휘** 展销会 zhǎnxiāohuì 전시 판매회 | 推迟 tuīchí 연기하다

**해설** 여자가 '展销会推迟了两天, 전시회가 이틀 연기되었습니다' 라고 하였으니 정답은 C이다.

24   女：这是我新买的手机，功能特多，用  여：이것은 제가 새로 산 핸드폰입니다. 기
　　起来非常方便，你也买一个吧。  능도 많고 쓰기가 아주 편합니다. 당신
　　　　　　　　　　　　　　　　　도 하나 사세요.

男：我的手机还好好儿的，干吗要买新  남：제 핸드폰은 아직 멀쩡한데 왜 새 것을
　　的？  사야 합니까？

问：男的为什么不打算买新手机？  문：남자는 왜 새 핸드폰을 사려고 하지 않나？

A 他没有钱  A 돈이 없어서
B 不感兴趣  B 관심이 없어서
C 他喜欢花钱  C 돈쓰기를 좋아해서
D 手机还能用  D 핸드폰이 아직 쓸 수 있기 때문에 √

**어휘**　好好儿的 hǎohāor de 멀쩡하다 | 干吗 gànmá 뭐하러, 왜

**어휘**　好好儿的 hǎohāor de 멀쩡하다 | 干吗 gànmá 뭐하러, 왜

**해설**　질문은 '남자는 왜 새 핸드폰을 사려고 하지 않나?' 이다. 상식적으로 새 핸드폰을 사지 않는 이유는 아직 쓸 수 있기 때문일 확률이 높다. 따라서 잘 안 들리는 문제는 이렇게 상식적으로 접근해도 된다.

---

**25**

男: 你现在接电话方便吗?
女: 我现在正在聚餐，接电话不太方便，你过会儿再打好吗?
问: 女的正在做什么?
A　开车
B　开会
C　加班
D　吃饭

남: 지금 전화 받으실 수 있어요?
여: 제가 지금 회식 중이라 전화 받기 좀 불편합니다. 이따가 다시 해주시겠습니까?
문: 여자는 지금 무엇을 하고 있나?
A　운전 중이다
B　회의 중이다
C　잔업 중이다
D　식사 중이다　√

**어휘**　聚餐 jùcān 회식하다

**해설**　핵심 포인트는 '我现在正在聚餐, 지금 회식 중이다' 이다. 따라서 보기의 D가 정답이다.

---

## 第三部分

총 20문항이며, 모든 문제는 한 번씩 들려준다.

문제 26 – 45 : 정답을 고르시오.

예:

남: 이 서류를 5부 복사해서 좀 이따가 회의실로 가져가 여러분들께 나눠 주세요.

여: 알겠습니다. 회의는 오후 3시죠?

남: 변경되었습니다. 3시 반입니다. 30분 뒤로 미뤄졌습니다.

여: 알겠습니다. 602호 회의실은 변동 없죠?

남: 네. 변동이 없습니다.

문: 회의는 몇 시부터 시작합니까?

A 2시　　　　B 3시　　　　C 3 : 30　√　　　D 6시

---

★ 유형파악 & 공략하기

보기를 먼저 읽어라. 문제를 예상할 수 있을 것이다. 그리고 핵심 포인트를 놓치지 않는다면 정답을 맞추는 건 식은 죽 먹기!

现在开始第26题 ｜ 지금부터 26번 문제를 시작합니다.

**26**

| | |
|---|---|
| 女： 你怎么点了这么多菜，吃得了吗？ | 여： 왜 이렇게 많이 주문했어요, 다 먹을 수 있어요？ |
| 男： 当然吃不了啦。 | 남： 당연히 다 못 먹죠. |
| 女： 那你为什么要了这么多菜呢？ | 여： 그럼 왜 이렇게 많이 주문했어요？ |
| 男： 一会儿还有两个朋友要来。 | 남： 이따가 친구가 두 명 더 올 거에요. |
| 女： 原来是这么回事儿。 | 여： 그렇군요. |
| 问： 一共有几个人一起吃饭？ | 문： 모두 몇 사람이 같이 식사하나？ |
| A 两个人 | A 두 사람 |
| B 三个人 | B 세 사람 |
| C 四个人 | C **네 사람** √ |
| D 五个人 | D 다섯 사람 |

**어휘** 吃得了 chīdeliǎo 다 먹을 수 있다

**해설** 계산문제이다. 핵심어는 '一会儿还有两个朋友要来, 이따가 친구가 두 명 더 올 거에요'이다. 대화하는 두 사람까지 포함하면 오늘 식사하는 사람은 네 사람이다.

**27**

| | |
|---|---|
| 男： 这是德国进口汽车，你觉得怎么样？ | 남： 이것이 독일 수입차인데, 당신이 보기에 어떠세요？ |
| 女： 款式很新颖，颜色也很不错。 | 여： 디자인이 독특하고 색상도 괜찮네요. |
| 男： 等我攒够了钱，一定要买辆德国车。 | 남： 저는 돈이 충분히 모이면 꼭 독일 수입차를 살 겁니다. |
| 女： 我觉得进口车价钱太贵，而且又费油。 | 여： 제 생각에는 수입차는 비싸고 기름을 너무 많이 먹는 것 같은데요. |
| 男： 可是很安全啊。 | 남： 그런데 아주 안전하잖아요. |
| 问： 女的是什么态度？ | 문： 여자의 태도는 어떠한가？ |
| A 赞成 | A 찬성한다 |
| B 不赞成 | B **찬성하지 않는다** √ |
| C 责怪他 | C 그를 탓한다 |
| D 感到很意外 | D 의외라고 생각한다 |

**어휘** 新颖 xīnyǐng 참신하다 | 费油 fèiyóu 기름을 많이 먹는다 | 责怪 zéguài 탓하다

**해설** 여자의 태도를 묻는 문제이다. 여자가 '我觉得进口车价钱太贵, 제 생각에는 수입차가 너무 비싸요' 라고 했으니 '찬성하지 않는다' 가 정답이다.

**28**

女：这道题太难了，你应该去问数学课
代表。

男：别说是数学课代表，就是老师也不
一定能解得出来。

女：这道题你是从哪儿弄来的？

男：是奥林匹克数学竞赛题。

女：噢，怪不得这么难。

问：他们在谈论什么？

A　比赛

B　奥运会

C　一道化学题

D　一道数学题

여：문제가 너무 어렵다. 수학 반장에게 물
어 봐봐.

남：수학 반장뿐만 아니라 선생님도 못 풀
걸.

여：이 문제를 어디서 구한 거야？

남：올림픽수학경시 문제거든.

여：음, 어쩐지 어렵다 했어.

문：그들은 무엇에 대해 이야기하고 있나？

A　시합

B　올림픽경기

C　화학문제

D　수학문제　√

**어휘**　数学课代表 shùxuékèdàibiǎo 반에서 수학을 가장 잘하는 사람 | 别说 biéshuō …은 말할
것도 없고. (흔히 '就是', '即使', '连' 등과 호응하여 쓰임) | 解得出来 jiědechūlái (문
제를)풀 수 있다

**해설**　대화의 주제가 무엇인지 판단하는 문제이다. '数学课, 수학시간', '数学竞赛题, 수학 경시문제'
등 단어가 나오는 걸로 봐서는 수학에 관한 얘기를 하고 있다는 것을 알 수 있다. 따라서 정답은
D이다.

**29**

男：你为什么跟你的男朋友分手了？

女：嗨，别提了，说起来话长。

男：到底是怎么回事儿？

女：我们俩是挺好的，可是他妈妈就是
不喜欢我。

男：交往这么多年了，就这么分手了，
怪可惜的。

问：女的为什么跟男朋友分手了？

A　他变心了

B　他脾气不好

C　他爸爸反对

D　他妈妈反对

남：왜 남자친구랑 헤어졌어？

여：아이구, 말도 마. 얘기하자면 길어.

남：어떻게 된 건데？

여：우리 둘은 사이가 괜찮은데, 남자친구
엄마가 나를 싫어해.

남：오랫동안 사귀었는데 이렇게 헤어진다
니 너무 안됐다.

문：그녀는 왜 남자친구와 헤어졌나？

A　남자가 마음이 변해서

B　남자의 성격이 좋지 않아서

C　남자의 아버지가 반대해서

D　남자의 엄마가 반대해서　√

**어휘**　就是 jiùshì 단호하고 확정적이거나 강조를 나타냄 | 怪 guài 매우, 아주

**해설**　애인과 헤어진 이유를 묻는 문제인데, '他妈妈就是不喜欢我, 남자친구의 엄마가 나를 싫어
한다' 가 핵심 포인트이다.

30 女: 今晚儿你不是有约会吗？怎么还不
    走啊？

  男: 哎呀，亏了你提醒我，要不然我就
    忘了。

  女: 外面下着毛毛雨，出去的时候带上
    雨伞吧。

  男: 不用了，这点儿小雨不碍事的。

  问: 男的为什么不带雨伞？

  A  太麻烦

  B  只有大雨伞

  C  雨已经停了

  D  他没有雨伞

여: 오늘 약속이 있다고 하지 않았어요?
    왜 아직도 안 나가세요?

남: 아뿔싸, 당신이 알려줘서 다행이네요,
    아니면 잊을 뻔 했어요.

여: 밖에 보슬비가 내리니, 나가실 때 우산
    을 챙기세요.

남: 괜찮아요. 이정도 비는 상관없어요.

문: 남자는 왜 우산을 챙기지 않았나 ?

A  귀찮아서  √

B  큰 우산만 있어서

C  비가 이미 그쳐서

D  그가 우산이 없어서

**어휘** 毛毛雨 máomaoyǔ 이슬비 | 碍事 àishì 방해가 되다

**해설** 남자가 우산을 안 가지고 나가는 이유를 묻고 있다. 대화 중에서 '这点儿小雨不碍事的, 이
정도 비는 상관없어' 란 말을 통해 정답을 알 수 있다.


31 男: 地板怎么这么脏啊？

  女: 因为清洁工突然请假，所以没人打
    扫。

  男: 那你快叫几个人打扫一下，这样子
    怎么接待客人啊？

  女: 好的，经理，我马上就去办。

  男: 尽量快点儿，要赶在客人到来之
    前。

  问: 地板为什么那么脏？

  A  外面下雨了

  B  今天不营业

  C  擦得不干净

  D  清洁工没来上班

남: 바닥이 왜 이렇게 더럽습니까?

여: 청소부가 갑자기 휴가를 내서, 청소하는
    사람이 없어서 그래요.

남: 그럼 빨리 사람을 불러 청소하세요. 이런
    식으로 어떻게 손님을 맞이하겠어요?

여: 알겠습니다. 사장님, 바로 조치하겠습니다.

남: 최대한 빨리요, 손님이 오시기 전에 끝
    내야합니다.

문: 바닥이 왜 그렇게 더럽나 ?

A  밖에 비가 와서

B  오늘 영업을 하지 않아서

C  깨끗이 닦지 않아서

D  청소부가 출근하지 않아서  √

**어휘** 地板 dìbǎn 바닥 | 清洁工 qīngjiégōng 청소부 | 赶在…之前 gǎnzài…zhīqián …때가 되기
전에 예) '要赶在客人到来之前' 은 손님이 오시기 전에 (서둘러 청소를) 해야 한다는 뜻.

**해설** 바닥이 더러운 이유를 묻는 문제이다. 핵심 포인트는 '因为清洁工突然请假, 청소부가 갑자
기 휴가를 내서' 이다.


32 女: 这草莓甜吗？多少钱一斤？

  男: 十五块钱二斤。

  女: 太贵了，那种小一点儿的呢？

여: 딸기 달아요? 한 근에 얼마에요?

남: 두 근에 15위안입니다.

여: 너무 비싸요. 저기 좀 작은 거는요?

男: 五块一斤。

女: 好吧，那我要二斤小点儿的。

问: 女的一共花了多少钱？

A　五块钱

B　七块钱

C　十块钱

D　十五块钱

남: 한 근에 5위안입니다.

여: 그럼 작은 걸로 2근 주세요.

문: 여자는 총 얼마 썼나？

A　5위안

B　7위안

C　10위안　√

D　15위안

**어휘** 草莓 cǎoméi 딸기

**해설** 가격을 묻는 문제이다. 일반적으로 이런 문제는 더하거나 빼기를 하는 경우가 많다. 좀 작은 딸기가 한 근에 5위안인데, 여자가 좀 작은 딸기 두 근을 달라고 했으므로 10위안이 정답이다.

---

**33**

男: 请问，内科在哪儿？

女: 从这里出去以后，一直往前走，然后再往右拐就是。

男: 您是说内科不在这栋楼，是吗？

女: 是的，这是旧楼，内科在新楼。

男: 噢，我明白了，谢谢你了。

问: 男的现在在哪里？

A　医院里

B　商店里

C　市场里

D　大街上

남: 말씀 좀 여쭙겠습니다, 내과가 어디에 있습니까？

여: 여기서 나간 다음, 앞으로 쭉 가시다가 우회전하시면 됩니다.

남: 당신 말은 내과가 이 병동에 없다는 뜻입니까？

여: 네. 맞습니다. 여기는 구관이고, 내과는 신관에 있습니다.

남: 네, 알겠습니다. 감사합니다.

문: 남자는 지금 어디에 있나？

A　병원에　√

B　상점에

C　시장에

D　큰길에

**어휘** 旧楼 jiùlóu 구관 | 新楼 xīnlóu 신관

**해설** 장소를 묻는 문제이다. 대화 중에서 '内科, 내과'란 단어가 들리면 문제를 쉽게 풀 수 있다.

---

**34**

女: 你想吃什么？你随便点吧，今天我请客。

男: 今天你怎么这么大方啊？

女: 我们公司发年终奖了。

男: 真的？太好了，今天我可以饱餐一顿了。

女: 你真是个大馋鬼。

问: 今天女的为什么要请客？

여: 너 뭐 먹고 싶어？ 네 마음대로 시켜. 오늘 내가 한턱낼게.

남: 오늘 네가 웬일로 이렇게 호탕하니？

여: 우리회사에서 연말보너스를 줬거든.

남: 정말？ 잘됐다. 오늘 실컷 먹어야겠네.

여: 너 진짜 식충이다.

문: 오늘 여자가 왜 한턱 내는가？

<table>
<tr><td>A 升职了</td><td>A 승진했기 때문에</td></tr>
<tr><td>B 开工资了</td><td>B 월급을 탔기 때문에</td></tr>
<tr><td>C 发奖金了</td><td>C 보너스를 탔기 때문에 √</td></tr>
<tr><td>D 她喜欢他</td><td>D 여자가 남자를 좋아하기 때문에</td></tr>
</table>

**어휘** 大方 dàfang 인색하지 않다 | 饱餐 bǎocān 포식하다 | 馋鬼 chánguǐ 식충, 걸신들린 사람

**해설** 여자가 한턱내는 이유를 묻는 문제이다. 대화 중에서 '发年终奖了, 연말 보너스를 줬습니다' 가 핵심 포인트이다.

## 35

男: 你到底去不去小李家啊?

女: 去啊, 可是也不能空着手去啊。

男: 今天是小李请我们到她家去做客, 我看没那个必要。

女: 我觉得还是应该买点儿什么, 我们不能白吃人家的。

男: 好吧, 那就听你的。

问: 女的是什么意思?

A 应该一起去
B 她不太想去
C 应该买礼物
D 不用买礼物

남: 너 도대체 샤오리네 집에 갈 거야 말 거야?

여: 갈 거야. 그런데 빈손으로 갈수 없잖아.

남: 오늘은 샤오리가 우리를 집으로 초대해서 가는 것이니까, 그럴 필요 없을 것 같아.

여: 내 생각엔 뭘 좀 사가는 게 좋을 것 같은데, 그냥 얻어먹을 수 없잖아.

남: 그래. 그럼 네 말대로 하자.

문: 여자의 말뜻은 무엇인가?

A 같이 가야 한다
B 그녀는 가기 싫어한다
C 선물을 사야 한다 √
D 선물을 살 필요가 없다

**어휘** 空着手 kōngzheshǒu 빈손으로

**해설** 여자의 말을 통해 의도를 유추하는 문제인데, 가장 마지막에 나오는 '我觉得还是应该买点儿什么, 내 생각에는 뭘 좀 사가는 게 좋을 것 같은데' 를 통해 정답을 찾을 수 있다.

第36到37题是根据下面一段话 | 36-37번 문제는 아래 한 단락의 내용을 듣고 푸는 문제이다.

网上购物非常方便, 坐在家里就可以充分了解你所感兴趣的商品, 另外往往能得到更多的价格与服务上的实惠, 所以在网上买东西的人越来越多了。但是在网上买东西, 不能试也不能摸, 还有一个缺点就是售后服务不太好。

인터넷쇼핑은 아주 편리하다. 집에 앉아서 관심 있는 상품에 대해 알아볼 수 있을 뿐만 아니라, 가격과 서비스 면에서 많은 이득을 얻을 수 있다. 그래서 인터넷쇼핑을 하는 사람이 점점 많아지고 있다. 그렇지만 인터넷에서 물건을 사면 입어 볼 수도, 만져 볼 수도 없으며, A/S도 그다지 좋지 않다는 것이 또 하나의 단점이다.

**36** 这段话主要谈的是什么？ 　　문: 이 글은 주로 무엇을 이야기 하나？

A 上网 　　　　　　　　　　　　A 인터넷에 접속하다

B 网上银行 　　　　　　　　　B 인터넷뱅킹

C 网上聊天儿 　　　　　　　　C 인터넷채팅

D 网上购物的利弊 　　　　　　D 인터넷쇼핑의 장단점 √

**어휘** 实惠 shíhuì 실리 | 摸 mō 만지다 | 利弊 lìbì 이로움과 해로움, 이해(利害), 장단점

**해설** 문장의 주제가 무엇이냐는 질문이다. 듣기 중에서 '网上购物·网上买东西, 인터넷 쇼핑' 등 말을 통해 문제를 쉽게 파악할 수 있다.

**37** 在什么地方买东西的人增多了？ 　　문: 어디에서 쇼핑하는 사람이 많아졌나？

A 网上 　　　　　　　　　　　A 인터넷 √

B 超市 　　　　　　　　　　　B 마트

C 电视购物 　　　　　　　　　C 홈쇼핑

D 百货商店 　　　　　　　　　D 백화점

**어휘** 增多 zēngduō 증가하다 | 电视购物 diànshìgòuwù 홈쇼핑

**해설** 주제가 무엇인지 알았으니 두 번째 질문도 쉽게 풀 수 있다. 듣기에서 '所以在网上买东西的 人越来越多了, 그래서 인터넷쇼핑을 하는 사람이 점점 많아지고 있다'고 했으므로 A가 정답이다.

第38到39题是根据下面一段话 | 38-39번 문제는 아래 한 단락의 내용을 듣고 푸는 문제이다.

小方生了个儿子，他们一家人非常高兴，特别是她的婆婆。她婆婆说以后不让小方上班了，也不让小方做饭、洗衣服了，她只要在家里看好孩子就行了。可是小方并不高兴，因为她很喜欢她的工作，她不想呆在家里，可她又不好意思说出来，所以，小方让她爱人帮她说话。

샤오팡은 아들을 낳았다. 그의 가족들은 매우 기뻐했고, 특히 시어머님은 더욱 기뻐했다. 그녀의 시어머님은 샤오팡에게 출근도 하지 말고 밥도 하지 말고 빨래도 하지 말라고 하셨다. 그냥 집에서 애만 잘 돌보면 된다고 했다. 하지만 샤오팡은 별로 기쁘지 않았다. 그 이유는 그녀가 자신의 일을 좋아하기 때문이다. 그녀는 집에만 있고 싶지 않았다. 그녀는 스스로 이런 얘기를 꺼내기 쑥스러워서 남편에게 시어머님을 설득 해달라고 하였다.

**38** 婆婆希望小方做什么？ 　　문: 시어머님이 샤오팡에게 바라는 것은 무엇인가？

A 做饭 　　　　　　　　　　　A 밥하는 것

B 洗衣服 　　　　　　　　　　B 빨래하는 것

C 照顾孩子 　　　　　　　　　C 애기를 돌보는 것 √

D 去公司上班 　　　　　　　　D 회사에 출근하는 것

**어휘** 婆婆 pópo 시어머니 | 只要 zhǐyào …하기만 하면 [충분조건을 나타내며 흔히 '就', '便' 등과 호응함]

 문장에서 시어머니가 며느리에게 출근도 하지 말고, 집안일도 하지 말고 집에서 아이만 돌보라고 했으므로, 정답은 C이다.

## 39 小方让她爱人帮她做什么?

문: 샤오팡은 남편에게 무엇을 도와달라고 하였나?

| | | | |
|---|---|---|---|
| A | 做饭 | A | 밥하는 것 |
| B | 洗衣服 | B | 빨래하는 것 |
| C | 买牛奶 | C | 우유를 사오는 것 |
| D | 说服婆婆 | D | 시어머님을 설득하는 것 ✓ |

해설 문장에서 시어머니가 며느리에게 출근하지 말고 애만 돌보라고 했지만, 며느리는 일을 하고 싶어서 남편에게 시어머니를 좀 설득해 달라고 했다. 따라서 정답은 D이다.

第40到41题是根据下面一段话 | 40-41번 문제는 아래 한 단락의 내용을 듣고 푸는 문제이다.

现在人们的物质生活水平提高了，不愁吃，不愁穿。但以前少有的各种疾病却不断光顾我们。为什么呢？除了环境污染、饮食不合理等原因外，最主要的是缺乏锻炼。

지금 우리는 물질적인 생활수준이 높아져, 먹을 것과 입을 것을 걱정하지 않아도 된다. 그런데 전에는 아주 드물게 볼 수 있었던 병들이, 자주 우리들을 찾아온다. 왜 이렇게 된 것일까? 그 것은 환경오염, 불합리한 식습관 등 원인 외에 가장 중요한 것은 운동이 부족해서이다.

## 40 现在得什么病的人比较多?

문: 지금 어떤 병에 걸리는 사람이 비교적 많은가?

| | | | |
|---|---|---|---|
| A | 感冒 | A | 감기 |
| B | 拉肚 | B | 설사 |
| C | 肺结核 | C | 폐결핵 |
| D | 以前少有的病 | D | 전에 볼 수 없었던 병 ✓ |

어휘 愁 chóu 걱정하다 | 光顾 guānggù 찾아 주시다 | 缺乏 quēfá 결여되다

해설 '지금 어떤 병에 걸리는 사람이 많은가?' 란 질문은 일반 상식으로도 알 수 있다. 따라서 이러한 문제는 듣기가 안 돼도 '전에 볼 수 없었던 병' 이 정답인 걸 알 수 있다.

## 41 这种病主要是什么原因造成的?

문: 이런 병들이 생기는 주요 원인은 무엇인가?

| | | | |
|---|---|---|---|
| A | 不运动 | A | 운동을 안 해서 ✓ |
| B | 乱吃药 | B | 약을 마구 먹어서 |
| C | 环境污染 | C | 환경이 오염되어서 |
| D | 饮食不合理 | D | 불합리한 식습관 |

어휘 乱 luàn 마구, 제멋대로

해설 문장에서 이러한 병이 걸리는 이유는 환경오염, 불합리적인 식습관이며, 이외에 가장 중요한 것은 운동부족이라고 했으므로 정답은 A이다.

第42到43题是根据下面一段话 | 42-43번 문제는 아래 한 단락의 내용을 듣고 푸는 문제이다.

大家好！今天的主题是健康的消费意识。现在很多年轻人缺乏健康的消费意识，只会盲目的花钱。我觉得我们应该养成节约的习惯，不应该浪费，更不应该超前消费。

여러분 안녕하세요! 오늘의 주제는 건전한 소비의식입니다. 지금 많은 젊은이들은 건전한 소비의식의 결핍으로, 맹목적으로 돈을 씁니다. 절약하는 습관을 들여야 하고, 낭비를 하지 말아야 하며 과소비는 더더욱 하지 말아야 한다고 생각합니다.

**42** 说话人最有可能是做什么工作的?

A　律师
B　厨师
C　推销员
D　电视节目主持人

문: 화자는 어떤 직업일 가능성이 가장 큰가?

A　변호사
B　요리사
C　판촉사원
D　방송프로그램 MC　√

**어휘** 意识 yìshí 의식 | 盲目 mángmù 맹목적(인), 무작정 | 超前 chāoqián 현재 수준 이상의 | 超前消费 chāoqián xiāofèi 현재 수준 이상으로 소비하다, 과소비하다

**해설** 직업을 묻는 문제이다. '大家好! 여러분 안녕하세요!' 이 한 마디로도 화자가 MC라는 것을 알 수 있다.

**43** 说话人主要谈的是什么内容?

A　鼓励消费
B　锻炼身体
C　不应该浪费
D　健康的消费意识

문: 화자는 주로 무엇을 이야기하고 있나?

A　소비를 권장한다
B　신체단련
C　낭비를 하면 안 된다
D　건전한 소비의식　√

**해설** 주제가 무엇인지 파악하는 문제이다. 문장에서 '消费意识, 소비의식'이 몇 번씩이나 나왔으니 주제가 '건전한 소비의식'이라는 것을 알 수 있다.

第44到45题是根据下面一段话 | 44-45번 문제는 아래 한 단락의 내용을 듣고 푸는 문제이다.

现在的大学生缺乏应用技能，英语水平低下，只有10%的毕业生拥有去外企或大企业工作的技能。可在现实中，每个大学生却都想进大企或外企，不想进小企业。

지금의 대학생들은 응용기능이 많이 부족하며, 영어수준도 낮아 10%의 대학생만 외국기업이나 대기업에 취직할 수 있는 기능을 갖고 있다. 하지만 현실에서는 모든 대학생이 대기업 혹은 외국기업에 들어가려고 하고, 중소기업에는 들어가지 않으려고 한다.

**44** 说话人认为，现在的大学生缺乏什么?

문: 화자는 지금의 대학생들이 무엇이 부족하다고 생각하나?

| | | | | |
|---|---|---|---|---|
| A | 技能 | A | 기능 ✓ |
| B | 勇气 | B | 용기 |
| C | 热情 | C | 열정 |
| D | 智慧 | D | 지혜 |

**어휘** 技能 jìnéng 기능, 기량 | 拥有 yōngyǒu 소유하다 | 外企 wàiqǐ 외국기업

**해설** 문장에서 '지금 대학생들은 응용기능이 많이 부족하다' 라고 했으므로, A가 정답이다.

**45** 这段话主要谈的是什么?　　문: 이 문장에서는 주로 무엇에 대해 이야기하고 있나?

| | | | | |
|---|---|---|---|---|
| A | 外企 | A | 외국기업 |
| B | 大企业 | B | 대기업 |
| C | 就业难 | C | 취업난 |
| D | 大学生就业问题 | D | 대학생 취업문제 ✓ |

**어휘** 就业 jiùyè 취업하다

**해설** 주제가 무엇인지 파악하는 문제이다. 문장에서 지금의 대학생들은 응용기술이 부족하고 영어 실력도 낮으면서 외국기업이나 대기업에 들어가려하고 중소기업에는 들어가지 않으려고 한다고 했으므로, 문장의 주제는 '대학생의 취업문제' 라는 것을 알 수 있다.

听力考试现在结束。 | 듣기시험이 끝났습니다.

# 二、阅读

## 第一部分

第46－50题：选词填空。

    A 好好儿    B 到底    C 热情    D 高达    E 把    F 坚持

例如：她每天都（ F ）走路上下班，所以身体一直很不错。

46－50문제: 단어를 골라 빈칸을 채우시오.

    A 잘    B 도대체    C 열정    D …달하다    E …을    F 견지하다

예: 그녀는 매일 걸어서 출퇴근하는 것을 （ F ） 있기 때문에, 건강이 아주 좋다.

★ 유형파악 & 공략하기

보기가 A B C D E F로 모두 6개이지만, 그 중 하나는 예문의 보기(즉 'F 坚持'에 해당됨) 이기 때문에, 실제로는 5개의 보기 단어를 46-50문제 5개의 빈칸에 넣는 셈이다. 즉 한 문제의 빈칸에 한 단어를 골라 채우면 된다.

**46**　中国人非常喜欢红色，因为红色代表着（热情）、勤奋和能量。

중국인들은 붉은 색을 매우 좋아한다. 붉은 색은 열정, 부지런함과 에너지를 나타내기 때문이다.

**정답**　C

**어휘**　勤奋 qínfèn 부지런하다 ｜ 能量 néngliàng 에너지

**해설**　빨간 색이 나타내고 있는 것이 3가지가 있는데, 두 가지는 이미 문제에 나와 있다. 나머지 한 가지를 찾아야 하는데, 찾는 방법은 '勤奋, 能量'과 비슷한 의미를 나타내는 명사를 찾는 것이다. 보기 중의 '热情'이 명사이며, 또 붉은 색을 의미할 수 있기 때문에 C가 정답이다.

**47**　据调查表明，我国18岁以上的居民当中，高血压患者（高达）18.8%。

조사에 의하면 우리나라 18세 이상 주민 중 고혈압 환자가 18.8%에 달한다고 한다.

정답  D

어휘  居民 jūmín 주민 | 当中 dāngzhōng 그 가운데 | 高血压 gāoxuèyā 고혈압

해설  퍼센트가 높다고 표현할 때는 '高达'를 써야 한다.


48  你先回饭店（好好儿）休息一下，晚上我来接你。

우선 호텔에 가서 푹 쉬도록 하세요. 저녁에 제가 모시러 갈게요.

정답  A

해설  술어동사 앞에 오는 부사어는 일반적으로 부사나 형용사의 중첩형인 경우가 많다. 따라서 이 문장에서 술어동사 '休息' 앞에 올 수 있는 부사어는 '好好儿'이다.


49  你（到底）想不想去？如果你不想去的话，那我就自己去了。

도대체 갈 거야 말 거야? 네가 안 간다면, 나 혼자 갈 거야.

정답  B

해설  여기에서 '想'은 능원동사이다. 능원동사 앞에 올 수 있는 성분은 부사이다. 따라서 정답은 부사 '到底'이다.


50  你先（把）这些资料复印一下，然后再帮我预定一下明天去南京的火车票。

우선 이 자료들을 복사 하세요. 그리고 나서 내일 남경으로 가는 기차표도 좀 예매해 주시고요.

정답  E

해설  이 문장에서 술어동사는 '复印'이고, 목적어는 '这些资料'이다. 그런데 목적어가 술어동사 앞에 왔으니 전형적인 把자문인 것을 알 수 있다. 참고로 把자문의 특징은 목적어를 술어동사 앞에 놓는 것이다. 따라서 정답은 把이다. 참고로 把자문의 어순은 다음과 같다. 즉 '주어+부사+把+목적어+동사+기타성분'이다. 기타성분은 '了'나 결과보어, 정도보어, 동사의 중첩 등이 해당된다.

| 你 | 先 | （把） | 这些资料 | 复印 | 一下。 |
|---|---|---|---|---|---|
| ↳ 주어 | ↳ 부사 | ↳ 把 | ↳ 목적어 | ↳ 술어동사 | ↳ 기타성분 |

第51－55题：选词填空。

A 开演　　　B 充电　　　C 上场　　　D 打扰　　　E 戒掉　　　F 温度

例如：A：今天真冷啊，好像白天最高（ F ）才2℃。
　　　　B：刚才电视里说明天更冷。

51－55문제: 단어를 골라 빈칸을 채우시오.

A 상영하다　B 충전하다　C 등장하다　D 폐를 끼치다　E 끊어버리다　F 온도

㉥ A: 오늘 정말 춥다, 낮 최고 ( F )이 겨우 2℃밖에 안 될 것 같은데.
　　B: 방금 TV에서 내일은 더 춥데.

★ 유형따악 & 공략하기

보기가 A B C D E F로 모두 6개이지만, 그 중 하나는 예문의 보기(즉 'F 温度, 기온' 에 해당됨) 이기 때문에, 실제로는 5개의 보기 단어를 51－55문제 5개의 빈칸에 넣는 셈이다. 즉 한 문제의 빈칸에 한 단어를 골라 채우면 된다.

**51**

A：这么晚还来（打扰）您，真不好意思。
B：没关系，快进来吧。

A: 이렇게 늦게 폐를 끼쳐드려, 정말 죄송합니다.
B: 별말씀을요, 어서 들어오세요.

**정답**　D

**어휘**　打扰 dǎrǎo 폐를 끼치다

**해설**　문장의 뜻이 파악되면 쉽게 정답을 고를 수 있다. 보기 중의 단어들을 보면 '이렇게 늦게 (　　), 정말 미안하다' 라고 하였으니 괄호 안에 올 수 있는 단어는 '打扰, 폐를 끼치다' 밖에 없다.

**52**

A：你等一下，我去买盒烟。
B：你就不能把烟（戒掉）吗?

A: 잠깐만요, 담배 한 갑 사가지고 올게요.
B: 당신 담배 좀 끊어버리면 안 돼요?

**정답**　E

**어휘**　盒 hé 갑 | 戒 jiè (좋지 못한 습관을) 끊다, 떼다

**해설**　把자문의 어순은 다음과 같다. 즉 '주어+부정부사+능원동사+把+목적어+술어동사+기타성분' 이다. 여기서 기타 성분은 '了'나 결과보어, 정도보어, 동사의 중첩 등이 해당된다. 이 문장에서는 '掉' 가 결과보어로서 把자문의 기타성분이 되는 것이다.

| 你 | 就 | 不 | 能 | 把 | 烟 | 戒 | 掉 | 吗? |
|---|---|---|---|---|---|---|---|---|
| ↳ 주어 | | ↳ 부정부사 | ↳ 능원동사 | ↳ 把 | ↳ 목적어 | ↳ 술어동사 | ↳ 결과보어 | |

---

**53**　A: 电影几点（开演）?

　　　B: 10点，还有一个小时，我们去吃点儿东西吧。

A: 영화는 몇 시에 상영 합니까?

B: 10시입니다. 아직 1시간이 있으니 뭘 좀 먹으러 갑시다.

**정답**　A

**어휘**　开演 kāiyǎn (연극 · 영화 등이) 공연〔상영〕을 시작하다

**해설**　'영화가 시작되다' 라는 표현은 의미상의 피동문이다. 이러한 의미상 피동문은 일반적으로 '被' 자를 쓰지 않는다. 문장에서 '电影' 이 주어인데, 영화는 스스로가 상영될 수 없다. 따라서 영화 뒤에 올 수 있는 단어는 피동의 의미를 나타낼 수 있는 '开演' 일 수밖에 없다.

---

**54**　A: 才回来啊? 你的电话怎么总是关机啊?

　　　B: 对不起，我忘了（充电）了。

A: 이제 오세요? 전화기는 왜 계속 꺼져있어요?

B: 미안해요. 충전하는 걸 깜박했네요.

**정답**　B

**어휘**　总是 zǒngshì 늘 | 关机 guānjī 전원을 끄다 | 充电 chōngdiàn 충전하다

**해설**　핸드폰이 왜 꺼져 있냐는 질문에, '我忘了（　）了' 라고 답했다. '忘, 잊다' 뒤에 올 수 있는 단어는 '充电, 충전하다' 밖에 없다.

---

**55**　A: 我的篮球不如小王，他原来是校篮球队的，所以还是让他去参加比赛吧。

　　　B: 我们还缺两个人，所以你也得（上场）。

A: 제 농구 실력은 小王보다 못합니다. 그는 옛날에 학교 선수였으니까, 그보고 시합에 참가하라고 하세요.

B: 우린 아직 두 사람이 부족하니까, 당신이 꼭 나가야 합니다.

**정답**　C

**어휘**　不如 bùrú …만 못하다 | 缺 quē 부족하다 | 上场 shàngchǎng (운동 선수 · 배우 등이) 출전하다, 등장하다

**해설**　농구시합에 두 사람이 부족하니 당신도 반드시 （　）해야 한다고 하였으니, 괄호 안에 올 수 있는 단어는 '上场, 출전하다' 밖에 없다.

第二部分

56-65문제: 순서를 나열하시오
㉠ A: 그런데 오늘은 늦잠을 잤다
   B: 평소에 나는 자전거를 타고 출퇴근 한다
   C: 그래서 택시를 타고 회사에 왔다

B   A   C

평소에 나는 자전거를 타고 출퇴근 하는데, 오늘은 늦잠을 자서 택시를 타고 회사에 왔다.

★ 유형따악 & 공략하기

문장의 순서를 나열하는 유형이다. A B C 3개의 문장이 있는데, 어떤 문장이 앞에 와야 하고 어떤 문장이 뒤에 와야 하는지 잘 생각해서 매끄러운 단문을 만들면 된다.

**56**

A: 而我却非常喜欢运动
B: 我跟我男朋友的兴趣爱好完全不同
C: 他喜欢喝酒，不喜欢运动

➡ 我跟我男朋友的兴趣爱好完全不同，他喜欢喝酒，不喜欢运动，而我却非常喜欢运动。

A: 하지만 나는 오히려 운동을 아주 좋아한다
B: 나와 내 남자친구의 취미는 완전히 다르다
C: 그는 술 마시기를 좋아하고 운동은 싫어한다

➡ 나와 내 남자친구의 취미는 완전히 다르다. 그는 술 마시기를 좋아하고 운동은 싫어하지만, 나는 오히려 운동을 아주 좋아한다.

**정답** B C A

**어휘** 不同 bùtóng 다르다 | 却 què …오히려 | 而 ér 그러나

**해설** '而, 그러나' 는 뜻이 서로 상반되는 것을 연결하여 전환〔역접〕을 나타내는데, 통상적으로 뒷 절의 맨 앞에 위치한다. 즉 '…, 而…' 이다. 따라서 이 문장의 순서는 '남자친구가 술을 좋아하고 운동을 싫어한다, 그러나 나는 운동을 좋아한다' 이다.

**57**

A: 大熊猫是我国的国宝
B: 它喜欢吃新鲜的竹笋、竹叶，也吃肉
C: 主要生活在四川、甘肃和陕西

➡ 大熊猫是我国的国宝，主要生活在四川、甘肃和陕西，它喜欢吃新鲜的竹笋、竹叶，也吃肉。

A: 팬더는 우리나라의 국보이다
B: 팬더는 신선한 죽순과 대나무 잎을 먹기 좋아하며, 그리고 고기도 먹는다
C: 주로 스촨, 간쑤와 산시에서 서식하고 있다

➡ 팬더는 우리나라의 국보이다. 주로 스촨, 간쑤와 산시에서 서식하고 있고, 신선한 죽순과 대나무 잎을 먹기 좋아하며, 그리고 고기도 먹는다.

정답  A C B

어휘  国宝 guóbǎo 국보 | 竹笋 zhúsǔn 죽순 | 竹叶 zhúyè 대나무 잎

해설  팬더를 소개하는 문장이다. 이러한 문장은 우선 총괄적으로 결론을 지은 다음 세부 특징을
소개한다. 그리고 세부특징을 소개할 때도 먼저 큰 특징부터 소개하고 나중에 작은 특징을
소개한다. 따라서 이 문장의 순서는 우선 팬더가 국보라는 것이 되겠고, 그 다음 팬더의 거
주지가 되고, 그 다음 식습관이 되겠다.


58  A: 我一喝咖啡就睡不着觉
    B: 我喜欢喝绿茶，不喜欢喝咖啡
    C: 另外喝咖啡对身体也不好

    ➦ 我喜欢喝绿茶，不喜欢喝咖啡，我
      一喝咖啡就睡不着觉，另外喝咖啡
      对身体也不好。

    A: 나는 커피를 마시기만 하면 잠이 안 온다
    B: 나는 녹차 마시기를 좋아하고, 커피 마시기
      를 싫어한다
    C: 그리고 커피는 몸에도 좋지 않다.

    ➦ 나는 녹차 마시기를 좋아하고, 커피 마시기
      를 싫어한다. 커피를 마시기만 하면 잠을 잘
      수가 없다. 그리고 커피는 몸에도 좋지 않다.

정답  B A C

어휘  一 …就 … yī … jiù … …하기만 하면 …하다
      예) 我一喝酒就脸红。나는 술만 마시면 얼굴이 빨개진다. | 另外 lìngwài 그리고

해설  이 문장은 화자가 녹차를 좋아하고 커피를 싫어하는 개인적인 취향과 그 이유에 대해 설명
하고 있다. ‘另外’ 는 어떤 일이나 사람에 대해 언급한 다음 다시 앞에서 언급한 일이나 사
람에 대해 보충설명을 할 때 사용한다. 그리고 ‘另外’ 가 있는 문장은 뒤에 온다. 따라서
순서는 나는 녹차를 마시기를 좋아하고, 커피 마시기를 싫어한다가 맨 앞에, 그 다음은 커
피를 마시면 잠이 안 오고가, 그 다음 커피는 몸에도 안 좋다가 되는 것이다.


59  A: 但总算有了固定收入
    B: 不用再像以前那样，每天在家里看
      父母的脸色了
    C: 虽然工资不高

    ➦ 虽然工资不高，但总算有了固定收
      入，不用再像以前那样，每天在家
      里看父母的脸色了。

    A: 드디어 고정수입이 있게 됐으니
    B: 옛날처럼 매일 집에서 부모님의 눈치를 보
      지 않아도 된다
    C: 비록 봉급은 많지 않지만

    ➦ 비록 봉급은 많지 않지만, 드디어 고정수입
      이 있게 됐으니, 옛날처럼 매일 집에서 부모
      님의 눈치를 보지 않아도 된다.

정답  C A B

어휘  总算 zǒngsuàn 드디어 | 固定 gùdìng 고정되다 | 看脸色 kànliǎnsè 눈치를 보다

해설 '虽然…但是… 비록 ~이지만' 이 전환의 의미를 나타낼 때, '虽然' 이 앞 구절 주어(主語)의 앞뒤에 오고, '但是' 가 뒷 구절 맨 앞에 온다. 따라서 이 문장의 어순은 '비록 봉급은 많지 않지만, 드디어 일정한 수입이 있다' 이고, 그 다음이 일자리가 생긴 결과 즉 '옛날처럼 매일 집에서 부모님의 눈치를 보지 않아도 된다' 가 되겠다.

虽然工资不高，但总算有了固定收入，不用再像以前那样，每天在家里看父母的脸色了。
　　↳ 비록…지만　↳ 그러나…　　　　　↳ 결과

## 60

A: 再过一个星期我们就搬到新房去住了
B: 我和爱人辛辛苦苦攒了十多年
C: 终于买上了房子

➡ 我和爱人辛辛苦苦攒了十多年，终于买上了房子，再过一个星期我们就搬到新房去住了。

A: 일주일 후면 우리는 곧 새집에 들어가서 살게 된다
B: 나와 남편(부인)은 매우 고생스럽게 10여 년 간 돈을 모았다
C: 그래서 드디어 집을 장만했다

➡ 저와 남편(부인)은 매우 고생스럽게 10여 년 간 돈을 모아, 드디어 집을 장만했다. 일주일 후면 우리는 곧 새 집으로 들어가서 살게 된다.

정답　B C A
어휘　终于 zhōngyú 마침내 | 买上 mǎishàng 사들이다 | 新房 xīnfáng 새 집
해설　이 문장의 순서는 동작의 발생한 순대대로 서술하면 된다. 즉 '돈을 10여 년 모았다' 가 맨 앞에 오고, 그 다음에 이 돈으로 집을 사는 것이고, 마지막이 이사계획이다.

## 61

A: 还可以在网上购物
B: 在网上我们可以查找各种资料
C: 因特网给我们的生活带来了很多方便

➡ 因特网给我们的生活带来了很多方便，在网上我们可以查找各种资料，还可以在网上购物。

A: 또 인터넷 쇼핑도 할 수 있다
B: 인터넷에서 우리는 각종 자료들을 찾을 수 있다
C: 인터넷은 우리들의 생활에 많은 편리함을 가져다 주었다

➡ 인터넷은 우리들의 생활에 많은 편리함을 가져다 주었다. 인터넷에서 우리는 각종 자료들을 찾을 수 있고 쇼핑도 할 수 있다.

정답　C B A
어휘　因特网 yīntèwǎng 인터넷 | 网上 wǎngshàng 온라인, 사이버 | 查找 cházhǎo 찾다 | 网上购物 wǎngshànggòuwù 온라인 쇼핑
해설　이 문장은 인터넷이 우리의 생활에 가져온 편리함에 대해 소개하고 있다. 이러한 문장은 우선 개괄적으로 '인터넷은 우리들의 생활에 많은 편리함을 가져다주었다' 를 서술하고, 그 다음 어떤 편리함인지 하나하나 나열 하면 된다.

62  A: 北京的私家车越来越多

B: 所以政府鼓励市民坐公交车上下班

C: 交通问题也就越来越严重了

➡ 北京的私家车越来越多，交通问题也就越来越严重了，所以政府鼓励市民坐公交车上下班。

A: 북경의 자가용은 점점 많아지고 있다

B: 따라서 정부에서는 시민들이 출퇴근 할 때 버스 이용을 권장하고 있다

C: 교통문제 또한 심각해지고 있다

➡ 북경의 자가용차는 점점 많아지고 있고, 교통문제 또한 심각해지고 있기 때문에, 정부에서는 시민들이 출퇴근 할 때 버스 이용을 권장하고 있다.

**정답**  A C B

**어휘**  私家车 sījiāchē 자가용 | 鼓励 gǔlì 격려하다 | 公交车 gōngjiāochē 버스

**해설**  원인과 결과를 나타낼 때 '因为…所以…, …때문에 그래서…' 같은 접속사를 쓰는 경우가 대다수이지만, 접속사를 생략하는 경우도 있다. 하지만 생략하더라도 어순은 역시 원인이 앞에 오고 결과가 뒤에 온다. 따라서 이 문장의 어순은 먼저 '북경의 자가용차가 점점 많아지고, 교통 문제가 심각해지고 있다'이고, 그 다음 이러한 문제점을 해결하기 위한 대안 즉 '따라서 정부에서는 시민들이 출퇴근 할 때 버스 이용을 권장하고 있다'가 마지막이 되겠다.

北京的私家车越来越多，交通问题也就越来越严重了，所以政府鼓励市民坐公交车上下班。

  ↳ 원인                     ↳ 결과


63  A: 因为冬天天气寒冷，缺乏食物

B: 动物熟睡时，消耗的能量比较少

C: 动物为什么要冬眠呢？

➡ 动物为什么要冬眠呢？因为冬天天气寒冷，缺乏食物，动物熟睡时，消耗的能量比较少。

A: 겨울은 날씨가 아주 춥고 먹을 것이 부족하기 때문이다

B: 동물이 숙면할 때는 소모되는 에너지가 비교적 적다

C: 동물들은 무엇 때문에 겨울잠을 자는 걸까?

➡ 동물들은 무엇 때문에 겨울잠을 자는 걸까? 겨울은 날씨가 아주 춥고 먹을 것이 부족하고, 동물이 숙면할 때는 소모되는 에너지가 비교적 적기 때문이다.

**정답**  C A B

**어휘**  冬眠 dōngmián 겨울잠을 자다 | 寒冷 hánlěng 춥고 차다 | 缺乏 quēfá 결핍되다 | 熟睡 shúshuì 숙면 | 消耗 xiāohào 소모하다

**해설**  글을 쓸 때 독자의 눈길을 끌기 위하여 먼저 질문을 던지는 경우가 많다. 여기에서 '动物为什么要冬眠呢？'라는 질문을 먼저 던진 다음, 이 질문에 대한 설명을 이어서 한다.

动物为什么要冬眠呢？　因为冬天天气寒冷，缺乏食物，动物熟睡时，消耗的能量比较少。

  ↳ 문제 제의        ↳ 원인1        ↳ 원인2     ↳ 결과

**64**

A: 不仅晋升的机会多
B: 而且又能学到很多东西
C: 在大公司工作的话

A: 승진할 기회가 많을 뿐만 아니라
B: 또 많은 것을 배울 수 있다
C: 대기업에서 일하면

➡ 在大公司工作的话，不仅晋升的机会多，而且又能学到很多东西。

➡ 대기업에서 일하면, 승진할 기회가 많을 뿐만 아니라, 많은 것을 배울 수 있다.

**정답**　C A B

**어휘**　晋升 jìnshēng 승진하다

**해설**　'…的话, 만약…라면'은 가정의 뜻을 나타낸다. 이 문장에서 '대기업에서 일하면'은 가정이고, 그 뒤에 오는 '승진할 기회가 많을 뿐만 아니라, 많은 것을 배울 수 있다'가 상기 가정 하에서 얻을 수 있는 결과이다. '不仅'와 '而且'는 '不仅…而且…, …뿐만 아니라 게다가…'의 순서로 쓰인다.

在大公司工作的话，不仅晋升的机会多，而且又能学到很多东西。
　　　↳ 가정　　　　　↳ 결과

---

**65**

A: 负责销售工作
B: 我曾经在谷歌的人事部担任过行政助理
C: 后来调到销售部

A: 판매 관련 일을 맡았습니다
B: 저는 예전에 구글의 인사부에서 행정 보좌관을 맡은 바 있습니다
C: 나중에 영업부로 옮겨 가서

➡ 我曾经在谷歌的人事部担任过行政助理，后来调到销售部，负责销售工作。

➡ 저는 예전에 구글의 인사부에서 행정 보좌관을 맡은 바 있습니다. 나중에 영업부로 옮겨 가서 판매 관련 일을 맡았습니다.

**정답**　B C A

**어휘**　曾经 céngjīng 예전에, 이전에, 일찍이 | 担任 dānrèn 담당하다 | 行政 xíngzhèng 행정 | 助理 zhùlǐ 보좌관 | 销售 xiāoshòu 판매

**해설**　이 문장은 화자의 경력을 서술하고 있다. 이럴 땐 시간순서대로 서술하면 된다. 즉 먼저 언제 어디에서 무엇을 했고, 나중에 무엇을 했다고 서술하면 된다.

第三部分



**★ 유형파악 & 공략하기**

이 부분의 문제는 하나의 단문과 그에 따른 1-2개의 질문이 제시되는데, 단문 내용을 잘 파악한 다음 주어진 4개의 보기 중에서 정답을 고르면 된다. 이 부분에서 조금 어려운 것은 질문방식이다. 물음표가 있는 질문은 쉽지만 물음표가 없는 질문은 어렵다. 예를 들어 '现在许多年轻人：' 처럼 '：(콜론)' 표시가 돼있는 질문이다. 이것은 콜론 뒤에 이어서 나올 수 있는 말을 보기에서 찾으라는 뜻이다.

**66**

看着蓝蓝的天，心想这么好的阳光，关在屋子里太可惜了，所以我给小张打了个电话，约他一起去香山玩儿。

푸르디 푸른 하늘을 바라보면서, 이렇게 햇빛이 좋은 날씨에 집에 틀어박혀 있는 것이 너무 아쉽다는 생각이 들어, 샤오장에게 전화를 걸어 함께 샹산에 놀러 가자고 약속했다.

★ 根据这段话，可以知道：
A 我心情很好
B 今天天气很好
C 天气太可惜了
D 我喜欢在家里

★ 이 문장으로부터 알 수 있는 것은:
A 나의 기분은 아주 좋다
B 오늘 날씨는 매우 좋다　√
C 날씨가 아쉽다
D 나는 집에 있는 것을 좋아한다

**어휘**　蓝 lán 푸르다. 蓝蓝的 아주 푸르다. 이와 같이 단음절 형용사를 'AA的' 형식으로 중첩하여 그 정도가 심화됨을 나타낼 수 있다. 예) 大大的眼睛。아주 큰 눈 | 阳光 yángguāng 햇빛 | 屋子 wūzi 방

**해설**　이 문장으로부터 알 수 있는 것이 무엇이냐는 질문이다. 보기 중에서 문장 내용과 일치하는 것을 고르면 된다. 이 문장 같은 경우는 '오늘 날씨가 좋다'이다. 나머지 보기는 모두 문장 내용과 상충하거나 언급하지 않은 내용이므로 정답이 될 수 없다.

**67**　小陈的爱好非常广泛，尤其是在文艺方面，音乐、舞蹈、画画儿没有他不喜欢的，体育方面就更不用说了。

샤오천의 취미는 아주 다양하다. 특히 문예방면에서 음악, 춤, 그림 등 그가 좋아하지 않는 것이 없다. 스포츠는 더 말 할 것도 없다.

★ 关于小陈，我们可以知道什么？
A 朋友多
B 喜欢交朋友
C 不喜欢体育
D 喜欢各种文体活动

★ 샤오천에 관해서 우리는 무엇을 알 수 있나?
A 친구가 많다
B 친구를 사귀기 좋아한다
C 스포츠를 좋아하지 않는다
D 각종 문예활동과 체육활동을 좋아한다　√

**어휘**　广泛 guǎngfàn 광범(위)하다 | 尤其 yóuqí 특히 | 舞蹈 wǔdǎo 춤 | 文体活动 wéntǐhuòdòng 문예활동과 체육활동

**해설**　샤오천에 대할 알 수 있는 것은 무엇이냐는 질문이다. 보기 중에서 문장 내용과 일치한 것을 고르면 된다. 이 문장에서 샤오천이 각종 문예활동과 운동을 좋아한다고 하였기에 D가 정답이다. 나머지 친구 사귀는 것을 좋아한다, 친구가 많다 등은 문장에서 언급하지 않았고, 체육을 좋아하지 않는다는 문장 내용과 상충하기 때문에 정답이 될 수 없다.


**68**　天气在逐渐转暖，可是白天和夜间的温差仍然很大，夜晚会比较冷，出门要多穿衣服。另外还要保持室内的湿度，以免得病。

날씨는 점점 따뜻해지고 있지만, 낮과 밤의 일교차는 여전히 크다. 밤에는 비교적 추우니, 외출할 때 옷을 많이 입도록 하고, 병에 걸리지 않도록 실내 습도를 유지해야 한다.

★ 根据这段话，我们可以知道什么？
A 天气干冷
B 现在是秋天
C 天气很潮湿
D 得病的人多

★ 이 문장의 글을 통해서 우리는 무엇을 알 수 있나?
A 날씨가 건조하고 춥다　√
B 지금은 가을이다
C 날씨가 습하다
D 병에 걸린 사람이 많다

**어휘**　逐渐 zhújiàn 점점 | 转暖 zhuǎnhuǎn 따뜻해지다 | 夜间 yèjiān 야간 | 温差 wēnchā 일교차 | 以免 yǐmiǎn …않기 위해서

**해설**　이 문장으로부터 알 수 있는 것이 무엇이냐는 질문이다. 보기 중에서 문장 내용과 일치하는 것을 고르면 된다. 이 문장 같은 경우는 '날씨가 건조하고 춥다' 이다. 물론 문장에서 직설적으로 날씨가 건조하고 춥다고는 하지 않았지만, 아침저녁으로 일교차가 커 외출 시 옷을 많이 입어야 하며, 집안의 습도도 유지해야 한다고 했으므로 '날씨가 건조하고 춥다' 는 것을 유추해낼 수 있다.

**69**　学生每天看电视的时间超过三个小时的话，既会耽误学习，又会影响身体健康。特别是有些电视节目的内容不适合中小学生看，因此，应该限制他们看电视的时间。

학생들이 매일 TV 보는 시간이 3시간을 초과하면, 학습에 지장이 있을 뿐만 아니라 건강에도 영향을 미친다. 특히 어떤 TV프로그램 내용은 중학생과 초등학생들이 보기에 적합하지 않으니, TV시청시간을 제한해야 한다.

★ 根据这段话，可以知道中小学生：
A 不用学习
B 要多运动
C 应该看电视
D 要限制他们看电视

★ 이 문장에 근거해서 중학생과 초등학생은：
A 공부할 필요가 없다
B 운동을 많이 해야 한다
C TV를 봐야 한다.
D TV 보는 것을 제한해야 한다　√

**어휘**　耽误 dānwu 일을 그르치다 | 影响 yǐngxiǎng 영향을 주다 | 节目 jiémù 프로그램 | 限制 xiànzhì 제한하다

**해설**　'중학생과 초등학생은…' 뒤에 올 수 있는 말을 보기에서 찾아야 한다. 이 문장에서는 '학생들이 TV보는 시간이 3시간을 초과하면 학업이나 건강에 좋지 않다'고 하였다. 그리고 보기에 'TV를 보는 것을 제한해야 한다'란 말이있다. 따라서 정답은 D이다.


**70**　自从有了电脑之后，坐在电脑前的时间多了，而人和人之间的交流少了，运动的时间也减少了，身体的抵抗力也下降了。

컴퓨터가 생긴 이래 컴퓨터 앞에 앉아 있는 시간이 많아지고, 사람과 사람의 교류가 적어지고, 운동하는 시간도 적어져 신체의 저항력도 떨어지게 되었다.

★ 这段话主要谈的是：
A 没时间运动
B 打电脑的坏处
C 人们喜欢上网
D 人们喜欢交流

★ 이 문장에서 주로 말하고 있는 것은：
A 운동할 시간이 없다
B 컴퓨터를 하는 단점　√
C 사람들은 인터넷을 하기 좋아한다
D 사람들은 교류하기 좋아한다

**어휘**　之间 zhījiān (…의) 사이 | 减少 jiǎnshǎo 감소하다 | 抵抗力 dǐkànglì 저항력 | 下降 xiàjiàng 떨어지다

**해설**　질문의 뜻은 문장의 주제가 무엇이냐는 것이다. 이 문장에서는 컴퓨터가 생긴 이후 사람들이 서로 대화하는 시간이 줄어들고, 운동하는 시간도 줄어들고 신체의 저항력도 떨어지게 되었다고 하였다. 이러한 것들은 모두 컴퓨터를 하는 단점이다. 따라서 이 글의 주제는 컴퓨터를 하는 단점이 되겠다.

**71** 杭州湾跨海大桥是一座横跨中国杭州湾海域的跨海大桥，它北起浙江，南至宁波，全长36公里，是目前世界上最长的跨海大桥。

항쩌우만 해상브릿지는 중국 항주만 해역을 가로지르는 해상브릿지로써 북으로는 쩌쟝에서, 남으로는 닝뽀까지 총 길이가 36킬로미터로, 현재 세계에서 가장 긴 해상브릿지이다.

★ 杭州湾跨海大桥：
A 是天桥
B 是木桥
C 是世界之最
D 位于杭州市

★ 항쩌우만 해상브릿지는:
A 육교이다
B 나무다리이다
C 세계 최고이다 √
D 항주시에 위치하고 있다

**어휘** 湾 wān 만(灣) | 跨海大桥 kuàhǎi dàqiáo 해상브릿지 [섬과 육지를 잇는 다리] | 横跨 héngkuà 가로지르다 | 海域 hǎiyù 해역 | …起…至 …qǐ… zhì (동서남북)…부터 …까지 | 公里 gōnglǐ 킬로미터 | 目前 mùqián 현재 | 天桥 tiānqiáo 육교 | 位于 wèiyú …에 위치하다

**해설** 질문의 뜻은 '항쩌우만 해상브릿지는' 뒤에 이어져 어떤 내용이 와야 문장 내용과 일치한지이다. 문장 맨 마지막에서 '是目前世界上最长的跨海大桥, 현재 세계에서 가장 긴 해상 브릿지이다' 라고 하였다. 따라서 정답은 C이다.

---

**72** 生活中，有悲，有喜。在生活中，你会学到很多东西，它会教你怎么做人，怎么学习，它是人的一生中最好的老师。

삶에는 슬픔과 기쁨이 있다. 삶 속에서 당신은 많은 것을 배우게 되는데, 삶은 우리에게 어떻게 처세해야 하는지, 어떻게 공부해야 하는지를 가르쳐 준다. 삶은 일생에서 가장 좋은 선생님이다.

★ 一生中最好的老师是：
A 生活
B 父母
C 小学老师
D 班主任老师

★ 일생에서 가장 좋은 선생은:
A 삶 √
B 부모님
C 초등학교 교사
D 담임선생님

**어휘** 悲 bēi 슬픔 | 喜 xǐ 기쁨 | 学到 xuédào 배워서 알다 | 做人 zuòrén 처신하다 | 班主任 bānzhǔrèn 담임교사

**해설** 이 문장에서 삶은 우리에게 어떻게 처세해야 하는지, 어떻게 공부해야 하는지를 가르쳐준다고 했으며, '它是人的一生中最好的老师, 삶은 일생에서 가장 좋은 선생님이다' 라고 했다. 여기에서 '它' 는 '삶' 을 가리키는 것이다. 따라서 정답은 A이다.

**73** 关心别人是一种美德。生活在这世界
上难免遇到困难。每当这时，就会希
望有人关心，有人帮助。而要想得到
别人的关心和帮助，必须先学会关心
别人。

★ 这段话主要说：
A 关心自己
B 要关心别人
C 怎样关心别人
D 希望有人关心

다른 사람에게 관심을 갖는 것은 일종의 아름다운 미덕이다. 이 세상에 살면서 어려운 일에 부딪치는 일은 피할 수는 없다. 이럴 때 우리는 누가 자기를 보살펴주고 도와주기를 바란다. 그러나 다른 사람의 관심과 도움을 받으려면, 반드시 먼저 남에게 관심을 가질 줄 알아야 한다.

★ 이 문장에서 주로 말하고 있는 것은:
A 자신에게 관심을 갖는다
B 다른 사람에게 관심을 가져야 한다 √
C 다른 사람에게 어떻게 관심을 가져야 할까
D 어떤 사람이 관심을 가져주길 바란다

**어휘** 美德 měidé 미덕 | 难免 nánmiǎn …하게 마련이다 | 遇到 yùdào 봉착하다 | 而 ér 그러나 | 得到 dédào 얻다, 받다

**해설** 질문의 뜻은 문장의 주제가 무엇이냐는 것이다. 이 문장에서 다른 사람에게 관심을 가져주는 것은 일종의 아름다운 미덕이며, 다른 사람의 관심과 도움을 받으려면, 반드시 먼저 남에게도 관심을 가질 줄 알아야 한다고 하였다. 따라서 이 문장의 주제는 '다른 사람에게 관심을 가져야 한다' 이다.


**74** 以前大家都到书店去买书，然而现在
更多的年轻人喜欢在网上书店买书，
这样不仅不用出门，而且还给打七八
折。

★ 现在许多年轻人：
A 喜欢上网
B 不喜欢出门
C 到书店买书
D 在网上购书

옛날에는 사람들이 모두 서점에 가서 책을 사곤 했다. 그러나 지금은 훨씬 많은 젊은이들이 인터넷을 통해 책 구입하는 것을 좋아한다. 이것은 문밖을 나갈 필요도 없거니와, 또 20-30%의 할인도 받을 수 있다.

★ 지금 많은 젊은이들은:
A 인터넷을 하기 좋아한다
B 문밖에 나가기를 싫어한다
C 서점에 가서 책을 산다
D 인터넷을 통해 책을 구입한다 √

**어휘** 然而 rán'ér 그러나 | 不仅…而且… bùjǐn… érqiě… … 뿐만 아니라…게다가 | 购 gòu 사다

**해설** 문장 내용에 근거하여 '지금 많은 젊은이들은' 뒤에 올 수 있는 말을 고르는 문제이다. 문장에서 지금은 훨씬 많은 젊은이들이 인터넷을 통해 책 구입하는 것을 좋아한다고 했다. 따라서 '인터넷을 통해 책을 구입한다' 가 정답이다.

75    没有孩子不是不能活，两人世界也不是不浪漫。问题是家庭的压力，世俗的眼光。做女人难，做一个不生孩子的女人更难。

아이 없이 살 수 없는 것은 아니다. 두 사람만의 세계도 낭만이 없는 것은 아니다. 문제는 가정으로부터 오는 압력과 주변의 시선이다. 여자가 된다는 것이 어렵지만, 아이를 낳지 않는 여자가 되기는 더욱 어렵다.

★ 根据这段话，我们可以知道:
A 早结婚好
B 没有孩子好
C 养不起孩子
D 父母反对不生孩子

★ 이 문장에 근거하여, 우리가 알 수 있는 것은:
A 일찍 결혼하는 게 좋다
B 아이가 없는 게 좋다
C 돈이 없어 아이를 기를 수 없다
D 부모들은 아이를 낳지 않는 것에 반대한다 √

**어휘** 不是不 búshìbù …이 아닌 게 아니라 예) 不是不喜欢. 좋아하지 않는 게 아니라 | 活 huó 살다 | 浪漫 làngmàn 로맨틱하다 | 世俗 shìsú 세속 | 做 zuò …노릇을 하다

**해설** 이 문장으로부터 알 수 있는 것이 무엇이냐는 질문이다. 보기 중에서 문장 내용과 일치하는 것을 고르면 된다. 이 문장에서 아이가 없으면 안 되는 게 아니라 가정으로부터 오는 압력과 주변의 시선이라고 했다. 따라서 보기의 '부모들은 아이를 낳지 않는 것에 반대한다' 가 정답이다. 기타 보기는 문장 내용과 상충되기 때문에 답이 될 수 없다.

76    怎样才能减肥呢? 减肥不应该依赖于减肥药，因为减肥药多多少少对身体有负面影响，多锻炼自然会瘦身的，还能增强自身的免疫力。

어떻게 해야만 다이어트를 할 수 있을까? 다이어트는 약에 의존하면 안 된다. 왜냐하면 약은 많든 적든 간에 건강에 부정적인 영향을 끼칠 수 있기 때문이다. 운동을 많이 하면 자연스럽게 날씬해지고, 또 자신의 면역력을 키울 수 있다.

★ 减肥应该:
A 不吃饭
B 少吃饭
C 多运动
D 吃减肥药

★ 다이어트를 하려면 마땅히:
A 밥을 먹지 말아야 한다
B 밥을 적게 먹어야 한다
C 운동을 많이 해야 한다 √
D 다이어트 약을 먹어야 한다

**어휘** 依赖于 yīlàiyú …에 의존하다 | 多多少少 duōduōshǎoshǎo 많든 적든간에 | 负面 fùmiàn 부정적인 면 | 瘦身 shòushēn 살을 빼다 | 免疫力 miǎnyìlì 면역력

**해설** 질문은 '다이어트를 하려면 마땅히~해야 한다' 는 뜻이다. 문장 내용에 근거하여 다이어트를 하려면 약에 의존하는 것이 아니라 운동을 많이 해야 한다고 했다. 따라서 정답은 '운동을 많이 해야 한다' 이다.

77 早上我听了天气预报，所以就带上了伞。大家看见我的伞，似乎在笑我。下课的时候，突然下起阵雨来了，同学们都用羡慕的眼光看着我。

아침에 일기예보를 듣고 우산을 들고 나갔다. 사람들이 내 우산을 보고 비웃는 듯 했다. 수업이 끝날 무렵, 갑자기 소낙비가 내리기 시작하자, 친구들은 모두 부러운 눈으로 나를 쳐다보았다.

★ 根据这段话，我们可以知道：
A 他很粗心
B 他喜欢笑
C 大家羡慕他
D 今天没下雨

★ 이 문장에 근거하여, 우리가 알 수 있는 것은:
A 그는 꼼꼼하지 못하다
B 그는 잘 웃는다
C 사람들은 그를 부리워하였다 √
D 오늘은 비가 오지 않았다

**어휘** 似乎 sìhū 마치 …인 것 같다 | 阵雨 zhènyǔ 소나기 | …起…来… …qǐ …lái …하기 시작하다, 즉 '동사+起+명사+来'의 형식으로 쓰인다. 예) 下起雨来。비가 내리기 시작하다 | 眼光 yǎnguāng 시선, 눈길 | 粗心 cūxīn 세심하지 못하다

**해설** 이 문장으로부터 알 수 있는 것이 무엇이냐는 질문이다. 보기 중에서 문장 내용과 일치하는 것을 고르면 된다. 문장에서 일기예보를 듣고 우산을 들고 나갔는데 마침 비가 왔다. 다른 사람들은 모두 우산이 없어 비를 맞게 생겼는데, 화자는 우산이 있어 다들 그를 부러워했다. 따라서 정답은 'C' 이다.


78 从上周起，我开始打工教汉语了。这样我就不用跟父母要零花钱了，如果假期他们还要跟我学汉语的话，我不打算回老家了。

지난주부터 나는 중국어 가르치는 아르바이트를 시작했다. 그러면 부모님으로부터 용돈을 받지 않아도 된다. 만약 방학 때 그들이 계속 나한테 중국어를 배우겠다고 한다면, 나는 고향에 돌아가지 않을 예정이다.

★ 根据这段话，可以知道我：
A 是学生
B 是老师
C 喜欢学习
D 是公司职员

★ 이 문장을 통해 나에 대해 알 수 있는 것은:
A 학생이다 √
B 선생님이다
C 공부하기를 좋아한다
D 회사원이다

**어휘** 从…起 cóng…qǐ (시간)…부터 | 假期 jiàqī 휴가〔휴일·방학〕기간 | 老家 lǎojiā 고향 집

**해설** 이 문장을 통해 나에 대해 알 수 있는 것은 무엇이냐는 질문이다. 문장 중에서 나에 대해 언급한 내용과 일치한 것을 보기 중에서 고르면 된다. 이 문장에서 화자는 중국어를 가르치는 아르바이트를 하기 시작했는데 방학 때도 할 수 있으면 고향에 돌아가지 않겠다고 했으므로, 현재 화자는 학생이라는 것을 알 수 있다. 따라서 정답은 '학생' 이다.

**79** 花最多时间跟父母呆在一块儿，陪父母一起感受家庭的温暖。我们常想可以等到有出息了、有钱了，让父母过上好日子，但是父母不能等，也等不了。

많은 시간을 할애해서 부모님과 함께 있어주며, 부모님과 함께 가족의 따스함을 느끼게 해드려야 한다. 우리는 늘 출세해서, 돈을 많이 벌어서, 부모님을 호강시켜드린다고 생각하지만, 부모님은 기다리려고 해도 기다릴 수가 없다.

★ 父母为什么不能等?

A 没有时间

B 会去世的

C 身体不好

D 想早点儿回家

★ 부모님이 기다릴 수 없는 이유는 무엇인가?

A 시간이 없어서

B 부모님이 돌아가실 수 있기 때문에  √

C 부모님의 건강이 좋지 않기 때문에

D 집에 일찍 돌아가고 싶어서

**어휘** 感受 gǎnshòu 느끼다 | 温暖 wēn nuǎn 따뜻함 | 出息 chūxi 출세하다 | 日子 rìzi 생활 | 等不了 děngbuliǎo 기다릴 수 없다

**해설** 부모님이 기다릴 수 없는 이유가 무엇이냐는 질문이다. 이 문장에서 자식들에게 부모님과 함께 있는 시간을 많이 가지라고 하였다. 그 이유는 부모님이 자식들과 영원히 같이 있을 수 없기 때문이라고 하였다. 이 말은 언젠가는 부모님이 돌아가신다는 뜻이다. 따라서 부모님이 기다릴 수 없는 이유는 '会去世的'라는 것을 알 수 있다.

## 80-81

一天，狐狸胖胖发现了一块儿又大又肥的肉，它想：“这么大的一块肉，我得请我的朋友一起吃。”于是狐狸胖胖把花花、晶晶、宁宁邀请到了家里。它把肉切成了三块，却忘了自己的那份，怎么办呢? 想了半天，狐狸说：“我最近在减肥。”伙伴们说：“不不不，还是我们大家一起吃吧!”于是，他们又重新把肉分成了四份，他们每人一份，吃得非常香!

어느 날, 여우 팡팡이 크고 기름진 고기 덩어리를 발견하였다. 그는 "고기 덩어리가 이렇게 크니, 친구들하고 같이 먹어야지" 하고 생각하였다. 그리하여 여우팡팡은 화화, 찡찡, 닝닝을 집으로 초대하였다. 그는 고기를 세 덩어리로 나누고, 오히려 자기 몫은 잊었다. 어떻게 하지? 한참 고민을 하다가 여우는 : "나는 요즘 다이어트 하고 있어"라고 하자 친구들이 "그러지 말고, 우리 같이 먹자!"라고 했다. 그리하여 그들은 다시 고기를 4등분해서 일인당 한 몫씩 아주 맛있게 먹었다.

★ 狐狸胖胖:

A 很善良

B 很狡猾

C 很贪心

D 很幽默

★ 여우 팡팡은 :

A 매우 선량하다  √

B 아주 교활하다

C 욕심이 아주 많다

D 아주 유머가 있다

**어휘** 狐狸 húli 여우 | 块儿 kuàir 덩어리 | 肥 féi 기름지다 | 邀请 yāoqǐng 초대하다 | 切成 qiēchéng …(몇 등분, 어떻게) 자르다 | 份 fèn 몫 | 于是 yúshì 그리하여 | 重新 chóngxīn 다시, 재차 | 香 xiāng 맛있다 | 狡猾 jiǎohuá 교활하다 | 贪心 tānxīn 욕심이 많다

 이 문장은 동화이야기이다. 질문은 문장 내용에 근거하여 '여우 팡팡은' 뒤에 올 수 있는 말을 보기에서 찾는 것이다. 문장에서 여우 팡팡은 큰 고기 덩어리가 생기자 혼자 먹지 않고 친구들과 나누어 먹는 이야기를 들려주었다. 이로써 우리는 여우 팡팡이 아주 선량하다는 것을 알 수 있다.

★ 最初狐狸把肉切成了几块儿?

A 一块儿

B 两块儿

C 三块儿

D 四块儿

★ 처음에 여우는 고기를 몇 덩어리로 나누었나?

A 한 덩어리

B 두 덩어리

C 세 덩어리 √

D 네 덩어리

해설 문장에서 여우 팡팡이 자기 몫을 깜박하고 세 덩어리로 나누었다고 했으므로 정답은 '세 덩어리' 이다.

## 82-83

随着生活水平的提高，我们的居住环境也有了很大的改善。首先居住面积跟以前比大了许多，其次房屋的装修也越来越豪华了，然而房屋天花板的高度却越来越低了。美国明尼苏达大学最近的一项研究结果显示，人们在天花板较高的房间里，他们可以激发出各种创造性的想法。而在天花板低的房间里，这种能力就会受到抑制。

생활수준의 향상에 따라, 우리의 거주환경은 많이 개선되었다. 우선 거주 면적이 예전에 비해 많이 넓어졌다. 그 다음 집의 인테리어도 갈수록 호화로워 졌다. 하지만 집 천정의 높이는 갈수록 낮아졌다. 미국미네소타대학 최근의 연구결과에 의하면 사람들은 천정이 높은 방에서는 각종 창의적인 아이디어를 불러일으킬 수 있지만, 천정이 낮은 방에서는 이러한 능력이 억제 될 수 있다고 한다.

★ 天花板的高度会影响人们的:

A 思维

B 睡眠

C 健康

D 性格

★ 천정의 고도는 사람들의 ~ 대해 영향을 줄 수 있다:

A 생각 √

B 수면

C 건강

D 성격

어휘 随着 suízhe …에 따라서 | 居住 jūzhù 거주하다 | 环境 huánjìng 환경 | 改善 gǎishàn 개선하다 | 首先…其次… shǒuxiān… qícì… 우선… 그 다음… | 面积 miànjī 면적 | 房屋 fángwū 집 | 装修 zhuāngxiū (가옥을) 장식하고 꾸미다 | 豪华 háohuá 호화스럽다 | 天花板 tiānhuābǎn 천정 | 高度 gāodù 높이 | 显示 xiǎnshì 나타내다 | 激发 jīfā 불러일으키다 | 创造性 chuàngzàoxìng 창조성 | 受到 shòudào 받다 | 抑制 yìzhì 억제하다 | 思维 sīwéi 생각, 사유 | 睡眠 shuìmián 수면

**해설**　이 문장에서 최근의 연구결과에 의하면 사람들은 천정이 높은 방에서는 각종 창의적인 아이디어를 불러일으킬 수 있다고 했다. 창의적인 아이디어라는 것은 보기의 '생각'과 비슷한 뜻을 나타내지만, '수면, 건강, 성격'과는 전혀 상관없다. 따라서 정답은 '생각'이다.

| | |
|---|---|
| ★ 我们的居住环境有了很大的改善，屋顶的高度： | ★ 우리의 거주환경은 매우 크게 개선되었다. 천정의 높이는: |
| A 跟以前一样 | A 옛날과 같다 |
| B 越来越低了 | B 오히려 갈수록 낮아진다 √ |
| C 越来越高了 | C 갈수록 높아진다 |
| D 不受任何限制 | D 어떤 제한도 받지 않는다 |

**어휘**　屋顶 wūdǐng 지붕 | 任何 rènhé 어떠한 | 受…限制 shòu…xiànzhì …의 제한을 받다

**해설**　이 문장의 중간 부분에 이런 말이 있다. 즉 '然而房屋天花板的高度却越来越低了, 하지만 집 천정의 높이는 갈수록 낮아졌다'이다. 이것이 핵심어이다. 따라서 질문의 답은 '오히려 갈수록 낮아진다'이다.

## 84-85

傣族主要聚居在云南省西双版纳傣族自治州等地，有自己的语言和文字，傣族人不仅能歌善舞，而且创造了灿烂的文化。傣族人的风俗习惯比较特别，忌讳也比较多。比如说，忌讳外人骑马、赶牛；进入傣家竹楼，要把鞋脱在门外，他们的婚俗更是特别。

태족들은 윈난성 씨쑤앙판나에 있는 태족자치주 등지에 모여 산다. 자체 언어와 문자가 있으며, 노래도 잘하고 춤도 잘 춘다. 뿐만 아니라 찬란한 문화를 창조하였다. 태족 사람들의 풍속 습관은 비교적 특별하며, 꺼리는 것도 비교적 많다. 예를 들면, 외부 사람들이 말을 탄다거나 소를 모는 것을 꺼린다. 태족 대나무 다락집에 들어갈 때는 반드시 신발을 밖에 벗어놓고 들어가야 하며, 결혼 풍속은 더욱 특별하다.

| | |
|---|---|
| ★ 这段话主要介绍的是： | ★ 이 문장에서 주로 소개한 내용은: |
| A 傣族 | A 태족 √ |
| B 傣族的文化 | B 태족의 문화 |
| C 傣族的婚俗 | C 태족의 결혼 풍속 |
| D 傣族人的忌讳 | D 태족 사람들이 꺼리는 것 |

**어휘**　傣族 Dǎizú 태족 | 聚居 jùjū 모여 살다 | 自治区 zìzhìqù 자치구 | 语言 yǔyán 언어 | 能歌善舞 nénggēshànwǔ 노래도 잘 하고 춤도 잘 춘다 | 创造 chuàngzào 창조하다 | 灿烂 cànlàn 찬란하다 | 风俗 fēngsú 풍속 | 忌讳 jìhuì 꺼리다, 기피하다 | 比如说 bǐrúshuō 예를 들어 | 外人 wàirén 외부 사람 | 赶牛 gǎnniú 소를 몰다 | 竹楼 zhúlóu 죽루 | 脱 tuō 벗다 | 婚俗 hūnsú 결혼풍속

★ 关于傣族，我们可以知道：　　　　★ 태족에 관해, 우리가 알 수 있는 것은:

A 没什么忌讳　　　　　　　　　　A 꺼리는 것이 없다

B 喜欢吃羊肉　　　　　　　　　　B 양고기 먹기를 좋아한다

C 有自己的文字　　　　　　　　　C 자체의 문자가 있다　√

D 没有自己的语言　　　　　　　　D 자체 언어가 없다

어휘 羊肉 yángròu 양고기

해설 태족에 관해, 우리가 알 수 있는 것은 무엇이냐는 질문이다. 보기의 '꺼리는 것이 없다, 양고기 먹기를 좋아한다, 자체 언어가 없다' 는 문장 내용과 상충되지만, '자체의 문자가 있다' 는 문장에서 언급한 바 있다. 따라서 정답은 C이다.

# 三、书写

## 第一部分

第86-95题：完成句子。

例如：那座桥　　　800年的　　　历史　　　有　　　了

　　　那座桥有800年的历史了。

86-95문제 : 문장을 완성하시오.

예 : 그 다리는 800년의 역사를 가지고 있다.

★ 유형파악 & 공략하기

이 부분의 문제는 여러 개의 단어가 제시되어 있다. 주어진 단어를 사용하여 하나의 문장을 만들면 된다. 문장을 만들 때 중국어의 어순과 문법을 염두에 두고 문장을 만들어야 올바른 문장을 만들 수 있다.

**86**　电影　喜欢　中国　他　看　　➡　他喜欢看中国电影。

그는 중국 영화를 보기 좋아한다.

**해설**　문장을 만들 때 우선 주어진 단어 중에서 동사를 찾는다. 그 다음 동작의 순서를 정하면 문장을 쉽게 만들 수 있다. 보기에서는 '喜欢'와 '看' 두 개의 동사가 있는데, 이중 '喜欢'은 심리동사이고, '看'은 일반동사이다. 심리동사나 조동사는 반드시 다른 동사 앞에 위치해야 하기 때문에 '喜欢看'의 순서가 된다. 그 다음 '喜欢看' 앞에 주어를 붙여 주고, 뒤에 목적어를 붙여 주면 문장이 완성 되는 것이다.

他　　　　喜欢　　　　看　　　　　中国电影 。
↳ 주어　　↳ 심리동사　　↳ 일반동사　　↳ 목적어

**87**　感兴趣　我　对　中国历史　很　　➡　我对中国历史很感兴趣。

나는 중국역사에 대해 매우 관심이 많다.

 '对 …感兴趣, …에 대해 흥미가 있다'는 관용구이다. 흥미의 대상은 '对' 뒤에 놓고, 주어를 맨 앞에 놓으면 문장이 완성 된다. 즉 '주어+对+흥미의 대상+感兴趣'의 형식을 이용하면 된다.

我　　　对　　　中国历史　　　很　　　感兴趣 。
↳ 주어　　↳ 对　　↳ 흥미의 대상　↳ 부사어　↳ 술어

**88**　更　那里　的　便宜　东西　➡　那里的东西更便宜。

그 곳의 물건은 더욱 싸다.

해설　형용사 술어문은 '(한정어)+주어+부사+형용사' 이다. 여기서 '更' 은 부사이고, '便宜' 은 형용사이다. 따라서 이 문장은 아래와 같이 만들 수 있다.

那里的　　　东西　　　更　　　便宜 。
↳ 한정어　　↳ 주어　　↳ 부사　↳ 형용사

**89**　幽默的　每个人　老师　都　喜欢　➡　每个人都喜欢幽默的老师。

모든 사람들은 유머러스한 선생님을 좋아한다.

해설　중국어의 어순은 '주어+부사+술어+(한정어+)목적어' 이다. 여기에서 주어는 '每个人' 이고, 부사는 '都' 이다. 따라서 이 문장은 아래와 같이 만들 수 있다.

每个人　　都　　喜欢　　幽默的　　老师 。
↳ 주어　　↳ 부사　↳ 술어　↳ 한정어　↳ 목적어

**90**　一些　给了　复习　材料　老师　➡　老师给了一些复习材料。

선생님은 복습자료를 조금 주셨다.

해설　동작의 완료를 나타내는 '了' 는 동사 뒤이나 문장 맨 마지막에 모두 올 수 있다. 그러나 목적어에 한정어가 있을 경우, '了' 는 동사 뒤에 위치한다. 따라서 이 문장은 아래와 같이 만들 수 있다.

老师　　给　　了　　　　　　　　　　一些　　复习材料 。
↳ 주어　　↳ 동사　↳ 동작의 완료를 나타내는 '了'　↳ 한정어　↳ 목적어

**91**　听懂　能　他　一点儿　日语　➡　他能听懂一点儿日语。

그는 일본어를 좀 알아들을 수 있다.

**해설**　보기에 '能, 할 수 있다'와 '听懂, 알아듣다' 두 개의 동사가 있는데, '能'은 조동사이기 때문에 '听懂' 앞에 와야 한다. 참고로 '听懂'은 결과보어지만 그냥 동사로 보면 된다. 만약 보기에서 '听'와 '懂'을 붙여 놓지 않았으면, 문장을 만들 때 결과보어를 의식하여, 두 단어를 붙여놓으면 된다. 그리고 '一点儿'은 일반적으로 명사 앞에 와서 적은 양을 나타낸다. 따라서 이 문장은 다음과 같이 만 들 수 있다.

他　　　能　　　听懂　　　一点儿　　　日语 。
↳ 주어　↳ 조동사　↳ 동사　↳ 조금의　↳ 명사 목적어


**92**　衣服　的　怎么样　这件　颜色　➡　这件衣服的颜色怎么样?

이 옷의 색상은 어떤가?

**해설**　이 문장에서 주어는 '颜色'이고 술어는 '怎么样'이다. 즉 형용사 술어문이다. 형용사 술어문의 어순은 '(한정어+)주어+부사+형용사'이기 때문에 아래와 같이 문장을 같이 만들 수 있다.

这件衣服的　　颜色　　怎么样?
↳ 한정어　　↳ 주어　　↳ 술어


**93**　是　他　人　非常　一个　细心的　➡　他是一个非常细心的人。

그는 아주 세심한 사람이다.

**해설**　한정어가 여러 개일 경우 어순은 다음과 같다. 즉 '수사+양사+부사+형용사+的+명사'이다. 따라서 '아주 세심한 사람'은 '一个非常细心的人'이라고 표현해야 한다. 여기서 '一个'는 없어도 되지만 습관적으로 넣는 경우가 많다. 예) '昨天我见到了一个高中同学。어제 나는 고등학교 동창을 만났다.'

　　　　　　　　⌐ 수사　⌐ 양사　⌐ 부사　　⌐ 형용사　⌐ ~의　⌐ 명사
他　　　是　　　一　　　个　　　非常　　　细心　　　的　　　人 。
↳ 주어　↳ 동사　↳ 목적어

**94**  火车票 买到 你 明晚去北京的 吗  了  ➡

你买到明晚去北京的火车票了吗?

당신 내일 저녁 북경 가는 기차표 샀어요?

**해설**  무엇을 했느냐는 질문의 어순은 '주어+동사+(한정어+)목적어+了+吗?'이다. 그리고 '火车票'는 목적어인데, 목적어에 한정어가 있다. 즉 '明晚去北京的'가 '火车票'의 한정어이다. 따라서 이 문장은 다음과 같이 만들 수 있다.

你　　　买到　　　明晚去北京的　　火车票　　了　　　　　　　吗 ?
↳주어　↳술어　　↳한정어　　　↳목적어　↳완료를 나타냄　↳의문사

**95**  符合  太  这个产品  不  标准 ➡

这个产品不太符合标准。

이 제품은 규격에 그다지 부합되지 않는다.

**해설**  동사 술어문의 부정은 술어 동사 앞에 부정부사 '不/没'를 붙여 부정하면 되는데, 만약 술어 동사 앞에 부사나 전치사가 올 경우, 동사 앞에 '不/没'를 붙여 부정하는 경우도 있고, 부사나 전치사 앞에 '不'를 붙여 부정하는 경우도 있다. 예를 들면 '经常', '跟…一起', '在…', '太' 등이 있으면 부사나 전치사를 부정해야 한다. 따라서 이 문장은 아래와 같이 만들 수 있다.

这个产品　　不　　　　太　　　符合　　　标准 。
↳주어　　↳부정부사　↳부사　↳동사　↳목적어

**참고**  아래의 문장을 부정문으로 바꾸어 보자.

他经常去中国。　　➡　　他不经常去中国。
그는 중국에 자주 간다.　　그는 중국에 자주가지 않는다.

我跟你一起去。　　➡　　我不跟你一起去。
나는 너랑 같이 간다.　　나는 너랑 같이 안 간다. (혼자 갈 수도 있고, 다른 사람
　　　　　　　　　　　　　　　　과 갈 수 도 있다는 뜻)

我在医院工作。　　➡　　我不在医院工作。
나는 병원에서 일한다.　　나는 병원에서 일하지 않는다. (다른 곳에서 근무한다는 뜻)

第二部分

96-100문제: 그림을 보고 주어진 단어로 문장을 만드시오

乒乓球　　她很喜欢打乒乓球。

예:　탁구　그녀는 탁구 치기를 매우 좋아한다.

★ 유형따악 & 공략하기

이 부분의 문제는 한 장의 그림과 하나의 단어가 제시된다. 그림을 보고 주어진 단어를 사용하여 하나의 문장을 만들면 되는데, 문장을 만들 때 출제자의 의도를 잘 파악해야 한다. 예를 들면 컵을 땅에 떨어뜨린 그림은 把자문이나 被자문을 써야 한다. 참고로 그림과 제시어를 보고 문장을 만들 때는 정답이 하나가 아니라 여러 개가 될 수 있다는 것을 유의해야 한다. 따라서 여기에 제시한 정답은 모두 참고 답안이다.

**96**

买　➡

你想买什么?

당신은 무엇을 사려고 하십니까?

**해설**　그림은 과일을 파는 장면이고, 제시어는 '买'이다. 따라서 '무엇을 사려고 하십니까?'라는 문장을 만들면 된다. 이러한 특수 의문문의 어순은 '주어+조동사+일반동사+의문대사'이다. 여기에서 의문대사란 '什么, 谁, 几, 多少, 哪儿' 등을 가리킨다. 이에 근거하여 아래와 같이 문장을 만들 수 있다.

你　　　想　　　买　　　什么 ?

↳ 주어　↳ 조동사　↳ 일반동사　↳ 의문대사

**97** 

回答 ➡

她不知道应该怎样回答老师的问题。

그녀는 선생님의 질문에 어떻게 대답해야 할 지 모른다.

**해설** 그림을 보면 한 학생이 선생님 질문에 어떻게 답해야 할지 몰라 물음표를 들고 있고, 제시어는 '回答' 이다. 따라서 '그녀는 선생님의 질문에 어떻게 대답해야 할 지 모른다.' 라는 문장을 만들어야 한다. 이와 같이 '知道', '告诉', '打算' 등 뒤에 목적어로서 단순하게 한 단어가 오는 것이 아니라, 한 문장일 경우 종속절이라고 한다. 이때 어순은 다음과 같다. '주어+(不+)知道+종속절' 이다. 종속절이란 주어, 술어와 목적어로 구성된 문장을 가리킨다. 주어나 목적어는 생략할 수도 있다.

|   |   |   | ⌈ 조동사 | ⌈ 대사 | ⌈ 술어 | ⌈ 목적어 |   |   |   |
|---|---|---|---|---|---|---|---|---|---|
| 她 | 不 | 知道 | 应该 | 怎样 | 回答 | 老师 | 的 | 问题 | 。 |
| ↳ 주어 | ↳ 부정부사 | ↳ 知道 | | ↳ 종속절 | | | | | |

**98** 

菜 ➡

这个菜味道真好。

이 요리는 맛이 정말 좋네요.

**해설** 그림은 요리를 아주 맛있게 먹는 장면이고, 제시어는 '菜' 이다. 따라서 '이 요리는 맛이 정말 좋네요.'라는 문장을 만들면 된다. 이는 형용사 술어문에 해당되는 문법이다. 형용사 술어문의 어순은 '(한정어+)주어+부사+형용사' 이다. 여기서 '真' 이 부사이고, '好' 가 형용사이다. 따라서 아래와 같이 문장을 만들 수 있다.

| 这个菜 | 味道 | 真 | 好 。 |
|---|---|---|---|
| ↳ 한정어 | ↳ 주어 | ↳ 부사 | ↳ 형용사 |

**99** 

会 ➡

他会游泳。

그는 수영을 할 줄 안다.

 그림에서 남자가 수영을 하고 있고, 제시어는 '会' 이다. 따라서 '그는 수영 할 줄 안다' 라는 문장을 만들면 된다. 여기서 '会' 는 조동사이고 '游泳' 은 일반 동사이기 때문에 '会游泳, 수영할 줄 알다' 라고 표현해야 한다. 따라서 이 문장은 아래와 같이 만들 수 있다.

他　　　　会　　　　游泳。
↳ 주어　　↳ 조동사　↳ 술어

**100**  碎 ➡ 杯子被打碎了。

컵이 깨졌다.

해설　그림을 보면 컵이 땅에 떨어져 깨졌으며, 제시어가 '碎' 이다. 따라서 被자문 문형 즉 '목적어+被+주어+술어+기타성분' 을 사용하여 '컵이 깨졌다' 라는 문장을 만들면 된다. 주의할 점은 컵이 누구에 의해 깨졌는지 그림에 나와 있지 않기 때문에 동작의 주체 즉 주어를 생략해도 된다.

杯子　　　　被　　　打　　　碎了。
↳ 목적어　　↳ 被　　↳ 술어　↳ 기타성분(결과보어)

참고: 작문쓰기에서 把자문이나 被자문이 자주 나오니 이와 관련된 문법을 사전에 숙지해두는 것이 좋다.

把자문의 어순은 다음과 같다.
주어+把+목적어+동사+기타성분

被자문의 어순
목적어+被+주어+동사+기타성분

# 실전모의고사 2회
# 정답 및 해설

路摇知马力，日夕见人心。

길이 멀어야 말의 힘을 알 수 있고,
세월이 흘러야 사람의 마음을 알 수 있다.

# 第二套模拟试题答案

## 一、听力

### 第一部分

| | | | | |
|---|---|---|---|---|
| 1. × | 2. √ | 3. √ | 4. × | 5. × |
| 6. √ | 7. √ | 8. × | 9. × | 10. √ |

### 第二部分

| | | | | |
|---|---|---|---|---|
| 11. A | 12. A | 13. D | 14. B | 15. B |
| 16. C | 17. C | 18. B | 19. C | 20. A |
| 21. B | 22. A | 23. C | 24. A | 25. B |

### 第三部分

| | | | | |
|---|---|---|---|---|
| 26. D | 27. D | 28. C | 29. B | 30. D |
| 31. A | 32. D | 33. B | 34. D | 35. A |
| 36. C | 37. D | 38. D | 39. D | 40. C |
| 41. B | 42. D | 43. C | 44. B | 45. C |

## 二、阅读

### 第一部分

| | | | | |
|---|---|---|---|---|
| 46. C | 47. D | 48. A | 49. E | 50. B |
| 51. B | 52. E | 53. A | 54. C | 55. D |

### 第二部分

| | | | | |
|---|---|---|---|---|
| 56. CAB | 57. ACB | 58. BCA | 59. BCA | 60. BCA |
| 61. ACB | 62. BCA | 63. ACB | 64. BAC | 65. CBA |

### 第三部分

| | | | | |
|---|---|---|---|---|
| 66. D | 67. C | 68. C | 69. D | 70. D |
| 71. A | 72. D | 73. B | 74. C | 75. B |
| 76. D | 77. A | 78. A | 79. D | 80. B |
| 81. B | 82. D | 83. C | 84. B | 85. B |

三、书写



86.　他想去泰国旅行。

87.　我对这里的情况不太了解。

88.　我比小张高一点儿。

89.　每个人都有自己的生活习惯。

90.　昨天我买了两本汉语书。

91.　他能听懂我说的话。

92.　我新买的裙子怎么样？

93.　每天早上我坐地铁上班。

94.　你听明白我说的话了吗？

95.　我爸爸不在大学工作。

第二部分

96.　我有一个妹妹。

97.　我觉得学习汉语很有意思。

98.　这件毛衣多少钱？

99.　他还没吃饱。

100.　最近他经常咳嗽。

# 一、听力

## 第一部分

총 10문항이며, 모든 문제는 한 번씩 들려준다.

문제 1–10: OX문제

예: 나 신용카드 하나 만들려고 하는데, 오늘 오후 시간 있어? 나랑 같이 은행에 가 줄래?

★ 그는 오후에 은행에 갈 예정이다. (∨)

요즘 나는 텔레비전을 거의 안 본다. 한 가지 원인은 광고가 너무나 많기 때문이다. 시도때도 없이 어떤 프로그램이든 텔레비전을 켜기만 하면, 늘 너무 많은 광고가 나와서 내 시간을 낭비한다.

★ 그는 텔레비전광고를 보기 좋아한다. (X)

★ 유형따악 & 공략하기

보기의 내용이 녹음 내용과 일치하는 지, 일치하지 않은 지 판단하는 문제이다. 문제를 한 번 읽어주고, 보기 내용도 한 번 읽어주니, 주의 깊게 잘 들으면 쉽게 풀 수 있을 것이다.

现在开始第1题 │ 지금부터 1번 문제를 시작합니다.

**1**  各位乘客，开往杭州的长途汽车马上就要出发了，没有上车的旅客，请您抓紧时间上车。
★ 这里是火车站。

승객 여러분, 항저우행 시외버스가 곧 출발합니다. 아직 승차하지 않으신 분은 서둘러 승차하시기 바랍니다.
★ 여기는 기차역이다.

**정답**  X

**어휘**  开往 kāiwǎng …으로 가다, …행 | 抓紧 zhuājǐn 서둘러 하다

**해설**  OX문제 이니, 녹음을 들을 때 우선 누가, 어디서, 어떤 말을 하고 있는지 이러한 큰 그림부터 떠올리면 듣기가 훨씬 쉬워진다. 핵심 포인트는 '长途汽车马上就要出发了, 시외버스가 곧 출발합니다' 이다.

2 随着大学生就业困难的加剧，大学生的工资也越来越低了。前几天的报道说是低于一千元，以至于有些大学生觉得读了大学还不如不读。

★ 现在大学生的工资低得可怜。

취업난이 심해짐에 따라 대학생들의 월급도 점점 적어지고 있다. 며칠 전 뉴스보도에 의하면 천위안 미만이라고 한다. 따라서 일부 대학생들은 대학교에 진학하는 것이 진학하지 않는 것보다 못하다는 생각까지도 한다.

★ 지금 대학생들의 월급은 불쌍할 정도로 너무 적다.

**정답** √

**어휘** 随着 suízhe …에 따라 | 加剧 jiājù 악화되다 | 读 dú 공부하다, 재학중이다.
예) '读大学, 대학교에 다니다' '读书, 공부하다' | 可怜 kělián 가련하다

**해설** 듣기에서 대학생의 월급이 점점 적어지고 있다고 하였는데, 보기에서는 '低得可怜, 불쌍할 정도로 적다'고 했다. 따라서 정답은 '√'이다.


3 小李觉得百货商店里的衣服，虽然价格高，但是质量好、式样新，穿在身上显得非常时髦，可以穿很长时间。

★ 小李觉得百货商店里的衣服值得买。

샤오리는 백화점의 옷은 비록 가격이 비싸지만, 품질이 좋고 디자인도 새로워 입으면 폼이 날 뿐만 아니라 오래 입을 수 있다고 생각한다.

★ 샤오리는 백화점의 옷이 살 가치가 있다고 생각한다.

**정답** √

**어휘** 显得 xiǎnde …하게 보이다 | 时髦 shímáo 세련되다

**해설** 화자가 백화점의 옷이 여러모로 좋다고 했는데, 보기에는 '值得买, 살 가치가 있다'라고 했다. 따라서 정답은 '√'이다.


4 我和王刚约好了下班以后一起去吃饭，可是王刚突然来电话说，他不能跟我一起去吃饭了，因为他爱人让他早点儿回家接孩子。

★ 王刚打算下班以后跟他一起去吃饭。

나는 왕강과 퇴근 후 같이 저녁 먹기로 약속했는데, 왕강에게서 전화가 와서, 저녁을 같이 먹을 수 없게 되었다고 했다. 왜냐하면 그의 부인이 그에게 일찍 집에 가서 애기를 데려 오라고 했기 때문이다.

★ 왕강은 퇴근 후 그와 같이 식사할 예정이다.

**정답** X

**어휘** 不能…了 bùnéng … le …할 수 없게 되었다. 예) 不能去爬山了。등산하러 갈 수 없게 되었다.

**해설** 화자의 말이 조금 길 경우, 특히 '约好, 说好, 打算' 등 단어가 나오는 경우, 뒤에 나오는 말이 핵심 포인트이다. 여기에서는 '他不能跟我一起去吃饭了, 나와 저녁을 같이 못 먹게 되었다'가 해당된다.

5 　丽丽，昨天你给我发的短信，让我给删掉了，麻烦你再给我发一次，好吗？最好现在马上发。

★ 他让丽丽再发一次电子邮件。

리리, 어제 네가 보낸 메시지를 삭제 해버렸어. 번거롭지만 다시 한 번 보내 줄래? 지금 바로 보내주는 게 좋은데.

★ 그는 리리에게 메일을 다시 보내 달라고 하였다.

**정답** X

**어휘** 删掉 shāndiào 삭제해 버리다

**해설** 듣기에서는 '短信, 문자 메시지'를 보내라고 하였는데, 보기에는 '电子邮件, 이메일'을 보내라고 하였으니 정답은 'X'이다.

6 　邻居张阿姨家的孩子，才11岁，钢琴弹得特别好。张阿姨为她请了个大学教授，听说她已经拿到了钢琴10级等级证书。

★ 张阿姨家的孩子是请老师学弹钢琴的。

이웃집 장씨 아주머니 집의 애가 겨우 11살인데, 피아노를 아주 잘 친다. 장씨 아주머니는 딸을 위해 대학교수를 모셔왔다. 들은 바로는 장씨 아주머니 딸은 피아노 10등급 인증서까지 땄다고 한다.

★ 장씨 아주머니의 애는 피아노를 선생님에게 배운 것이다.

**정답** √

**어휘** 等级 děngjí 등급 | 证书 zhèngshū 증서

**해설** 듣기에서 아이를 위해 대학교 교수를 모셔와 가르쳤다고 하였는데, 보기에서는 선생님에게 배웠다고 했으므로 정답은 '√'이다.

7 　小王，你打听一下我们公司附近有没有日本料理，然后再帮日本客人预定一下回程机票。

★ 他让小王预定饭店和机票。

샤오왕, 우리 회사 근처에 일식집이 있는지 좀 알아보고요, 그리고 일본 손님을 위해 돌아가는 티켓도 예약 좀 해 주세요.

★ 그는 샤오왕에게 식당과 티켓을 예약하라고 하였다.

**정답** √

**어휘** 打听 dǎting 알아보다 | 回程机票 huíchéng jīpiào 돌아가는 비행기표

**해설** 듣기에서 샤오왕에게 일본요리 집을 알아보고, 돌아가는 티켓도 예약 좀 하라고 했으므로, 정답은 '√'이다.

8 　我想买四室一厅两卫的，最好是交通方便，周围环境比较好，生活设施齐全，价钱么，每平方米七千块钱左右的就可以了。

★ 他想买个小房子。

저는 방 4개, 거실하나, 화장실이 2개인 집을 사려고 합니다. 교통이 편하고 주변 환경도 좋고 생활편의시설도 완비하고, 가격은 제곱미터 당 7천 위안 정도면 됩니다.

★ 그는 작은 집을 사려고 한다.

**정답**  X

**어휘**  四室一厅两卫 sìshìyìtīngliǎngwèi 방이 4개이고, 거실이 하나, 화장실이 두 개인 집 | 设施 shèshī 시설 | 齐全 qíquán 완비하다

**해설**  듣기에서 들리는 단어만으로도 문제를 쉽게 풀 수 있다. 여기에서 핵심 포인트는 '我想买四室一厅两卫的, 저는 방 4개, 거실하나, 화장실 2개인 집을 사려고 합니다' 이다. 이 정도 집은 꽤 큰 규모이므로 정답은 'X' 이다.

---

**9**

你好！这件衣服领子有点儿脏了，袖子上还有点儿油，我急着要穿，最好明天能弄好。

★ 他在商店里。

안녕하세요！이 옷의 옷깃이 좀 더럽고 소매에 기름때가 좀 있습니다. 제가 급히 입어야 하니, 내일까지 다 해놓으시면 좋겠어요.

★ 그는 상점에 있다.

**정답**  X

**어휘**  袖子 xiùzi 소매 | 油 yóu 기름 | 弄好 nònghǎo 다 해놓다

**해설**  듣기에서 옷의 옷깃이 좀 더러워졌다고 하면서 '最好明天能弄好, 내일 세탁이 다 되면 좋겠어요' 라고 했다. 이를 통해 화자는 세탁소에 있다는 것을 알 수 있다. 따라서 정답은 'X' 이다.

---

**10**

我们学校附近有家快餐厅，老板的手艺非常不错。店虽然不大，但客人却非常多。尤其是中午，你得等很长时间才能吃上饭。

★ 那家快餐厅的菜非常好吃。

우리 학교 근처에 패스트푸드점이 있는데, 그 가게 주인 요리 솜씨가 아주 좋다. 가게는 별로 크지 않지만 손님이 너무 많아서, 특히 점심 같은 경우에는 한참 동안 기다려야 밥을 먹을 수 있다.

★ 그 패스트푸드점의 음식이 매우 맛있다.

**정답**  √

**어휘**  手艺 shǒuyì 솜씨 | 吃上饭 chīshàngfàn 밥을 먹을 수 있다

**해설**  핵심 포인트는 '老板的手艺非常不错, 그 가게 주인 요리 솜씨가 아주 좋다' 이다. 따라서 정답은 '√' 이다.

第二部分

총 15문항이며, 모든 문제는 한 번 씩 들려준다.

문제 11-25: 정답을 고르시오.

예:

　여: 주유해야 하는데 공항 가는 길에 주유소가 있어요?

　남: 있어요, 걱정하시지 마세요.

　문: 남자의 뜻은 무엇입니까?

　　A 공항에 가다　　B 곧 도착한다　　C 기름이 찼다　　D 주유소가 있다　√

★ 유형따악 & 공략하기

4급에 해당하는 문제이기 때문에 듣기에 함정은 크게 없고, 단지 뜻이 같은 단어 두세 개를 함께 사용하여 혼동이 조금 생길 수 있을 정도이다. 예를 들어 '선풍기'를 '电风扇', '电扇' 두 단어를 함께 사용하는 경우이다. 문제의 흐름만 잘 따악하면 쉽게 풀 수 있다.

现在开始第11题　|　지금부터 11번 문제를 시작합니다.

11　男: 听说, 你爱人回来了, 不走了吧?

　　女: 哪能呢? 过两个礼拜又要走了, 今年他出了三趟差, 每次都得20多天。

　　问: 女的的爱人现在在哪儿?
　　A　在家
　　B　在单位
　　C　在外地
　　D　不清楚

남: 남편이 돌아 왔다고 들었는데, 안 가시겠죠?

여: 그럴 리가요? 2주 후면 또 간대요, 올해 만해도 벌써 3번이나 출장 갔는데, 매번 20일 넘게 걸립니다.

문: 그녀의 남편은 지금 어디에 있나?
A　집에　√
B　회사에
C　타지에
D　잘 모른다

해설　여자의 남편이 현재 어디에 있느냐는 질문인데, 보기에 있는 단어가 녹음에서 들린다고 성급하게 정답일 거라고 확신하지 말고, 끝까지 집중해서 들어야 한다. 그녀가 남편이 2주 후에 또 출장을 간다고 했으므로, 남편이 지금은 집에 있다는 것을 알 수 있다. 따라서 정답은 A이다.

12 女：买房子的四万块钱，快攒够了吧？

男：哪里，还差四、五千块呢！再攒三个月就能买上房子了。

问：男的已经攒了多少钱？
A 3万多块
B 4万块
C 4万4千块
D 4万5千块

여：집살 돈 4만위안, 다 모아가죠？

남：아니요. 아직도 4,5천위안이 모자랍니다. 3개월 더 모으면 집을 살 수 있을 것 같아요.

문：남자는 돈을 얼마나 모았나？
A 3만위안 남짓 √
B 4만위안
C 4만 4천위안
D 4만 5천위안

**어휘** 快…了 kuài…le 곧…하다 | 攒够 zǎngòu 충분히 모으다

**해설** 계산문제이다. 이러한 문제는 일반적으로 더하거나 빼기를 하는 경우가 많다. 따라서 녹음 내용에 귀를 잘 기울여 듣고 정답을 골라야 한다.

13 男：妈妈，今天请的是什么客人呀？又是鱼，又是肉。

女：是我的一个大学同学，从大学毕业分开到今年整整二十年没见面了。

问：妈妈的客人是谁？
A 20年前的同事
B 20岁时的同学
C 20年前的老师
D 20年前的同学

남：엄마, 오늘 누구를 초대했어요？ 생선도 있고 고기도 있네요.

여：엄마 대학교 동창인데, 졸업 후 헤어져서 20년 동안 못 만났거든.

문：엄마의 손님은 누구인가？
A 20년 전의 동료
B 20세 때의 동창
C 20년 전의 선생님
D 20년 전의 동창 √

**어휘** ‘又是…, 又是…’는 두 가지 뜻이 잇다. ‘又是’ 뒤에 명사가 오면 ‘…도 있고 …도 있다’ 란 뜻이고, ‘又是’ 뒤에 동사가 오면 ‘… 하면서…하다’ 즉, 동시에 두 가지 동작을 하고 있음을 나타낸다. 예) 又是唱，又是跳。노래하면서 춤을 추다. 又是鱼，又是肉。생선도 있고, 고기도 있다. | 整整 zhěngzhěng 꼬박

**해설** 이 문제는 들리는 그대로 하면 되는 문제이다. 가끔 이런 문제도 있으니 너무 문제를 어렵게 생각하지 말 것. 듣기에서 아들이 오늘 누가 오냐고 묻자, 엄마는 ‘엄마 대학 동창인데, 졸업 후 헤어져서 20년 동안 못 만났거든’ 이라고 답했다. 이를 통해 오늘 오는 손님이 20년 전의 동창이라는 것을 알 수 있다.

14 女：请问，附近有公用电话吗？

男：前边那家水果店里就有，不过，得等好半天，如果你愿意多走几步，再往前走，有家服装店，那儿不用等。

问：男的建议女的去哪儿打电话？

여：말씀 좀 여쭙겠는데요, 근처에 공중전화가 있어요？

남：저 앞의 과일가게 안에 있습니다. 하지만 한참 기다려야 합니다. 만약 좀 더 걸어가면 양복점에도 있습니다. 그곳은 기다리지 않아도 됩니다.

문：남자는 여자에게 어디가서 전화하는 것이 낫다고 했나？

|   |   |   |   |
|---|---|---|---|
| A | 水果店 | A | 과일가게 |
| B | 服装店 | B | 양복점 √ |
| C | 大型超市 | C | 대형마트 |
| D | 公用电话亭 | D | 공중전화박스 |

**어휘** 愿意 yuànyì 달가워하다 | 建议 jiànyì 건의하다

**해설** 남자가 여자에게 어디가서 전화하는 것이 낫다고 했느냐는 질문인데, 대답이 바로 나오면 듣기문제가 아니다. 그리고 이러한 문제는 뒷 부분에 나오는 것이 정답일 확률이 높다.

---

**15**

男: 你为什么要调到保险公司工作啊? 咱们公司也不错啊!

女: 我主要想上班离家近一点儿。

问: 女的为什么想换工作?

A 为了钱
B 为了上班近
C 想换个环境
D 想多拿奖金

남: 넌 왜 보험회사로 직장을 옮기려고 하는 거야? 우리 회사도 괜찮은데!

여: 출근할 때 집과 가까운 것을 주로 고려했어.

문: 여자는 왜 직장을 옮기려고 하나?

A 돈 때문에
B 집 가까운 곳으로 출근하고 싶어서 √
C 환경을 바꿔 보고 싶어서
D 보너스를 더 많이 받고 싶어서

**어휘** 调到 diàodào …로 전근가다 | 保险公司 bǎoxiǎngōngsī 보험회사 | 拿 ná 받다

**해설** 이 문제는 들리는 그대로 하면 되는 문제이다.

---

**16**

女: 我们不是约好了八点见面嘛, 你怎么才来啊? 我已经等了你半个多小时了。

男: 不好意思, 我去加油站耽误了点儿时间。

问: 男的是几点到的?

A 七点半
B 八点
C 八点半
D 九点

여: 8시에 만나자고 약속해 놓고 왜 이제서야 오세요? 제가 30분 넘게 기다렸거든요.

남: 미안합니다. 주유소에 들렀더니, 시간이 좀 지체 되었네요.

문: 남자는 몇 시에 도착했나?

A 7시 반
B 8시
C 8시 반 √
D 9시

**어휘** 加油 jiāyóu 주유하다, 파이팅 | 耽误 dānwu 지체하다

**해설** 시간을 묻는 문제이다. 8시에 만나자고 약속을 했는데, 남자가 30분 늦었으니 8시 반에 온 것이다. 따라서 정답은 C이다.

17　男：你怎么闯红灯啊？请把你的驾照拿出来给我看看。

女：对不起，我没带。

问：男的是做什么工作的？

A　秘书

B　老师

C　警察

D　公务员

남：왜 신호위반을 하시는 겁니까? 당신의 운전면허증 좀 보여 주세요.

여：미안합니다. 안 가지고 왔는데요.

문：남자의 직업은?

A　비서

B　교사

C　경찰　√

D　공무원

**어휘**　闯红灯 chuǎnghóngdēng 신호위반을 하다 | 驾照 jiàzhào 운전면허증

**해설**　이 문제는 '闯红灯, 신호위반을 하다', '驾照, 운전면허증' 등 단어만 알면 쉽게 풀 수 있다.

18　女：刚买的电扇又出了毛病，你说怎么办才好呢？

男：我说不让你买便宜货，你看，出问题了吧？

问：男的说话是什么语气？

A　生气

B　埋怨

C　赞成

D　很高兴

여：새로 산지 얼마 안 된 선풍기가 또 고장 났어요. 어떻게 하면 좋을까요?

남：싼 물건 사지 말라고 했잖아요, 봐봐요, 문제가 생겼죠?

문：남자의 말투는 어떠한가?

A　화 난 말투

B　원망스런 말투　√

C　찬성하는 말투

D　기분이 매우 좋은 말투

**어휘**　便宜货 piányihuò 싼 물건 | 埋怨 mányuàn 탓하다 | 赞成 zànchéng 찬성하다

**해설**　화자의 말투를 묻는 문제이다. 따라서 화자의 말 속에 불만, 동의, 반대, 긍정, 부정 등의 감정을 잘 파악하여 문제를 풀어야 한다.

19　男：我们那个教室啊，要是有一天不擦桌子，就可以用手指在桌子上写字了。

女：我们的教室也好不到哪儿去。

问：他们教室的卫生状况怎么样？

A　不清楚

B　还可以

C　非常脏

D　非常干净

남：우리 그 교실은요, 책상을 하루만 안 닦아도 손가락으로 책상 위에 글씨를 쓸 수 있어요.

여：우리 교실도 나을게 없어요.

문：그들 교실의 청결상태는 어떠한가?

A　잘 모르겠다

B　나쁘지 않다

C　매우 더럽다　√

D　매우 깨끗하다

**어휘**　手指 shǒuzhǐ 손가락 | 也好不到哪儿去。 yěhǎobúdàonǎrqù 거기서 거기야

**해설**　남자가 '可以用手指在桌子上写字了, 책상에 손가락으로 글씨를 쓸 수 있어요'라고 했으므로 책상이 아주 더럽다는 것을 알 수 있다. 따라서 C가 정답이다.

20  女： 要是干燥一点儿就好了，上海这地方
    有时候真是潮湿得让人难受。

    男： 我们这里天气非常好，不干燥也不潮湿。

    问： 女的认为上海天气怎么样？
    A  太潮
    B  太热
    C  太干燥
    D  又热又干

여： 좀 더 건조했으면 좋겠어요. 상하이는 어
    떤 때는 너무 습해서 견디기가 힘들어요.

남： 여기는 날씨가 너무 좋아요. 건조하지
    도 습하지도 않거든요.

문： 여자는 상하이의 날씨를 어떻게 생각하나?
A  너무 습하다  √
B  너무 덥다
C  너무 건조하다
D  덥고 건조하다

**어휘**  潮湿 cháoshī 습하다 | 干燥 gānzào 건조하다

**해설**  듣기에서 여자가 상하이가 너무 습해서 견디기 힘들다고 하였으니 정답은 A이다. 이런 문제
는 상식적으로 접근해도 된다.

21  男： 张科长，太晚了，我们是不是该回家
    了？

    女： 现在才十一点，着什么急！再玩儿一会
    儿。

    问： 他们有可能在做什么？
    A  在学习
    B  在喝酒
    C  在看电影
    D  正在公司工作

남： 장과장님, 너무 늦었어요, 우리 집에 가
    야하지 않겠어요?

여： 이제 11시 밖에 안 됐는데. 급할 것 없
    잖아요! 좀 더 놀아요.

문： 그들은 무엇을 하고 있을 것 같나?
A  공부하고 있다
B  술을 마시고 있다  √
C  영화를 보고 있다
D  회사에서 일하고 있다

**어휘**  着什么急 zháoshénmejí 급하긴요! 즉 급할 것 없다.

**해설**  남자가 집에 가자고 하니 여자가 '再玩儿一会儿, 좀 더 놀아요' 라고 하였다. 따라서 보기
A, C, D는 모두 정답이 될 수 없고 술을 마시고 있을 가능성이 높기 때문에 B가 정답이다.

22  女： 你瞧，这件毛衣漂亮吧？昨天在百货
    商店买的，他们还送了我一个手提
    包。

    男： 衣服漂亮，价钱也漂亮啊。

    问： 男的觉得毛衣怎么样？
    A  很贵
    B  很便宜
    C  不好看
    D  不适合她穿

여： 좀 보세요, 이 스웨터 예쁘죠? 어제 백
    화점에서 샀는데, 덤으로 핸드백 하나
    더 줬어요.

남： 옷이 예쁘니 가격도 한 몫 하잖아요.

문： 남자는 스웨터에 대해 어떻게 생각하나?
A  아주 비싸다  √
B  아주 싸다
C  예쁘지 않다
D  그녀에게 어울리지 않다

**해설**  여자가 자기 스웨터가 예쁘다고 자랑하자 남자가 옷도 예쁘지만 가격도 예쁘다고 하였다.
가격이 예쁘다는 것은 비싸다는 뜻이다. 따라서 A가 정답이다.

23　男：马上就要毕业了，大家都在忙着找工
　　　作，你有什么打算?
　　女：我打算继续读研。
　　问：女的打算做什么?
　　A　结婚
　　B　找工作
　　C　读研究生
　　D　去外国留学

남: 곧 졸업인데, 모두들 서둘러 일자리를 찾
　　느라 바쁜데, 당신은 무슨 계획 있어요?
여: 저는 대학원에 진학할 생각입니다.
문: 여자는 무엇을 하려고 하나?
A　결혼하려고 한다
B　취직하려고 한다
C　대학원에 진학하려고 한다　√
D　외국에 유학 가려 한다

**어휘**　读研 dúyán 대학원 공부를 하다. 여기서 研은 研究生이다. 读博 dúbó 박사공부를 하다. 博는
博士이다.

**해설**　포인트는 '我打算继续读研, 저는 대학원에 진학할 생각입니다' 이다.

24　女：冬季值得游览的地方也很多。去海
　　　南岛可以看大海，去哈尔滨可以看
　　　冰灯。
　　男：不过我觉得还是去昆明比较好。
　　问：他们在谈哪方面的内容?
　　A　旅游
　　B　天气
　　C　昆明的风景
　　D　海南岛的风景

여: 겨울에도 가볼 만 한데가 많습니다. 하
　　이난다오에 가면 바다를 볼 수 있고, 하
　　얼빈에 가면 얼음등을 볼 수 있습니다.
남: 그렇지만 저는 쿤밍에 가는 게 더 낫다
　　고 생각합니다.
문: 그들은 무슨 이야기를 하고 있나?
A　여행　√
B　날씨
C　쿤밍의 경치
D　하이난다오의 경치

**해설**　대화내용을 들어보면 하이난다오, 하얼빈, 쿤밍 등 모두 여행에 관한 것들이다. 따라서 그
들은 여행에 대해 이야기하고 있다는 것을 알 수 있다.

25　男：妈，你给我寄钱了没有?
　　女：哎哟，我忘了寄了，我现在马上给
　　　你寄。
　　问：男的让女的做什么?
　　A　寄书
　　B　寄钱
　　C　寄衣服
　　D　寄吃的

남: 엄마, 저한테 돈 부치셨어요?
여: 아이고, 깜박했네, 지금 바로 부쳐줄게.
문: 남자는 여자에게 무엇을 하라고 했나?
A　책을 부치라고
B　돈을 부치라고　√
C　옷을 부치라고
D　먹을 것을 부치라고

**해설**　이 문제는 들리는 그대로 하면 되는 문제이다. 단지 질문이 무엇인지 알아들으면 문제를 쉽
게 풀 수 있다.

第三部分



★ 유형파악 & 공략하기

보기를 먼저 읽어라. 문제를 예상할 수 있을 것이다. 그리고 핵심 포인트를 놓치지 않는 다면 정답을 맞추는 건 식은 죽 먹기!

现在开始第26题 | 지금부터 26번 문제를 시작합니다.

**26**

女：你看，我买的这双皮鞋怎么样？

男：天啊，这么贵的东西你也敢买啊？

女：怎么了？你认为我应该穿十几块钱的鞋，是不是？

男：我不是那个意思，我是说这双皮鞋是世界名牌儿，价钱一定会很贵。

女：虽然贵了点儿，但我觉得值。

问：男的是什么意思？

A 非常赞成

B 非常羡慕

C 价钱很便宜

D 价钱太贵了

여: 봐봐요, 제가 산 구두 어때요?

남: 하느님 맙소사, 이렇게 비싼 것을 감히 사다니?

여: 왜요? 당신은 내가 10위안 정도의 신발을 신어야 한다고 생각하는 거에요, 그래요?

남: 그런 뜻이 아니고, 이 구두는 세계 명품이라, 너무 비싸다는 말이죠.

여: 비록 비싸지만, 그럴만한 가치가 있다고 생각 합니다.

문: 남자의 말뜻은 무엇인가?

A 대단히 찬성한다

B 아주 부러워하다

C 가격이 너무 싸다

D 가격이 너무 비싸다 √

**해설** 핵심어는 '这么贵的东西你也敢买啊？ 이렇게 비싼 것을 감히 사다니？' 이다. 이로서 우리는 남자가 여자가 산 구두에 대해 너무 비싸다고 생각하고 있다는 것을 알 수 있다.

**27**

男: 小张，你听天气预报了吗?

女: 听了，说是明天下大雪。

男: 那我们一起去欣赏雪景怎么样?

女: 可以呀，你说去哪儿好呢?

男: 去颐和园吧。

问: 现在最有可能是什么季节?

A　春天

B　夏天

C　秋天

D　冬天

남: 샤오장, 일기예보 들었어요?

여: 들었어요, 내일 눈 온데요.

남: 우리 같이 눈 구경 하러 가는 게 어때요?

여: 좋죠, 어디로 갈까요?

남: 이허위엔에 갑시다.

문: 지금은 어떤 계절일 가능성이 가장 큰가?

A　봄

B　여름

C　가을

D　**겨울** √

**어휘** 欣赏 xīnshǎng 감상하다 | 雪景 xuějǐng 설경

**해설** 여자가 내일 눈이 내린다고 했으므로 지금은 겨울일 가능성이 가장 크다. 따라서 D가 정답이다.

---

**28**

女: 你爱人做菜做得怎么样?

男: 没的说，只是很少有时间做。

女: 那你家谁做饭啊?

男: 现在我们还没有孩子，加上工作又忙，所以我们很少在家吃。

女: 我家那位啊，不喜欢在外面吃，所以我们天天在家做着吃，麻烦死了。

问: 女的是什么意思?

A　做着吃很好

B　她喜欢做饭

C　做着吃很麻烦

D　买着吃很麻烦

여: 당신 부인 음식솜씨 어떠세요?

남: 아주 잘해요. 다만 요리할 시간이 별로 없어요.

여: 그럼 당신의 집은 누가 밥을 합니까?

남: 지금 우리는 애도 없고, 또 일도 바빠서 집에서 밥 잘 안 먹어요.

여: 우리 집 그이는 밖에서 먹는 것을 안 좋아해서 매일 집에서 해 먹어요. 귀찮아 죽겠어요.

문: 여자의 말뜻은 무엇인가?

A　해먹는 게 좋다

B　그녀는 요리하는 것을 좋아한다

C　**해먹는 게 귀찮다** √

D　사먹는 게 귀찮다

**어휘** 没的说 méideshuō 매우 좋다 | 我家那位 우리 집 그이, 즉 남편이나 부인을 가리킴

**해설** 핵심어는 '我们天天在家做着吃，麻烦死了。우린 매일 집에서 해먹는데, 귀찮아 죽겠어요.'이다. 따라서 정답은 C이다.

29 男: 今晚有Rain的演唱会，你不去看啊?    남: 오늘 저녁 Rain의 콘서트가 있는데, 당신은 보러 안 가세요?

   女: 我好不容易才买到票，可是不能去了。    여: 제가 어렵게 티켓을 구했는데, 못 가게 됐어요.

   男: 为什么?    남: 왜요?
   女: 昨晚骑车摔倒了，现在动都动不了。    여: 어제 저녁에 자전거 타다가 넘어졌는데, 지금 조금도 못 움직여요.

   男: 是吗? 太可惜了。    남: 그래요? 참 안됐네요.
   问: 女的为什么不能去看演唱会?    문: 여자는 왜 콘서트 보러 못가나?
   A  没买到票    A  티켓을 사지 못해서
   B  女的受伤了    B  그녀가 다쳐서  √
   C  单位有急事    C  회사에 급한 일이 생겨서
   D  家里来客人了    D  집에 손님이 와서

**어휘** 演唱会 yǎnchànghuì 콘서트, 음악회 | 摔倒 shuāidǎo 넘어지다 | 动都动不了 dòngdōu dòngbuliǎo 조금도 움직일 수 없다

**해설** 여자가 콘서트에 가지 못하는 이유를 묻는 것인데, 대화에서 여자가 '昨晚骑车摔倒了, 现在 动都动不了, 어제 저녁 자전거를 타다가 넘어져서 지금은 조금도 못 움직여요' 라고 했으므로 B가 정답이다.


30 女: 是李明吗? 我都有点儿认不出你来了。    여: 리밍이야? 못 알아볼 뻔 했어.
   男: 你是王丽, 对吧? 这么多年没见, 你还是老样子, 一点儿也没变。    남: 너 왕리지, 맞지? 오랫동안 못 만났는데 그대로네. 조금도 안 변했어.
   女: 谢谢你的夸奖, 我知道自己老了很多。    여: 고마워. 나 많이 늙었다는 것 알고 있어.
   男: 哪儿啊, 你看上去还是那么年轻、那么漂亮。    남: 그렇지 않아, 넌 여전히 젊고 예뻐.

   女: 今年的同学会可真热闹, 来了这么多人。    여: 올해 동창회는 정말 시끌벅적하다. 사람들이 정말 많이 왔네.
   问: 从对话中, 我们可以知道什么?    문: 이 대화를 통해 우리는 무엇을 알 수 있나?
   A  他们刚认识    A  그들은 방금 알게 되었다
   B  他们俩是同事    B  그들은 동료이다
   C  他们俩是邻居    C  그들은 이웃이다
   D  他们俩是同学    D  그들은 동창이다  √

**어휘** 认不出 rènbuchū (사람의 모습이 많이 변해서)알아보지 못하다 | 邻居 línjū 이웃

**해설** 핵심어는 '今年的同学会可真热闹, 올해 동창회는 정말 시끌벅적하다' 이다. 이를 통해 우리는 대화하고 있는 두 사람이 동창이라는 것을 알 수 있다.

31

| 男: | 你儿子真高哇！ |
| 女: | 是呀！我这孩子像他爸。 |
| 男: | 我记得你儿子跟我女儿是同岁，可我女儿却矮多了。 |
| 女: | 你不必那么担心，孩子还小，以后会长的。 |
| 男: | 但愿如此。 |
| 问: | 他们在谈论什么？ |
| A | 孩子的个子 |
| B | 孩子的教育 |
| C | 孩子的优点 |
| D | 孩子的缺点 |

남: 아드님이 키가 정말 크네요！

여: 네. 애가 아빠를 닮았어요.

남: 제 기억엔 아드님이 제 딸과 동갑인 걸로 아는데, 제 딸은 키가 많이 작아요.

여: 크게 걱정할 것 없어요. 애가 아직 어리잖아요, 나중에 클 거에요.

남: 그렇게 되기를 바래야죠.

문: 그들은 무슨 얘기를 하고 있나？

A 자녀의 키  √

B 자녀의 교육문제

C 자녀의 장점

D 자녀의 단점

**어휘** 但愿如此 dànyuànrúcǐ 그렇게(이렇게) 되기를 바란다

**해설** 대화의 주제를 묻는 질문이다. 핵심 포인트는 '你儿子真高哇！아드님이 키가 정말 크네요！', '可我女儿却矮多了, 근데 제 딸은 키가 많이 작아요' 이다. 따라서 정답은 A이다.

32

| 女: | 师傅，您看，我的表不走了。 |
| 男: | 让我看看，这电池用了多长时间了？ |
| 女: | 让我想想，噢，想起来了，是两个月前换的。 |
| 男: | 那可能不是电池的问题，得打开看看才能知道。 |
| 女: | 那您帮我修一下，等会儿我来取。 |
| 问: | 手表怎么了？ |
| A | 丢了 |
| B | 没电池了 |
| C | 不能用了 |
| D | 需要修理 |

여: 아저씨, 보세요. 손목시계가 멈췄어요.

남: 한 번 봅시다. 배터리를 얼마 동안 썼어요？

여: 생각 좀 해 볼게요. 아! 생각났어요. 2달 전에 바꿨어요.

남: 그럼 배터리 문제는 아닌 것 같은데, 열어 봐야만 알 수 있을 것 같습니다.

여: 그럼 수리 좀 해 주세요. 좀 이따가 찾으러 올게요.

문: 손목시계는 어떻게 됐나？

A 잃어 버렸다

B 배터리가 다 됐다

C 쓸 수 없다

D 수리해야 한다  √

**어휘** 电池 diànchí 건전지 ┃ 取 qǔ 찾다, 가지다

**해설** 여자가 처음에 '我的表不走了, 손목시계가 멈췄어요' 라고 하고, 마지막에 '那您帮我修一下, 그럼 수리 좀 해 주세요' 라고 하였으니, 시계가 고장났다는 것을 알 수 있다.

33 男: 你这鸡蛋新鲜吗? 怎么卖啊?　　　　　남: 이 계란 신선합니까? 어떻게 팔아요?

女: 当然新鲜啦, 而且还便宜得很, 三块　여: 당연히 신선하죠, 또 엄청 싸요. 1근에
五一斤, 十块钱三斤。　　　　　　　　　3위안 50전이고, 3근에 10위안입니다.

男: 有没有鸭蛋?　　　　　　　　　　　남: 오리알 있어요?

女: 有, 一块钱一个。　　　　　　　　　여: 있어요, 하나에 1위안입니다.

男: 那我要三斤鸡蛋, 十个鸭蛋。　　　　남: 그럼 계란 3근, 오리알 10개를 주세요.

问: 鸡蛋多少钱一斤?　　　　　　　　　문: 계란 1근에 얼마입니까?

A　2.5元　　　　　　　　　　　　　　A　2위안 50전

B　3.5元　　　　　　　　　　　　　　B　3위안 50전　√

C　10元　　　　　　　　　　　　　　C　10위안

D　35元　　　　　　　　　　　　　　D　35위안

어휘　新鲜 xīnxiān 신선하다 | 鸭蛋 yādàn 오리알

해설　계란 가격이 얼마냐는 질문이다. 남자가 계란을 어떻게 파느냐고 묻자, 여자가 '三块五一
斤, 1근에 3위안 50전입니다' 라고 하였기 때문에 B가 정답이다.


34 女: 你们学校食堂饭菜怎么样?　　　　　여: 너희 학교 구내식당 음식은 어때?

男: 一般吧, 虽然味道不是那么好, 不　남: 그냥 그래. 맛은 별로인데, 가격은 싸.
过价钱很便宜。

女: 我们学校的食堂, 花样多、味道好,　여: 우리 학교 구내식당은 가짓수도 많고 맛
只是价格有点儿贵。　　　　　　　　　도 좋은데, 다만 좀 비싸.

男: 哎, 我们学校附近有家押面馆儿,　　남: 아, 우리 학교 근처에 손으로 뽑은 면집
又便宜又好吃, 今天中午我们去那　　이 있는데 싸고 맛있어. 오늘 점심 거기
儿吃吧。　　　　　　　　　　　　　가서 먹자.

女: 好呀!　　　　　　　　　　　　　　여: 좋아!

问: 从这段对话中, 可以知道什么?　　　문: 이 대화를 통해 우리는 무엇을 알 수 있나?

A　他们喜欢吃　　　　　　　　　　　A　그들 둘은 먹는 것을 좋아한다

B　他们是恋人　　　　　　　　　　　B　그들은 연인 사이다

C　学校食堂很远　　　　　　　　　　C　학교식당은 아주 멀다

D　他们决定吃押面　　　　　　　　　D　그들은 손으로 뽑은 면을 먹기로 결정했
　　　　　　　　　　　　　　　　　　다 √

어휘　押面馆儿 chēnmiànguǎnr 손으로 뽑은 면 집 | 押面 chēnmiàn 손으로 뽑은 면

해설　핵심어는 '押面馆儿, 손으로 뽑은 면 집' 이다. 이 단어만 알면 문제를 쉽게 풀 수 있다.

35 　男：不好意思，打扰一下，去邮局怎么走？

　　女：一直往前走，走到头儿再往右拐。

　　男：远不远？

　　女：不太远，走路大概十分钟。

　　男：谢谢！

　　问：男的在做什么？

　　A　问路
　　B　买东西
　　C　找银行
　　D　找旅店

남：죄송합니다. 말씀 좀 여쭙겠는데요, 우체국에 가려면 어떻게 가야하나요？

여：곧장 앞으로 가다가, 끝에서 우회전 하세요.

남：멀어요？

여：그다지 멀지 않아요, 10분 정도 걸어가면 됩니다.

남：감사합니다！

문：남자는 무엇을 하고 있나？

A　길을 묻고 있다 √
B　물건을 사고 있다
C　은행을 찾고 있다
D　여관을 찾고 있다

**어휘** 头儿 tóur 끝

**해설** 대화에서 여자가 우체국을 찾는 남자에게 길을 자세히 설명하고 있으므로 남자가 지금 길을 묻고 있다는 것을 알 수 있다.

---

第36到37题是根据下面一段话 | 36-37번 문제는 아래 한 단락의 내용을 듣고 푸는 문제이다.

每个人都会遇到各种压力。这时候，你可以找朋友谈谈心，可以做一些平时自己感兴趣的业余活动。多到户外走走，接触一下大自然。最重要的是，保持良好的心态。

사람들은 각종 스트레스를 받기 마련이다. 그럴 때는 친구를 찾아가 얘기를 하거나, 평소에 관심이 있는 여가 활동을 해도 좋다. 자주 야외에 나가 자연과 접하고, 좋은 심리상태를 유지하는 것이 가장 중요하다.

36　怎样可以解除压力？

　　A　睡觉
　　B　看电视
　　C　到外面散心
　　D　吃好吃的东西

문：어떻게 하면 스트레스를 해소할 수 있나？

A　잠을 자다
B　TV를 보다
C　밖에 나가 기분 전환을 하다 √
D　맛있는 거 먹는다

**어휘** 户外 hùwài 야외 | 接触 jiēchù 접촉하다 | 良好 liánghǎo 좋다 | 心态 xīntài 심리 상태

**해설** 어떻게 하면 스트레스를 해소할 수 있느냐는 질문인데, 들을 때 보기에 나오는 단어를 하나하나 체크하면서 문제를 풀면 정답을 찾을 수 있다. 그리고 이러한 문제는 상식적으로 접근해도 풀 수 있는 문제이다.

37 这段话主要想告诉我们什么？ | 문: 이 글은 우리에게 주로 어떤 메시지를 전하려고 하는가?

A 压力大 | A 스트레스가 많다
B 要多运动 | B 운동을 많이 해야 한다
C 要互相帮助 | C 서로 도와야 한다
D 要保持良好的心态 | D 좋은 심리상태를 유지해야 한다 √

**해설** 핵심어는 '最重要的是，保持良好的心态，좋은 심리상태를 유지하는 것이 가장 중요하다' 이다. 따라서 D가 정답이다.

第38到39题是根据下面一段话 | 38-39번 문제는 아래 한 단락의 내용을 듣고 푸는 문제이다.

王平是个出了名的书呆子，已经大四了，可是还没有女朋友。他喜欢上了他们班的一个女生，但他不敢接近她。有一天，他鼓足勇气递给那个女生一张纸条儿："你好! 我能和你交个朋友吗？"那个女生看完纸条儿，开始收拾东西，然后问他："我要走了，你要不要和我一起走？"王平这个书呆子却回答说："你先走吧，我还有几页书没看完。"

왕핑은 소문난 책벌레이다. 대학 4학년이지만 여자친구가 없다. 그는 같은 반의 한 여학생을 좋아했는데, 감히 그녀에게 다가가지 못했다. 어느 날, 그는 용기를 내어 그 여학생에게 쪽지를 건네주었다. "안녕하세요! 당신과 사귀어도 될까요?" 그녀는 쪽지를 보고 나서, 물건을 정리하기 시작했다. 그리고 여자가 "저 지금 나갈 건데, 같이 나가지 않을래요?"라고 왕핑에게 묻자, 책벌레 왕핑은 "먼저 가세요. 저는 아직 봐야 할 책이 몇 페이지가 남아서요."라고 답했다.

38 关于王平，我们可以知道什么？ | 문: 왕핑에 대해 무엇을 알 수 있나?

A 很幽默 | A 아주 유머러스하다
B 很开朗 | B 아주 활달하다
C 很勇敢 | C 아주 용감하다
D 是书呆子 | D 책벌레이다 √

**어휘** 书呆子 shūdāizi 책벌레 | 纸条儿 zhǐtiáor 쪽지
**해설** 핵심어는 '王平是个出了名的书呆子, 왕핑은 소문난 책벌레이다' 이다. 따라서 D가 정답이다.

39 那个女生看完王平的纸条以后，有什么反映？ | 문: 그 여학생은 왕핑의 쪽지를 보고 어떤 반응을 보였나?

A 拒绝 | A 거절했다
B 不高兴 | B 불쾌했다
C 吓了一跳 | C 크게 놀랐다
D 想跟王平一起散步 | D 왕핑과 같이 걷고 싶어했다 √

**어휘** 反映 fǎnyìng 반응 | 散步 sànbù 산보하다
**해설** 남자의 쪽지를 보고 여자는 물건을 정리하면서 같이 걷자고 했으므로 D가 정답이다.

第40到41题是根据下面一段话 | 40-41번 문제는 아래 한 단락의 내용을 듣고 푸는 문제이다.

我们单位附近一直在修地铁，特别是上下班的时候，每天都得等好几次信号才能过去，眼看要迟到了，真是急死人了。现在修好了，别提多方便了。

우리 회사근처는 줄곧 지하철공사를 하고 있다. 특히 출퇴근시간 때는 신호를 몇 번이나 기다려야 지나갈 수 있다. 지각할 까봐 급해 죽겠는데 말이다. 지금은 공사가 끝나서 얼마나 편한지 모른다.

**40** 他们单位附近原来交通状况怎么样?

문: 그들의 회사근처는 원래 교통상황이 어떠한가?

A 一般
B 很畅通
C 很拥挤
D 信号灯总是坏

A 보통이다
B 원활하다
C 붐빈다 √
D 신호등이 자주 고장난다

**어휘** 眼看 yǎnkàn (여의치 않은 일이 발생하거나 발전하는 것을) 그저 지켜보다 | 畅通 chàngtōng 원활하다

**해설** 핵심어는 '我们单位附近一直在修地铁, 우리 회사근처는 줄곧 지하철공사 중이다' 이다. 따라서 C가 정답이다.

**41** 通过这段话，可以知道什么?

문: 이 글을 통해 무엇을 알 수 있나?

A 他性格很急
B 地铁修好了
C 他经常迟到
D 他们单位很远

A 그는 성격이 급하다
B 지하철공사가 끝났다 √
C 그는 자주 지각한다
D 그들의 회사는 멀다

**해설** 문장의 맨 앞부분을 보면 회사 앞에서 지하철 공사를 하고 있어 길이 막힌다고 했는데, 글의 마지막에 '现在修好了, 지금은 공사가 끝났다' 라고 했으니 B가 정답이다.

第42到43题是根据下面一段话 | 42-43번 문제는 아래 한 단락의 내용을 듣고 푸는 문제이다.

噢，我想起来了，我走的时候是锁门了，可是忘了带相机，我让小红回去取。取了照相机以后，太着急了，她可能是忘了锁门，幸好没丢什么东西。

참, 생각났어요. 제가 나갈 때 문을 잠갔는데, 카메라를 깜박하고 나와서 샤오훙에게 돌아가서 가져오라고 했더니, 카메라는 갖고 나왔는데 급한 나머지 그녀가 문 잠그는 것을 깜박했나봐요. 다행히 물건은 잃어버리지 않았어요.

**42** 说话人心情怎么样?

문: 화자의 심정은 어떠한가?

A 羡慕
B 失望
C 后悔
D 庆幸

A 부러워하다
B 실망하다
C 후회하다
D 다행스러워하다 √

**어휘** 锁门 suǒmén 문을 잠그다 | 庆幸 qìngxìng 다행스러워하다

 핵심어는 '幸好没丢什么东西, 다행이 물건을 잃어버리지 않았어요' 이다. 이를 통해 화자의 심정을 알 수 있다.

**43** 关于说话人，可以知道什么? | 문: 화자에 대해 무엇을 알 수 있나?

    A    没锁好门 | A    문을 잘 잠그지 않았다

    B    忘了锁门 | B    문 잠그는 것을 깜박했다

    C    是个马大哈 | C    덜렁이다 √

    D    今天他休息 | D    그는 오늘 쉰다

**해설** 집을 나설 때 카메라를 깜박한 것으로 미뤄 볼 때 화자가 세심하지 못하다는 것을 알 수 있다. 따라서 정답은 C이다.

第44到45题是根据下面一段话 | 44-45번 문제는 아래 한 단락의 내용을 듣고 푸는 문제이다.

你去任何一个国家，你都会看到有很多中国餐馆儿。中国菜虽然有些油腻，但是色香味儿俱全，不仅适合东方人的口味儿，也非常适合西方人的口味儿，所以非常受欢迎。 | 어느 나라를 가든 중국 레스토랑을 많이 볼 수 있다. 중국 요리는 비록 느끼하지만 색·향·맛이 뛰어나 동양인의 입맛에 맞을 뿐만 아니라, 서양인들의 입맛에도 잘 맞아 호평을 받고 있다.

**44** 这段话主要谈的是什么? | 문: 이 글의 주제는 무엇인가?

    A    做菜 | A    요리 하다

    B    中国菜 | B    중국 요리 √

    C    中国人 | C    중국인

    D    中国文化 | D    중국문화

**어휘** 色香味儿 sèxiāngwèir (음식의) 색, 향, 맛 | 俱全 jùquán 다 갖추다

**해설** 문장의 주제를 묻는 문제이다. 여기서는 '中国菜, 중국요리' 에 대해 소개하고 있기 때문에 주제는 '중국요리' 라는 것을 알 수 있다.

**45** 中国菜为什么在各个国家都很受欢迎? | 문: 중국 요리는 왜 각 나라에서 환영을 받는가?

    A    因为便宜 | A    싸서

    B    因为油腻 | B    느끼해서

    C    因为味道好 | C    맛이 좋아서 √

    D    因为送货到家 | D    배달해주기 때문에

**어휘** 送货到家 sònghuòdàojiā 집까지 배달해 주다

**해설** 중국 요리가 각 나라에서 환영을 받는 이유를 묻는 문제이다. 핵심어는 '但是色香味儿俱全, 그러나 색·향·맛이 아주 뛰어나다' 이다. 따라서 정답은 C이다. 이 문제는 상식적으로 접근해도 된다.

听力考试现在结束。 | 듣기시험이 끝났습니다.

# 二、阅读

## 第一部分

第46－50题：词填空。

    A 应该      B 等      C 古老      D 可能性      E 看样子      F 坚持

例如：她每天都（ F ）走路上下班，所以身体一直很不错。

46－50문제: 단어를 골라 빈칸을 채우시오.

    A 마땅히    B 기다리다   C 오래 되다   D 가능성   E 보아하니    F 견지하다

예: 그녀는 매일 걸어서 출퇴근하는 것을 ( F ) 있기 때문에, 건강이 아주 좋다.

★ 유형파악 & 공략하기

보기가 A B C D E F로 모두 6개이지만, 그 중 하나는 예문의 보기(즉 'F 坚持'에 해당됨) 이기 때문에, 실제로는 5개의 보기 단어를 46-50문제 5개의 빈칸에 넣는 셈이다. 즉 한 문제의 빈칸에 한 단어를 골라 채우면 된다.

**46** 北京是一座（ 古老 ）的城市，也是     북경은 오래된 도시이며, 또한 중국 역사상 여
中国历史上几个朝代的首都。     러 시대를 거친 수도이기도 하다.

**정답** C

**어휘** 座 zuò 좌, 동, 채 | 古老 gǔlǎo 오래 되다 | 历史 lìshǐ 역사 | 朝代 cháodài 왕조 | 首都 shǒudū 수도

**해설** 한정어와 중심어는 다음의 형식을 취한다. 즉 '수사+양사+형용사+的+명사' 이다. 앞뒤 문맥상으로 볼 때 北京是一座（ ）的城市' 에서 관호 안에 들어갈 수 있는 품사는 형용사라는 것을 알 수 있다. 5개의 보기 중에서 형용사는 '古老, 오래되다' 하나 밖에 없다. 따라서 정답은 '古老' 라는 것을 알 수 있다.

  一     座     古老     的     城市
  ↳ 수사  ↳ 양사  ↳ 형용사   ↳ 명사

47  大量研究结果表明，吸烟的人比不吸烟
    的人患肝癌的（可能性）要大得多。

많은 연구결과 흡연한 사람은 흡연하지 않는 사람보다 간암에 걸릴 가능성이 훨씬 높다고 한다.

**정답**  D

**어휘**  表明 biǎomíng 분명하게 밝히다 | 患 huàn 병에 걸리다 | 肝癌 gān'ái 간암 | 可能性 kěnéngxìng 가능성

**해설**  한정어와 중심어는 '형용사+的+명사' 의 형식을 취한다. 따라서 괄호 안에 들어갈 수 있는 품사는 명사뿐이다. 보기 중에서 명사는 '可能性, 가능성' 밖에 없기 때문에 이것이 정답이라는 것을 알 수 있다.

48  其实人老了，总呆在家里也不太好，
    （应该）多出去运动运动。

사실 사람이 늙었다고 온 종일 집안에만 있는 것도 그다지 좋지 않다. 밖에 나가 운동도 해야 한다.

**정답**  A

**어휘**  其实 qíshí 사실 | 总 zǒng 늘 | 呆 dāi 머무르다

**해설**  중국어에서 동사는 몇 개를 연이어 쓸 수 있다. 순서는 '조동사+동사1+동사2' 이다. '（　　）多出去运动运动' 에서 '出去, 나가다' , '运动, 운동하다' 는 모두 동사이다. 따라서 괄호 안에 들어갈 수 있는 품사는 조동사라는 것을 알 수 있다. 이젠 보기 중에서 조동사 '应该' 를 고르면 된다.

49  我们已经等了半个多小时了，（看样
    子）汽车是不会来了，我们还是打车
    吧。

우리는 이미 반시간 넘게 기다렸다. 보아하니 차는 올 것 같지가 않으니, 택시 타고 가는 게 낫겠다.

**정답**  E

**어휘**  看样子 kànyàngzi 보아하니 …듯하다

**해설**  이젠 5개의 보기 중에서 두 개의 보기만 남았다. 즉 '看样子' 와 '等' 이다. 앞뒤 문맥으로 볼 때 괄호 안에 들어갈 수 있는 단어는 '看样子, 보아하니' 밖에 없다. 따라서 정답은 '看样子' 이다.

50  我把车停在二楼的停车场了，你在这
    儿（等）我一会儿。

내가 차를 2층 주차장에 뒀으니까, 여기에서 좀 기다려.

**정답**  B

**어휘**  停在 tíngzài …에 세우다

**해설**  5개의 보기 중에서 '等' 하나 밖에 남지 않았다. 그리고 '你在这儿（　　）我一会儿' 에서 괄호 안에 넣어보니 마침 맞다.

第51－55题：选词填空。

A 可　　　B 组团　　　C 卫生间　　　D 连　　　E 楼梯　　　F 温度

例如：A： 今天真冷啊，好像白天最高（ F ）才2℃。
　　　B： 刚才电视里说明天更冷。

51－55문제: 단어를 골라 빈칸을 채우시오.

A 강조를 나타냄　B 단체를 조직하다　C 화장실　D …마저도　E 계단　F 온도

⑩ A: 오늘 정말 춥다, 낮 최고 ( F )이 겨우 2℃밖에 안 될 것 같은데.
　　B: 방금 TV에서 내일은 더 춥데.

★ 유형파악 & 공략하기
보기가 A B C D E F로 모두 6개이지만, 그 중 하나는 예문의 보기(즉 'F 温度, 기온'에 해당됨) 이기 때문에, 실제로는 5개의 보기 단어를 51-55문제 5개의 빈칸에 넣는 셈이다. 즉 한 문제의 빈칸에 한 단어를 골라 채우면 된다.

**51** A: 暑假我们想（组团）去杭州旅行，你去不去?
B: 不好意思，我已经去过了。

A: 여름 방학에 우리는 단체로 항저우에 여행 가려고 하는데, 너 갈래?
B: 미안하지만, 나 이미 갔다 왔거든.

**정답** B

**어휘** 暑假 shǔjià 여름 방학 | 组团 zǔtuán (임시로) 단체를 조직하다

**해설** 중국어에서 동사는 몇 개를 연이어 쓸 수 있다. 동사를 나열할 때 순서는 동작이 발생하는 순서이다. 즉 먼저 발생한 동작이 앞에 오고, 나중에 발생한 동작이 뒤에 온다. 따라서 '去杭州, 항저우에 가다' 와 '旅行, 여행하다' 앞에 올 수 있는 동사는 '组团, 단체를 조직하다' 이다. 이 문장에서 첫 번째 동작은 '想' 이고, 두 번째 동작은 '组团' 이고, 세 번째 동작은 '去杭州' 이고, 마지막 동작은 '旅行' 이다.

| 暑假 | 我们 | 想 | 去 | 杭州 | 旅行。 |
|---|---|---|---|---|---|
| ↳ 시간명사 | ↳ 주어 | ↳ 동사1 | ↳ 동사2 | ↳ '去' 의 목적어 | ↳ 동사3 |

**52** A: 老张，干吗不坐电梯走（楼梯）啊?
B: 为了锻炼身体啊。

A: 라오장, 왜 엘리베이터 안타고 계단으로 가요?
B: 운동하려고요.

정답　E

어휘　干吗 gànmá 왜 | 电梯 diàntī 엘리베이터 | 楼梯 lóutī 계단

해설　문맥상으로 볼 때 '干吗不坐电梯走（　　）啊？'에서 괄호 안에 들어가야 할 단어는 '电梯'의 반대말 즉 '楼梯'이다. 따라서 정답은 '楼梯'이다.


**53**
A: 你又买新衣服啦？

B: 漂亮吧？这（可）是世界名牌儿，打六折买的，便宜吧？

A: 너 또 새 옷 샀어？

B: 예쁘니? 이거 세계적으로 유명한 브랜드거든, 40%할인해서 샀어, 싸지？

정답　A

어휘　世界 shìjiè 세계 | 名牌儿 míngpáir 유명 브랜드 | 打折 dǎzhé 할인하다 | 打六折 dǎ liùzhé 40% 할인하다

해설　'这（　　）是世界名牌儿'은 是자문이다. '是'자 앞에 올 수 있는 성분은 부정부사나 일반부사이다. 보기에 나와 있는 부사는 '连, 계속하여. 연이어'와 '可, 강조를 나타냄'이다. 그런데 문맥상으로 볼 때 '可'가 맞다. 번역하자면 '这（可）是世界名牌儿, 이것이 명품이거든'이다. 따라서 '可'가 정답이다.


**54**
A: 这套房子有几个（卫生间）？

B: 卧室里有一个，客厅里还有一个。

A: 이 집에 몇 개의 화장실이 있지？

B: 안방에 하나 있고, 거실에 하나 있어.

정답　C

어휘　房子 fángzi (건물)집 | 卫生间 wèishēngjiān 화장실 | 卧室 wòshì 침실 | 客厅 kètīng 응접실

해설　이젠 5개의 보기 중에서 '卫生间'와 '连' 두 개가 남았다. 문맥상으로 볼 때 '这套房子有几个（　　）？'에서 괄호 안에 들어갈 수 있는 단어는 '卫生间'이 될 수밖에 없다.


**55**
A: 喂，您是哪位啊？

B: 是我，李冬，当上了总经理（连）老同学的声音都听不出来了？

A: 여보세요, 당신은 누구세요？

B: 나야, 이둥, 너 사장 됐다고, 오랜 동창 목소리도 못 알아듣니？

정답　D

어휘　当上 dāngshàng …이 되다 | 总经理 zǒngjīnglǐ 총지배인 | 声音 shēngyīn 소리, 목소리 | 听不出来 tīngbuchūlái 들어서 구분할 수 없다

해설　5개의 보기 중에서 '连' 하나 밖에 남지 않았다. 그리고 '当上了总经理（　　）老同学的声音都听不出来了？'에서 괄호 안에 넣어보니 마침 맞다.

第二部分

56-65문제: 순서를 나열하시오
예 A: 그런데 오늘은 늦잠을 잤다
   B: 평소에 나는 자전거를 타고 출퇴근 한다
   C: 그래서 택시를 타고 회사에 왔다

B　A　C

평소에 나는 자전거를 타고 출퇴근 하는데, 오늘은 늦잠을 자서 택시를 타고 회사에 왔다.

★ 유형따악 & 공략하기
문장의 순서를 나열하는 유형이다. A B C 3개의 문장이 있는데, 어떤 문장이 앞에 와
야 하고 어떤 문장이 뒤에 와야 하는지 잘 생각해서 매끄러운 단문을 만들면 된다.

**56**

A: 但为了方便顾客
B: 现在有很多银行周六也营业
C: 一般来说，周末的时候，银行是休息的

➡ 一般来说，周末的时候，银行是休息的，但为了方便顾客，现在有很多银行周六也营业。

A: 그러나 고객들의 편의를 위해서
B: 요즘 많은 은행들은 토요일에도 영업을 한다
C: 일반적으로 은행은 주말에 쉰다

➡ 일반적으로 은행은 주말에 쉬지만, 고객들의 편의를 위해서 요즘 많은 은행들은 토요일에도 영업을 한다.

정답 C A B
어휘 一般来说 yìbānláishuō 일반적으로 (말하면) | 为了 wèile …을 〔를〕 하기 위하여 | 顾客 gùkè 고객 | 营业 yíngyè 영업하다
해설 ‘一般来说, 일반적으로 (말하면)’은 어떤 일반적이고 흔히 볼 수 있는 일을 서술할 때 쓰는 구이다. 그 다음 ‘但…’이 와서 전환 관계의 복문이 이어지는 경우가 많다. 이 문제가 바로 이러한 한 경우이다. 따라서 이 문장의 순서는 C A B라는 것을 알 수 있다.

**57**

A: 每年七月，法国都举行自行车比赛
B: 一共有21个赛段
C: 法国自行车赛全程3870公里

➡ 每年七月，法国都举行自行车比赛，法国自行车赛全程3870公里，一共有21个赛段。

A: 매년 7월 프랑스는 사이클 경기를 개최한다
B: 총 21개 코스가 있다
C: 프랑스의 사이클 경기의 전 코스는 3,870킬로미터이다

➡ 매년 7월 프랑스는 사이클 경기를 개최하는데, 경기의 전 코스는 3,870킬로미터이고, 총 21개 코스가 있다.

**정답**  A C B

**어휘**  举行 jǔxíng 거행하다 | 自行车赛 zìxíngchēsài 자전거 경기 | 全程 quánchéng 전 코스 | 公里 gōnglǐ 킬로미터 | 赛段 sàiduàn (장거리 경기에서) 일정 구간의 거리

**해설**  보기를 통해 이 문장은 프랑스 사이클경기에 대해 소개하고 있다는 것을 알 수 있다. 어떤 일에 대해 소개할 때, 우선 소개할 일에 대해 개괄적으로 서술한 다음 세부 사항을 서술한다. 따라서 A가 맨 앞에 위치하고, 그 다음 '法国自行车赛'에 대한 세부 사항을 소개해야 하는데, C의 주어는 '法国自行车赛'이고, B는 주어가 없다. 그러나 문장의 내용을 미뤄볼 때, B의 주어가 '法国自行车赛'이라는 것을 알 수 있다. 일반적으로 주어가 같을 경우, 두 번째 문장의 주어는 생략하는 경우가 많다. 따라서 이 문장의 순서는 A C B라는 것을 알 수 있다.


**58**

A: 我排了一天的队，还是没买到票

B: 一到过春节的时候，大家都想回老家过年

C: 所以火车票非常紧张

➡ 一到过春节的时候，大家都想回老家过年，所以火车票非常紧张，我排了一天的队，还是没买到票。

A: 나는 하루 종일 줄을 섰지만, 여전히 표를 사지 못했다

B: 설이 되면 사람들은 고향에 가서 설을 보내려고 한다

C: 따라서 기차표 사기가 아주 힘들다

➡ 설이 되면 사람들은 고향에 가서 설을 보내려 하기 때문에, 기차표 사기가 아주 힘들다. 나는 하루 종일 줄을 섰지만, 여전히 표를 사지 못했다.

**정답**  B C A

**어휘**  一到 yídào …(시간)만 되면 | 过 guò 보내다, 지내다 | 紧张 jǐnzhāng (물품이) 부족하다 | 排队 páiduì 줄을 서다

**해설**  지나간 이야기를 서술할 때 우선 상황설명을 먼저 해야 듣는 사람이 이해하기가 쉽다. 이 문장 같은 경우 기차표를 사기 힘들다. 줄을 섰지만 사지 못했다. 이러한 상황은 춘절에 모두 고향에 돌아가려고 하기 때문이다. 따라서 맨 앞에 올 문장이 바로 춘절이야기이다. 그 다음에 오는 문장은 '所以火车票非常紧张'이고, 그 결과는 '我排了一天的队，还是没买到票'이다.


**59**

A: 所以吃完以后剩下的饭菜一定要放在冰箱里

B: 因为夏天气温高，再加上潮湿

C: 食品很容易变质

➡ 因为夏天气温高，再加上潮湿，食品很容易变质，所以吃完以后剩下的饭菜一定要放在冰箱里。

A: 때문에 먹고 남은 음식은 반드시 냉장고에 넣어둬야 한다

B: 여름에는 기온이 높고, 게다가 습기가 많다

C: 음식이 상하기 쉽다

➡ 여름에는 기온이 높고, 게다가 습기가 많아 음식이 상하기 쉽기 때문에, 먹고 남은 음식은 반드시 냉장고에 넣어둬야 한다.

**정답**  B C A

**어휘**  再加上 zàijiāshang 게다가 | 潮湿 cháoshī 습하다 | 变质 biànzhì 변질되다 | 剩下 shèngxià 남다

**해설** '因为…, 所以…, …때문에, 따라서…'은 인과 관계를 나타냄으로써, B가 맨 앞에 오고 A가 그 뒤에 올 수 있다는 생각을 할 수 있다. 그러나 C의 내용을 살펴보면 '食品很容易变质, 음식이 상하기 쉽다'라는 것은 원인에 속하는 것이다. 따라서 B뒤에 C가 이어져야 한다는 것을 알 수 있다.

因为夏天气温高，再加上潮湿，食品很容易变质，所以吃完以后剩下的饭菜一定要放在冰箱里。
　↳ 원인　　　　　　　　　　　　　　　　　　↳ 결과

**60**
A: 但同时也要具备各种能力

B: 现在的年轻人跟以前比

C: 机会确实多了不少

➡ 现在的年轻人跟以前比, 机会确实多了不少, 但同时也要具备各种能力。

A: 그러나 동시에 각종 능력을 갖추어야 한다

B: 지금의 젊은이들은 옛날에 비해

C: 기회는 확실히 많아졌다

➡ 지금의 젊은이들은 옛날에 비해 확실히 기회는 많아졌지만, 동시에 각종 능력을 갖추어야 한다.

**정답** B C A

**어휘** 确实 quèshí 확실히 | 同时 tóngshí 동시 | 具备 jùbèi 갖추다

**해설** 접속사 '虽然… 但(是) …, 비록…지만, 그러나 …'은 앞뒤 두 구절의 복문 형식으로 전환 관계를 나타낸다. 그러나 접속사 두 개 중 하나를 생략하는 경우가 많다. 이럴 때 문장의 뜻을 잘 파악하여, 어떤 구절의 접속사가 생략된 것인지 알아내야 한다. 이 문상 같은 경우, A는 접속사가 있으니 문제가 없는데, B와 C는 접속사가 없다. 그러나 B와 C의 내용으로 볼 때 B가 앞에 오고 C가 뒤에 온다는 것을 알 수 있다. 그 이유는 B와 C가 '비록…이지만'라는 양보의 뜻을 나타낼 뿐만 아니라 또 비교문이다. 즉 '跟…比, …와 비교할 때'를 이용한 비교문이다. 따라서 B가 앞에 오고 C가 뒤에 온다는 것을 알 수 있다. 따라서 이 문장의 순서는 B C A이다.

现在的年轻人跟以前比，　机会确实多了不少，　但同时也要具备各种能力。
　↳ 비록…지만(접속사가 생략 됐음)　　↳ 그러나

**61**
A: 羽毛球是人们非常喜爱的一项体育运动

B: 在什么地方都可以打

C: 原因之一是不受场地的限制

➡ 羽毛球是人们非常喜爱的一项体育运动, 原因之一是不受场地的限制, 在什么地方都可以打。

A: 배드민턴은 사람들이 아주 즐기는 스포츠 운동이다

B: 어디에서든 칠 수 있다

C: 그 이유 중의 하나는 장소에 구애 받지 않는 것이다

➡ 배드민턴은 사람들이 아주 즐기는 스포츠 운동이다. 그 이유 중의 하나는 장소에 구애 받지 않는 것이고, 어디에서든 칠 수 있다는 것이다.

**정답** A C B

**어휘** 羽毛球 yǔmáoqiú 배드민턴 | 喜爱 xǐ'ài 좋아하다 | 之一 zhīyī …중의 하나 | 场地 chǎngdì 장소

**해설** 보기를 통해 이 문장은 배드민턴을 소개하는 글이라는 것을 알 수 있다. 보기에서 배드민턴은 사람들이 아주 즐기는 스포츠운동이라고 하고, 그 이유에 대해 설명을 하였다. 글을 쓸 때 결론이 앞 구절에 오는 경우도 있고, 원인이 앞 구절에 오는 경우도 있다. 결론을 앞 구절에 위치할 경우, 접속사 '所以'를 쓰면 안 되고, 그냥 접속사 없이 결론을 앞 구절에 쓴 다음, 그 원인에 대해 설명을 한다. 이 문장이 바로 이런 케이스이다. 즉 '羽毛球是人们非常喜爱的一项体育运动'은 결론이고, 원인은 C와 B이다.

羽毛球是人们非常喜爱的一项体育运动, 原因之一是不受场地的限制, 在什么地方都可以打。
    ↳ 결과                        ↳ 원인

**62**

A: 连偏远的山区也都被污染了        A: 외진 산지조차도 오염되었다
B: 现在环境污染越来越严重           B: 현재 환경오염이 갈수록 심각해지고 있다
C: 无论是大城市还是小城市           C: 큰 도시든 작은 도시든

➡ 现在环境污染越来越严重, 无论是大城市还是小城市, 连偏远的山区也都被污染了。

➡ 현재 환경오염이 갈수록 심각해지고 있다. 큰 도시든 작은 도시든, 외진 산지조차도 오염되었다.

**정답** B C A

**어휘** 污染 wūrǎn 오염 | 无论…还是… wúlùn… háishi… …이든…이든 | 连 lián …조차도 | 偏远 piānyuǎn 외지다 | 山区 shānqū 산간 지역

**해설** 보기를 통해 환경오염에 대해 이야기하고 있는 것을 알 수 있다. 사회 이슈가 되는 문제에 대해 글을 쓸 때, 우선 그 이슈가 되는 문제의 심각성을 언급한다. 여기에서는 '现在环境污染越来越严重'에 해당된다. 그 다음에 이어지는 말은 그 심각성의 정도이다.

现在环境污染越来越严重,   无论是大城市还是小城市,   连偏远的山区也都被污染了。
    ↳ 이슈의 심각성          ↳ 심각성의 정도

**63**

A: 河马虽然喜欢呆在水里         A: 하마가 비록 물에 있기를 좋아하지만
B: 吃东西必须上岸              B: 먹이를 먹을 때는 반드시 육지로 올라온다
C: 但是它们在水里时绝不进食     C: 그러나 그들은 물에 있을 때는 절대 먹이를 먹지 않는다.

➡ 河马虽然喜欢呆在水里, 但是它们在水里时绝不进食, 吃东西必须上岸。

➡ 하마가 비록 물에 있기를 좋아하지만, 물에 있을 때는 절대 먹이를 먹지 않는다. 먹이를 먹을 때는 반드시 육지에 올라온다.

**정답** A C B

**어휘** 河马 hémǎ 하마 | 绝不 juébù 결코 …이 아니다 | 进食 jìnshí 밥을 먹다 | 必须 bìxū 반드시 …해야 한다 | 上岸 shàng'àn 육지에 오르다

해설　접속사 '虽然…, 但是…　비록…이지만, 그러나…'은 두 개의 복문으로 전환 관계를 나타 낸다. 따라서 A가 가장 앞 구절이 되고, C가 두 번째 구절이 된다는 것을 알 수 있다. 이 와 같이 접속사가 있는 문장은 순서를 나열하기가 쉽다. 대신 사전에 접속사를 많이 알아야 문제를 풀 수 있다.

河马虽然喜欢呆在水里，　但是它们在水里时绝不进食，吃东西必须上岸。
　　　↳ 비록…이지만　　　　　↳ 그러나…

**64**

A: 而且又善于交际
B: 他的业务能力很强
C: 所以我觉得他是最佳人选

➡ 他的业务能力很强，而且又善于交 际，所以我觉得他是最佳人选。

A: 게다가 사교성도 좋다
B: 그의 업무 능력은 아주 뛰어나다
C: 따라서 나는 그가 적임자라고 생각한다

➡ 그의 업무 능력은 아주 뛰어나다. 게다가 사 교성도 좋기 때문에, 나는 그가 적임자라고 생각한다.

정답　B A C

어휘　业务 yèwù 업무 | 善于 shànyú …에 능(숙)하다 | 交际 jiāojì 교제하다 | 最佳 zuìjiā 최적이 다 | 人选 rénxuǎn 선출자 [일정한 목적을 위해 선출된 사람]

해설　보기를 통해 인과 관계의 복문으로 단문이 구성되었다는 것을 알 수 있다. 그런데 원인을 나타내는 접속사가 생략되었기 때문에, 원인을 나타내는 구절을 찾아내야 한다. 이 문장에 서 원인을 나타내는 구절은 '他的业务能力很强'과 '而且又善于交际'이다. 이 두 구절 중 에서 '而且, 게다가'는 뒷 구절에 와야 한다. 따라서 이 문장의 순서는 다음과 같다.

他的业务能力很强，　而且又善于交际，　所以我觉得他是最佳人选。
　　　↳ 원인　　　　　　　　　　　　↳ 결과

**65**

A: 不能喝酒，更不能抽烟
B: 保证充分的睡眠
C: 大夫对我说，要注意休息

➡ 大夫对我说，要注意休息，保证充 分的睡眠，不能喝酒，更不能抽 烟。

A: 술을 마실 수 없고, 담배는 더욱 피울 수 없다
B: 충분한 수면을 취한다
C: 의사 선생님은 나에게 휴식을 취하고

➡ 의사 선생님은 나에게 휴식을 취하고, 충분 한 수면을 취하고, 술을 마시면 안 되며, 담 배를 피우면 더욱 안 된다고 하였다.

정답　C B A

어휘　对…说 duì…shuō …에게 말하다 | 保证 bǎozhèng 보증하다 | 充分 chōngfèn 충분히

해설　보기를 통해 의사가 환자에게 당부한 말씀이라는 것을 알 수 있다. 따라서 '大夫对我说，要 注意休息'가 가장 앞에 위치해야 한다. 그리고 의사들이 환자에게 주의 사항을 이야기할 때 우선 반드시 준수해야 할 사항을 말하고, 그 다음 금지 사항을 이야기 한다. 따라서 이 문장의 순서는 다음과 같다.

大夫对我说，　要注意休息，保证充分的睡眠，　不能喝酒，更不能抽烟。
　　　　　　　↳ 준수 사항　　　　　　　　　↳ 금지 사항

第三部分

---

66 – 85문제: 정확한 답안을 고르시오.

㉠ 그녀는 매우 활달하며, 말하는 것도 재미있고, 늘 우리들을 즐겁게 해서 우리는 모두
   그녀와 함께 있기를 좋아한다.
   ★ 그녀는 어떤 사람인가?
     A 유머가 있다  √   B 조심성이 없다     C 오만하다     D 부끄러워하다

---



★ 유형따악 & 공략하기

이 부분의 문제는 하나의 단문과 그에 따른 1-2개의 질문이 제시되는데, 단문 내용을
잘 따악한 다음 주어진 4개의 보기 중에서 정답을 고르면 된다. 이 부분에서 조금 어려
운 것은 질문방식이다. 물음표가 있는 질문은 쉽지만 물음표가 없는 질문은 어렵다. 예
를 들어 '现在许多年轻人: '처럼 ': (콜론)' 표시가 돼있는 질문이다. 이것은 콜론 뒤에
이어서 나올 수 있는 말을 보기에서 찾으라는 뜻이다.

**66** 我刚在一家贸易公司找到一份工作，收
入倒是不错，可是工作量特别大，所以
我每天都得加班加点。

★ 根据这段话，可以知道我：

A 收入低
B 工作很轻松
C 以前是大学生
D 不能正点下班

나는 얼마전에 무역회사에 취직했다. 봉급은 괜
찮은데, 작업량이 너무 많아서, 매일 잔업을 해
야만 한다.

★ 이 문장에 근거하여, 나에 대해 알 수 있는
   것은:

A 수입이 적다
B 일이 부담이 없다
C 이전에는 대학생이었다
D 정시에 퇴근할 수 없다  √

**어휘**  一份工作 yífèngōngzuò 하나의 일자리 | 倒是 dàoshì 오히려 | 工作量 gōngzuòliàng 작업
량 | 加点 jiādiǎn 연장 근무를 하다 | 正点 zhèngdiǎn 정시 | 轻松 qīngsōng 부담이 없다

**해설**  이 문장을 통해 나에 대해 알 수 있는 것은 무엇이냐는 질문이다. 문장 중에서 나에 대해
언급한 내용과 일치한 것을 보기 중에서 고르면 된다. 이 문장에서 새로 찾은 일이 수입은
괜찮은데 일이 너무 많아 매일 잔업을 해야 한다고 했으므로 '不能正点下班' 이 정답이다.

**67** 假期我本来打算去西藏旅游，可是小
张找到我说，他们公司有些英文资料
需要马上翻译出来，没办法我只好答
应了。

방학 때 나는 원래 티벳에 여행을 가려고 했는
데, 샤오장이 나를 찾아와, 그들 회사에 빨리
번역해야 할 영문자료가 조금 있다고 해서, 할
수 없이 번역 해준다고 했다.

★ 根据这段话，可以知道我：

A 喜欢旅游
B 不想去旅游
C 不能去旅游了
D 去西藏旅游了

★ 이 문장에 근거하여, 나에 대해 알 수 있는 것은:

A 여행을 좋아한다
B 여행갈 생각이 없다
C 여행하러 갈 수 없게 되었다 √
D 티벳에 여행하러 갔다

**어휘** 西藏 xīzàng 시장(티벳) | 资料 zīliào 물자, 수단, 자료 | 翻译出来 fānyìchūlai 번역해 내다 | 只好 zhǐhǎo 부득이 | 答应 dāying 승낙하다

**해설** 이 문장에 근거하여, 나에 대해 알 수 있는 것은 무엇이냐는 질문이다. 보기 중에서 문장 내용과 일치한 것을 고르면 된다. 이 문장에서 화자는 원래 티벳에 여행을 가려고 했는데, 친구가 영문자료를 좀 번역해 달라고 해서 티벳으로 여행가는 계획이 무산되었다. 따라서 '不能去旅游了' 가 정답이라는 것을 알 수 있다.

**68** 气候干燥的时候要注意多喝水，但是喝水太多也不利于健康，特别是在很短的时间内，喝太多的水会使心脏的负担加重，所以喝水也要讲究科学。

기후가 건조할 때는 물을 많이 마셔야 하지만, 너무 많이 마셔도 건강에 좋지 않다. 특히 아주 짧은 시간 내에 물을 너무 많이 마시면, 심장에 부담이 될 수 있기 때문에, 물을 마시는 것도 과학적으로 마셔야 한다.

★ 根据这段话，我们可以知道：
A 应该少喝水
B 现在是夏季
C 注意喝水方法
D 多喝茶多运动

★ 이 문장에 근거하여, 알 수 있는 것은:
A 물을 적게 마셔야 한다
B 지금은 여름이다
C 물을 마시는데도 방법에 주의해야 한다 √
D 차를 많이 마시고 운동을 많이해야 한다

**어휘** 干燥 gānzào 건조하다 | 不利于 búlìyú …에 불리하다 | 使 shǐ …하게 하다 | 心脏 xīnzàng 심장 | 负担 fùdān 부담 | 加重 jiāzhòng 가중하다

**해설** 보기 중에서 문장 내용과 일치한 것을 고르는 문제이다. 문장에서 건조할 때 물을 많이 마셔야 하는데, 무조건 많이 마시면 안 되고, 과학적으로 마셔야 한다고 하였다. 따라서 정답은 '喝水也要注意方法, 물을 마시는 데도 방법에 주의해야 한다' 이다.

**69** 中国是茶的故乡，人们常常用茶来招待客人，中国生产茶叶的历史已经有两千多年了，人们最早喝的茶是绿茶，后来才开始喝红茶。

중국은 차의 고향이다. 사람들은 흔히 차로 손님을 접대한다. 중국은 찻잎을 생산한 역사가 이미 2천여 년이 되었다. 사람들이 가장 일찍 마신 차는 녹차이고 나중에 홍차를 마시기 시작하였다.

★ 根据这段话，我们可以知道中国：

★ 이 문장을 통해 중국에 대해 알 수 있는 것은:

| A 不生产茶叶 | A 찻잎을 생산하지 않는다 |
| B 只有乌龙茶 | B 우롱차만 있다 |
| C 是茶的祖先 | C 차의 선조이다 |
| D 产茶有两千多年 | D 찻잎을 생산한지 이천년이 넘었다 √ |

**어휘** 故乡 gùxiāng 고향 | 招待 zhāodài 접대하다 | 茶叶 cháyè 찻잎 | 祖先 zǔxiān 선조 | 产茶 chǎnchá 찻잎을 생각하다

**해설** 문장에서 중국은 찻잎을 생산한 역사가 2천여 년이 됐다고 했는데, 보기에 '产茶有两千多年, 찻잎을 생산한지 2천년이 넘었다' 란 내용이 있다. 따라서 정답은 D이다. 참고로 '产茶' 는 '生产茶叶, 차 잎을 생산하다' 의 줄임말이다.

---

**70**

青少年不应过早配戴眼镜，因为青少年身体正处于生长发育阶段，如果及时治疗的话，视力是可以恢复过来的。

청소년들은 너무 일찍 안경을 껴서는 안 된다. 왜냐하면 청소년들은 아직 성장발육단계에 있기 때문이다. 만약 제때에 치료를 한다면, 시력은 회복될 수 있다.

★ 这段话，主要谈的是青少年：

★ 이 문장에서 청소년에 관해 주로 언급하고 있는 것은:

| A 视力不好 | A 시력이 좋지 않다 |
| B 正在成长 | B 성장하고 있다 |
| C 应该配戴眼镜 | C 마땅히 안경을 껴야 한다 |
| D 不宜过早戴眼镜 | D 너무 일찍 안경을 끼는 것은 적절하지 못하다 √ |

**어휘** 不应 bùyīng …하면 안 된다 | 过早 guòzǎo 너무 이르다 | 配戴 pèidài (안경 등을) 맞추다 | 发育 fāyù 성장하다 | 及时 jíshí 시기 적절하다 | 治疗 zhìliáo 치료하다 | 恢复 huīfù 회복되다 | 不宜 bùyí 적당하지 않다

**해설** 청소년에 관해 주로 언급한 것이 무엇이냐는 질문이다. 문장에서 청소년들은 아직 성장기에 있기 때문에 너무 일찍 안경을 끼지 말아야 한다고 하였다. 따라서 청소년에 관해 주로 언급한 것은 '青少年不宜过早戴眼镜, 청소년은 너무 일찍 안경을 끼는 것이 적절하지 않다' 이다.

---

**71**

珠江三角洲，是组成珠江的西江、北江和东江入海时，冲击沉淀而形成的一个三角洲，面积大约一万多平方公里。

주강삼각주는 주강을 조성하고 있는 서강, 북강과 동강이 바다로 흘러 들어갈 때, 바닷물과 부딪쳐서 모래가 쌓여 이루어진 하나의 삼각주이다. 면적은 약 만여 제곱킬로미터이다.

★ 珠江三角洲:

★ 주강삼각주는:

| A 是三角形 | A 삼각형이다 √ |
| B 是四角形 | B 사각형이다 |
| C 是五角形 | C 오각형이다 |
| D 是长方形 | D 장방형이다 |

**어휘** 三角洲 sānjiǎozhōu 삼각주 | 组成 zǔchéng 구성하다 | 入海 rùhǎi 바다로 흘러 들다 | 冲击 chōngjī 세차게 부딪치다 | 沉淀 chéndiàn 쌓이다 | 面积 miànji 면적 | 四角形 sijiǎoxíng 사각형

**해설** 질문의 뜻은 문장 내용에 근거하여 '珠江三角洲' 뒤에 올 수 있는 말을 보기에서 고르라는 것이다. 이 문장에서 주강삼각주는 3개의 강으로 조성되어 바다로 흘러 들어갈 때 모래가 쌓여 삼각형으로 만들어진 '洲, 주, 모래톱' 이라고 하였다. 따라서 A가 정답이다.

## 72

良好的学习习惯，可以激发学生的学习积极性和主动性，可以提高学习效率，还可以培养学生的创新精神和创造能力，使学生终生受益。

좋은 학습습관은 학생들의 적극성과 주동성을 불러일으킬 수 있고, 학습능률을 끌어올릴 수 있으며, 그리고 학생들의 창의적인 정신과 능력을 키울 수 있어, 학생들에게 평생 수혜를 가져다준다.

★ 能使学生终生受益的是:

A 主动性
B 学习效率
C 学习积极性
D 好的学习习惯

★ 학생에게 평생 수혜를 가져다주는 것은:

A 주동성
B 학습능률
C 학습 적극성
D 좋은 학습습관  √

**어휘** 激发 jīfā 불러일으키다 | 主动性 zhǔdòngxìng 주동성 | 效率 xiàolǜ 능률 | 创新 chuàngxīn 창의성 | 创造 chuàngzào 창조하다 | 终生 zhōngshēng 평생 | 受益 shòuyì 수혜를 받다

**해설** 학생들에게 평생 수혜를 가져다 주는 것은 무엇이냐는 질문이다. 문장에서 좋은 학습습관은 학생들의 적극성, 창의력 등을 키울 수 있어 학생들에게 평생 수혜를 가져다준다고 하였다. 따라서 정답은 '好的学习习惯' 이다.

## 73

人际关系是我们生活中的一个重要组成部分。如果搞不好人际关系，将对我们的工作、生活及心理健康有不良的影响。

인간관계는 우리 생활에서 중요한 부분 중 하나이다. 만약 인간관계를 잘 처리하지 못하면, 우리의 일과 생활, 심리적 건강에 나쁜 영향을 미친다.

★ 根据这段话，可以知道人际关系:

A 不重要
B 非常重要
C 让人头痛
D 让人兴奋

★ 이 문장을 통해 인간관계에 대해 알 수 있는 것은:

A 중요하지 않다
B 아주 중요하다  √
C 사람을 골치아프게 한다
D 사람을 흥분하게 한다

**어휘** 人际关系 rénjìguānxì 인간관계 | 搞不好 gǎobuhǎo 잘 처리하지 못하다 | 及 jí 및 | 不良 bùliáng 좋지 않다

**해설** 이 문장을 통해 인간관계에 대해 알 수 있는 것은 무엇이냐는 질문이다. 이 문장에서는 인간관계를 잘 처리하지 못하면 우리의 일, 생활과 건강에 나쁜 영향을 미친다고 했다. 따라서 '非常重要, 아주 중요하다' 가 정답이다.

**74**

每个人的自信心是非常重要的，只有自己真的相信自己，才能让别人相信你。如果你对自己没有信心的话，那么做什么事你都不会成功的。

★ 这段话主要谈的是：

A 成功之道

B 相信自己

C 要有自信心

D 让别人相信你

사람의 자신감은 아주 중요한 것이다. 자신을 진실로 믿어야만, 비로소 다른 사람으로 하여금 자신을 믿게 할 수 있다. 만약 당신이 자신에 대한 자신감이 없다면, 어떤 일을 해도 성공할 수 없다.

★ 이 문장에서 주로 이야기 하고 있는 것은:

A 성공의 길

B 스스로를 믿는다

C 자신감이 있어야 한다 √

D 다른 사람으로 하여금 자신을 믿게 한다

**어휘** 自信心 zìxìnxīn 자신감 | 只有…才… zhǐyǒu…cái …해야만 비로소…이다 | 成功 chénggōng 성공하다

**해설** 문장의 주제를 묻는 질문이다. 이 문장에서 자신을 진실로 믿어야만, 비로소 다른 사람으로 하여금 자신을 믿게 할 수 있고, 그렇지 않으면 성공할 수 없다고 했다. 따라서 이 문장의 주제는 '要有自信心, 자신감이 있어야 한다' 이다.

**75**

一个富翁和一个穷人是邻居，穷邻居日子过得还很开心。富翁很不理解，穷邻居告诉他说，因为我没有钱，不用担心有人来偷，所以我过得很快乐。

★ 穷邻居：

A 羡慕富翁

B 过得很开心

C 过得不开心

D 担心自己没钱

한 부자와 가난한 사람이 이웃이었는데, 가난한 이웃은 아주 즐겁게 살고 있었다. 부자는 이를 이해할 수가 없었다. 가난한 이웃은 그에게 말하기를, 자기는 돈이 없어 누가 와서 훔쳐 갈 걱정이 없기 때문에, 아주 즐겁게 살고 있다고 했다.

★ 가난한 이웃은:

A 부자를 부러워한다

B 즐겁게 살고 있다 √

C 즐겁게 살지 못하다

D 자기가 돈이 없는 것을 걱정한다

**어휘** 富翁 fùwēng 부자 | 穷人 qióngrén 가난뱅이 | 邻居 línjū 이웃집 | 穷 qióng 가난하다 | 开心 kāixīn 즐겁다

**해설** 질문의 뜻은 문장의 내용에 근거하여 가난한 이웃에 관해 4개의 보기에서 맞는 것을 고르라는 것이다. 이 문장에서 가난한 이웃은 비록 돈이 없지만 부자이웃이 부러울 정도로 즐겁게 산다고 했다. 따라서 정답은 '过得很开心' 이다.

**76**

怎样才能学习好呢？上课时认真听讲，做好课堂笔记。做作业时认真做。做完作业后，复习复习老师上课讲的内容，另外还要预习第二天要学的内容。

어떻게 하면 공부를 잘 할 수 있을까? 수업시간에 강의를 잘 듣고, 필기도 잘해야 한다. 숙제도 열심히 해야 한다. 숙제를 다 하고 나서는 선생님이 수업시간에 강의한 내용을 복습하고, 그 다음날 학습내용도 예습해야 한다.

★ 这段话主要谈的是　　　　　　　　　★ 이 문장에서 주로 이야기 하고 있는 것은:

A 要预习　　　　　　　　　　　　　　A 예습해야 한다

B 应该复习　　　　　　　　　　　　　B 마땅히 복습해야 한다

C 要认真听讲　　　　　　　　　　　　C 강의를 열심히 들어야 한다

D 提高成绩的办法　　　　　　　　　　D 성적을 높이는 방법　√

어휘　课堂 kètáng 교실 [일반적으로 학문이나 기예 등을 가르치는 모든 장소를 말함]
　　　 | 笔记 bǐjì 필기 | 复习 fùxí 복습하다 | 预习 yùxí 예습하다

해설　문장의 주제를 묻는 질문이다. 이 문장에서 공부를 잘하려면 강의를 잘 듣고 숙제도 잘하고
　　　복습, 예습도 잘해야 한다고 하였다. 따라서 이 문장의 주제는 '提高成绩的办法' 이라는 것
　　　을 알 수 있다.

---

**77**　早上起床以后，一看表已经八点半　　아침에 일어나서 시계를 보니, 이미 8시 반이
　　　了，我急忙穿上衣服，打车来到了公　　되었다. 나는 급히 옷을 입고 택시를 타고 회사
　　　司。可是公司里一个人也没有，我觉　　에 갔다. 그런데 회사에는 한 사람도 없었다.
　　　得很奇怪，一看挂历我才发觉，今天　　나는 이상하다는 생각이 들어, 달력을 보고서야
　　　是礼拜天。　　　　　　　　　　　　오늘이 일요일이라는 것을 알게 되었다.

★ 今天公司里为什么一个人也没有？　　★ 오늘 회사에 무엇 때문에 한 사람도 없나？

A 今天休息　　　　　　　　　　　　　A 오늘은 휴일이다　√

B 都下班了　　　　　　　　　　　　　B 모두 퇴근하였다

C 都去开会了　　　　　　　　　　　　C 모두 회의하러 갔다

D 都去做礼拜了　　　　　　　　　　　D 모두 예배 보러 갔다

어휘　表 biǎo 시계 | 急忙 jímáng 황급히 | 打车 dǎchē 택시를 타다 | 挂历 guàlì 달력 | 发觉
　　　fājué 알아차리다 | 礼拜天 lǐbàitiān 일요일 | 做礼拜 zuòlǐbài 예배를 보다

해설　화자가 아침에 늦게 일어나 급하게 택시를 타고 회사에 갔으나 아무도 없었다. 달력을 쳐다
　　　보니 오늘이 일요일(礼拜天)이었다. 따라서 오늘 회사에 아무도 없는 이유가 '今天休息' 라
　　　는 것을 알 수 있다.

---

**78**　找工作的时候，我最先考虑的是薪　　일자리를 찾을 때, 나는 가장 먼저 봉급을 본
　　　水，其次是企业的发展前景，最后是　　다. 그 다음에는 기업의 발전 전망이고, 마지막
　　　工作环境。当然如果是我喜欢做的事　　에 업무환경을 본다. 물론 내가 좋아하는 일이
　　　情的话，那就更好了。　　　　　　　라면 더욱 좋다.

★ 根据这段话，可以知道我：　　　　　★ 이 문장에 근거하여, 나에 대해 알 수 있는
　　　　　　　　　　　　　　　　　　　　것은:

A 重视收入　　　　　　　　　　　　　A 수입을 중시한다　√

B 是大学生　　　　　　　　　　　　　B 대학생이다

C 找工作很难　　　　　　　　　　　　C 일자리 찾기가 힘들다

D 找到工作了　　　　　　　　　　　　D 이미 일자리를 찾았다

**어휘**　薪水 xīnshuǐ 봉급 | 发展 fāzhǎn 발전하다 | 前景 qiánjǐng 전망

**해설**　이 문장에 근거하여, 나에 대해 알 수 있는 것은 무엇이냐는 질문이다. 이 문장에서 화자는 일자리를 찾을 때 봉급을 가장 먼저 보고, 그 다음 기업의 발전 전망 등 여러 가지를 본다고 하였다. 보기 중의 B C D는 문장에서 언급하지 않은 내용들이므로 정답이 될 수 없다. 따라서 정답은 '重视收入'이다.

---

**79**

对中小学生来说适当的竞争和压力是必需的，但不能以孩子的幸福为代价，至少让孩子每天能有一到两个小时的自由时间。这样，才会让他们觉得有期盼、有动力。

중학생과 초등학생들에 있어서 적절한 경쟁과 스트레스는 필요하다. 그러나 아이들의 행복을 담보로 해서는 안 된다. 최소한 매일 한 두 시간의 자유시간은 있어야 한다. 그래야만 그들에게 희망과 동력이 생길 수 있다

★ 根据这段话，我们可以知道中小学生：

A 没有压力
B 没有竞争
C 应该旅游
D 应该有自由时间

★ 이 문장에 근거하여, 중학생과 초등학생들에 대해 알 수 있는 것은:

A 스트레스가 없다
B 경쟁이 없다
C 여행을 해야 한다
D 자유시간이 있어야 한다　√

**어휘**　适当 shìdàng 적절하다 | 竞争 jìngzhēng 경쟁하다 | 以 yǐ …(으)로(써) | 代价 dàijià 대가 | 至少 zhìshǎo 최소한 | 期盼 qīpàn 희망, 기대 | 动力 dònglì 동력

**해설**　이 문장에서 중학생과 초등학생들에 있어 적절한 경쟁과 스트레스는 필요하나, 최소한 매일 한 두 시간의 자유시간은 있어야 한다고 했다. 따라서 '应该有自由时间, (학생들에게) 자유시간이 있어야 한다'가 정답이다.

---

**80-81**

一只鸟儿和一棵树是好朋友。鸟儿坐在树枝上，天天给树唱歌。树呢，天天听着鸟儿唱歌。寒冷的冬天就要来到了，鸟儿必须离开树，飞到很远很远的地方去。鸟儿说："我明年一定回来，给你唱歌。"鸟儿说完，就向南方飞去了。春天来了，鸟儿回到这里，找它的好朋友。可是，发现树不见了，只剩下树根，鸟儿伤心地哭了起来。

새 한 마리와 나무 한 그루는 좋은 친구이다. 새가 나무 가지 위에 앉아, 매일매일 나무에게 노래를 불러주었고, 나무는 매일매일 새의 노래를 들었다. 추운 겨울이 다가오고 있었다. 새는 반드시 나무를 떠나, 아주 먼 곳으로 가야 한다. 새는 나무에게 "내가 내년에 꼭 돌아와서 너에게 노래 불러줄게" 하고는 남쪽으로 날아갔다. 봄이 왔다. 새는 다시 이곳으로 돌아와서 그의 친구를 찾았지만 나무는 보이지 않고, 뿌리만 남아 있었다. 새는 슬퍼서 울기 시작했다.

★ 鸟儿天天给谁唱歌?

★ 새는 매일 누구에게 노래를 불러주는가?

A 风　　　　　　　　　　A 바람

B 树　　　　　　　　　　B 나무　√

C 树枝　　　　　　　　　C 나뭇가지

D 树根　　　　　　　　　D 나무뿌리

**어휘** 鸟儿 niǎo'ér 새 | 树 shù 나무 | 树枝 shùzhī 나뭇가지 | 寒冷 hánlěng 춥고 차다 | 离开 líkāi 떠나다 | 飞去 fēiqù 날아가다 | 树根 shùgēn 나무뿌리 | 伤心 shāngxīn 슬퍼하다

**해설** 이 글은 동화이다. 글의 맨 앞부분에서 새와 나무는 아주 좋은 친구이며, 새가 매일 나무에게 노래를 불러 준다고 했다. 따라서 정답은 '树' 라는 것을 알 수 있다.

★ 第二年春天鸟儿回来找它的朋友时：　　★ 이듬해 봄에 새가 돌아와서 그 친구를 찾았을 때 :

A 树死了　　　　　　　　A 나무가 죽었다

B 树被砍了　　　　　　　B 나무가 잘려 나갔다　√

C 树飞走了　　　　　　　C 나무가 날아갔다.

D 树变心了　　　　　　　D 나무가 마음이 변했다

**어휘** 砍 kǎn (도끼 등으로) 찍다 | 变心 biànxīn 마음이 변하다

**해설** '이듬해 봄에 새가 돌아와서 자기의 친구를 찾았을 때…' 뒤에 이어지는 말이 무엇이냐는 질문이다. 이 동화의 마지막 부분에서 새가 이듬해 봄에 다시 와서 나무를 찾았으나, 나무는 뿌리만 남아있었다. 따라서 정답은 '树被砍了' 이다.

## 82-83

现在懒人越来越多，做懒人的买卖，可以赚大钱。所谓的懒人，不是无所事事的懒人，而是勤奋的懒人。他们收入丰厚，只是因为工作太忙，没有时间关注专业以外的事情。懒人商品种类繁多，有能拖地的拖鞋，有家喻户晓的方便面，还有很多类似速冻饺子的速冻食品。

요즘 게으른 사람이 갈수록 많아지고 있다. 게으른 사람을 겨냥한 장사를 하면, 돈을 많이 벌 수 있다. 소위 게으른 사람이란 빈둥거리며 아무 일도 하지 않는 사람을 말하는 것이 아니라, 부지런한 게으른 사람이다. 그들은 수입이 넉넉하지만, 단지 일이 너무 바쁜 관계로 본업 이외의 다른 일을 돌볼 시간이 없다. 게으른 사람을 겨냥한 상품도 종류가 매우 많다. 바닥을 닦을 수 있는 슬리퍼가 있고, 모두가 다 아는 라면도 있다. 그리고 급속 냉동만두와 비슷한 급속 냉동식품도 있다.

★ 在这里懒人是指：　　　　★ 여기에서 게으른 사람에 대한 정의는 :

A 退休的人　　　　　　　A 퇴직한 사람

B 懒惰的人　　　　　　　B 게으른 사람

C 呆在家里的人　　　　　C 집에 있는 사람

D 忙于工作的人　　　　　D 일이 바쁜 사람　√

 赚钱 zhuànqián 돈을 벌다 | 所谓 suǒwèi 소위 | 无所事事 wúsuǒshìshì 하는 일이 없다 | 勤奋 qínfèn 부지런하다 | 丰厚 fēnghòu 넉넉하다 | 关注 guānzhù 관심을 가지(고 중시하)다 | 繁多 fánduō (종류가) 다양하다 | 拖地 tuōdì 바닥을 닦다 | 拖鞋 tuōxié 슬리퍼 | 家喻户晓 jiāyùhùxiǎo 사람마다 모두 알다 | 速冻 sùdòng 급속 냉동하다 | 懒惰 lǎnduò 게으르다

해설　여기에서 게으른 사람에 대한 정의는 무엇이냐는 질문이다. 문장의 앞 부분에서 소위 게으른 사람은 수입은 넉넉하나 일이 너무 바쁜 관계로 본업 이외의 다른 일을 돌볼 시간이 없는 사람이라고 했다. 따라서 게으른 사람에 대한 정의는 '忙于工作的人' 이라는 것을 알 수 있다.

| | |
|---|---|
| ★ 这段话的题目应该是： | ★ 이 문장의 제목은: |
| A 懒人 | A 게으른 사람 |
| B 勤奋的人 | B 부지런한 사람 |
| C 赚钱之道 | C 돈 버는 방법 √ |
| D 有趣的人 | D 재미있는 사람 |

어휘　之道 zhīdào …의 방법

해설　이 문장의 제목은 무엇이냐는 질문이다. 문장의 맨 앞에서 지금 게으른 사람을 겨냥한 장사를 하면, 돈을 많이 벌 수 있다고 했다. 예를 들어 바닥을 닦을 수 있는 슬리퍼, 라면, 냉동 식품 등이라고 했다. 따라서 이 문장의 제목은 '赚钱之道, 돈 버는 방법' 이라는 것을 알 수 있다.

## 84-85

| | |
|---|---|
| 喜马拉雅地区是世界上高峰最密集的地方。它的平均海拔高达6000米以上，拥有10座8000米以上的高峰，50多座7000米以上的高峰。这些巨型高峰从西北向东南分布。喜马拉雅山系的面积达60多万平方公里，其中珠穆朗玛峰高为8848.13米，是世界之最。 | 히말라야지구는 세계에서 고봉이 가장 밀집되어 있는 곳이다. 고봉들의 평균 해발은 6,000미터 이상에 달하고, 8,000미터 이상의 고봉은 10개이며, 7,000미터 이상 고봉이 50개에 달한다. 이 거대한 고봉들은 서북에서 동남으로 분포되어있다. 히말라야산계의 면적은 60여만 제곱 킬로미터에 달하는데, 그 중 초모룽마봉은 8848.13미터로 세계에서 가장 높다. |

| | |
|---|---|
| ★ 喜马拉雅地区： | ★ 히말라야지구는: |
| A 是平原 | A 평원이다 |
| B 是高原 | B 고원이다 √ |
| C 是盆地 | C 분지이다 |
| D 是沙漠 | D 사막이다 |

어휘　高峰 gāofēng 높은 봉우리, 고봉(高峯) | 密集 mìjí 밀집하다 | 平均 píngjūn 평균의 | 海拔 hǎibá 해발 | 拥有 yōngyǒu 보유하다 | 分布 fēnbù 분포하다 | 山系 shānxì 산계[산의 지각 운동으로 형성된 일정한 방향으로 가지런하게 이어진 몇 개의 산지나 산맥의 통칭(統稱)] | 为 wéi…이다 | 盆地 péndì 분지 | 沙漠 shāmò 사막

 문장의 내용에 근거하여 '히말라야지구는…' 뒤에 이어서 올 수 있는 말을 보기에서 찾으라는 뜻이다. 이 문장의 맨 앞부분에서 히말라야지구는 세계에서 고봉이 가장 밀집되어 있는 곳이라고 하였고, 평균해발이 6000미터 이상이라고 했으므로, 히말라야지구가 고원이라는 것을 알 수 있다. 따라서 B가 정답이다.

| ★ 珠穆朗玛峰: | ★ 초모룽마봉은: |
| --- | --- |
| A 六千八百米 | A 6800미터 |
| B 不到九千米 | B 9000미터가 안 된다 √ |
| C 没有人敢登 | C 아무도 감히 등반하지 못한다 |
| D 位于新疆境内 | D 신강 구역내에 위치하고 있다 |

 문장의 내용에 근거하여 '초모룽마봉은…' 뒤에 이어서 올 수 있는 말을 보기에서 찾으라는 뜻이다. 문장의 맨 뒷 부분에서 초모룽마봉은 8,848.13미터로 세계에서 가장 높다고 했다. 따라서 정답은 '不到九千米, 9000미터가 안 된다' 이다.

# 三、书写

## 第一部分

> 第86-95题：完成句子。
>
> 例如： 那座桥       800年的      历史      有      了
>
>      那座桥有800年的历史了。
>
> 86-95문제 : 문장을 완성하시오.
>
> 예: 그 다리는 800년의 역사를 가지고 있다.

★ 유형파악 & 공략하기

이 부분의 문제는 여러 개의 단어가 제시되어 있다. 주어진 단어를 사용하여 하나의 문장을 만들면 된다. 문장을 만들 때 중국어의 어순과 문법을 염두에 두고 문장을 만들어야 올바른 문장을 만들 수 있다.

**86**    泰国    想    留学    他    去  ➡  他想去泰国旅行。

그는 태국으로 여행 가려고 한다.

**해설**   문장을 만들 때 우선 주어진 단어 중에서 동사를 찾는다. 그 다음 동작의 순서를 정하면 문장을 쉽게 만들 수 있다. 보기에 '想', '去' 와 '旅行' 세 개의 동사가 있는데, 이중 '想' 은 조동사이고, '去' 와 '旅行' 은 일반 동사이다. 조동사는 반드시 다른 동사 앞에 위치해야 하기 때문에 '想' 이 맨 앞에 와야 한다. 그리고 '去' 와 '旅行' 은 동작 발생순으로 배열하면 되는데, '泰国' 가 '去' 의 목적어이기 때문에 '去' 바로 뒤에 와야 한다.

他     想     去     泰国     旅行。
↳ 주어   ↳ 조동사   ↳ 일반동사1   ↳ 去의 목적어   ↳ 일반동사2

**87**    了解   我   对   这里的情况   不太  ➡  我对这里的情况不太了解。

나는 이곳 상황에 대해 잘 모른다.

**해설**   '对 …了解, …대해 잘 알다' 은 관용구이다. '对' 앞에는 사람이 오고 뒤에는 언급한 대상이 온다. 그리고 '不太' 은 '그다지 ~하지 않다' 란 뜻을 나타낸다.

我     对    这里的情况    不太       了解。
↳ 주어   ↳ 对   ↳ 대상   ↳ 그다지 ~하지 않다   ↳ 잘 알다

**88** 比　我　高　小张　一点儿 ➡ 我比小张高一点儿。

나는 샤오장보다 키가 조금 더 크다.

**해설** 비교문의 어순은 다음과 같다.
A+比+B+형용사+一点儿/一些(차이가 크지 않음을 나타냄)
A+比+B+형용사+多了/得多(차이가 크다는 것을 나타냄)
A+比+B+형용사+수사+양사(구체적으로 얼마나 차이 난다는 것을 나타냄)
따라서 이 문장은 아래와 같이 만들 수 있다.

我　　比　　小张　　高　　一点儿。
↳A　　↳比　　↳B　　↳형용사　　↳조금

**89** 自己的　每个人　生活习惯　都　有 ➡ 每个人都有自己的生活习惯。

사람마다 자기의 생활습관이 있다.

**해설** 중국어의 어순은 '주어+부사+동사+(한정어+)목적어'이다. 여기에서 주어는 '每个人'이고, 부사는 '都'이다. 따라서 이 문장은 아래와 같이 만들 수 있다.

每个人　　都　　有　　自己　　的　　生活习惯。
↳주어　　↳부사　　↳술어　　↳한정어　　↳~의　　↳목적어

**90** 两本　买了　我　汉语书　昨天 ➡ 昨天我买了两本汉语书。

어제 나는 중국어책 두 권을 샀다.

**해설** 동작의 완료를 나타내는 '了'는 동사 뒤나 문장의 맨 마지막에 모두 올 수 있다. 그러나 양사가 목적어의 한정어가 되는 경우, '了'는 동사 뒤에 위치해야 한다. 따라서 이 문장은 아래와 같이 만들 수 있다.

昨天　　我　　买　　了　　两本　　汉语书。
↳시간명사　　↳주어　　↳동사　　↳동작의 완료를 나타내는 '了'　　↳한정어　　↳목적어

**91** 听懂　能　他　我说的　话 ➡ 他能听懂我说的话。

그는 내가 한 말을 알아 들을 수 있다.

**해설** 보기에 '能, 할 수 있다'와 '听懂, 알아듣다' 두 개의 동사가 있는데, '能'은 조동사이기 때문에 '听懂' 앞에 와야 한다.

我　　能　　听懂　　他说　　的　　话。
↳주어　　↳조동사　　↳동사　　↳한정어　　↳~의　　↳목적어

**92**  新买　的　怎么样　我　裙子　➡　我新买的裙子怎么样?

내가 새로 산 스커트 어때?

**해설**　중국어에서 인칭대사, 명사, 동사, 동사와 목적어로 이루어진 동목구, 주어와 술어로 이루어진 구, 한정어를 동반한 명사도 모두 주어가 될 수 있다. 이 문장은 한정어를 동반한 명사가 주어가 되는 경우이다. 그리고 이 문장은 형용사술어문의 의문 형식이기 때문에 '(한정어+)주어+의문대사?'의 형식을 이용하면 된다.

我新买的　　　裙子　　　怎么样?
↳ 한정어　　　↳ 주어　　　↳ 어떠하냐

**93**  坐　上班　地铁　我　每天早上　➡　每天早上我坐地铁上班。

매일 아침 나는 지하철을 타고 출근한다.

**해설**　중국어에서 시간명사는 주어 앞이나 뒤에 모두 올 수 있다. 그리고 '坐地铁'와 '上班' 두 동사의 배열순서는 동작 발생순이다. 이와 같이 여러 개의 동사가 있을 경우 먼저 발생한 동작을 앞에 위치하고 나중에 발생한 동작을 뒤에 위치하는 문장을 연동문 이라고도 한다. 따라서 이 문장은 아래와 같이 만들 수 있다.

每天早上　　　我　　　坐地铁　　　上班。
↳ 시간명사　↳ 주어　　↳ 동사1　　↳ 동사2

**94**  话　听明白　你　我说的　吗　了　➡　你听明白我说的话了吗?

내가 한 말 알아들었어?

**해설**　무엇을 했느냐는 질문의 어순은 '주어+술어+(한정어+)목적어+了+吗?'이다. 그리고 이 문장의 목적어는 '话'인데, 목적어에 한정어가 있다. 즉 '我说的'는 목적어 '话'의 한정어가 되는 것이다. 따라서 이 문장은 다음과 같이 만들 수 있다.

你　　　听明白　　　我说的　　　话　　　了　　　　　　吗 ?
↳ 주어　↳ 동사　　↳ 한정어　　↳ 목적어　↳ 완료를 나타냄　↳ 의문사

**95**  大学　在　我爸爸　不　工作　➡　我爸爸不在大学工作。

저의 아버님은 대학에서 근무하지 않습니다.

 중국어의 부정은 술어를 부정할 수도 있고, 술어 앞에 오는 부사도 부정할 수 있다. 그리고 주어 뒤에 오는 '在'와 '跟' 같은 전치사도 부정할 수 있다. 즉 부정하고자 하는 품사 앞에 부정 부사 '不/没'를 붙이면 된다. '我爸爸不在大学工作'란 말은 일을 하지 않는다는 뜻이 아니라 대학이 아닌 다른 곳에서 근무한다는 뜻이기 때문에 부정 부사 '不'를 '工作' 앞에 놓으면 안 되고, '在大学' 앞에 놔야 한다. 따라서 이 문장은 아래와 같이 만들 수 있다.

我爸爸　　　不　　　　在 大学　　　工作。
↳ 주어　　↳ 부정부사　↳ 부사어　↳ 술어

**참고** 아래의 문장을 부정문으로 바꾸어 보자.

| 他经常出差。 | ➡ | 他不经常出差。 |
|---|---|---|
| 그는 출장을 자주 간다. | | 그는 출장을 자주 가지 않는다. |
| 他跟我一起去。 | ➡ | 他不跟我一起去。 |
| 그는 나와 같이 간다. | | 그는 나와 같이 안 간다. |
| 我在银行工作。 | ➡ | 我不在银行工作。 |
| 나는 은행에서 일한다. | | 나는 은행에서 일하지 않는다. |

第二部分

96-100문제: 그림을 보고 주어진 단어로 문장을 만드시오

乒乓球　　她很喜欢打乒乓球。

예:　　탁구　　그녀는 탁구 치기를 매우 좋아한다.

★ 유형따악 & 공략하기

이 부분의 문제는 한 장의 그림과 하나의 단어가 제시된다. 그림을 보고 주어진 단어를 사용하여 하나의 문장을 만들면 되는데, 문장을 만들 때 출제자의 의도를 잘 따악해야 한다. 예를 들면 컵을 땅에 떨어뜨린 그림은 把자문이나 被자문을 써야 한다. 참고로 그림과 제시어를 보고 문장을 만들 때는 정답이 하나가 아니라 여러 개가 될 수 있다는 것을 유의해야 한다. 따라서 여기에 제시한 정답은 모두 참고 답안이다.

**96** 　　有　➡

我有一个弟弟。

나는 남동생이 한 명 있다.

**해설**　남자 아이와 여자 아이가 함께 있고, 제시어는 '有' 이다. 따라서 '나는 남동생이 한 명 있다.' 라는 문장을 만들면 된다. 이는 '有' 자문에 해당되는 문법이다. '有' 자문의 어순은 '주어+有+한정어+목적어' 이다. 이에 근거하여 아래와 같이 문장을 만들 수 있다.

我　　　有　　　一个　　　弟弟。
↳ 주어　↳ 술어　↳ 한정어　↳ 목적어

**97** 　　觉得　➡

我觉得学习汉语很有意思。

나는 중국어공부가 아주 재미있다고 생각한다.

해설  그림에서 한 여자가 중국어공부를 즐겁게 하고 있고, 제시어는 '觉得' 이다. 따라서 '나는 중국어공부가 아주 재미있다고 생각하다.' 라는 문장을 만들면 된다. 이와 같이 '觉得', '告诉', '打算' 등 동사 뒤에 오는 목적어가 단어가 아니라 한 문장일 경우 종속절이라고 한다. 이때 어순은 '주어+觉得+종속절' 이다. 종속절이란 주어, 술어와 목적어로 구성된 문장을 가리킨다. 주어나 목적어는 생략할 수도 있다.

　　　　　　　　　　　　　┌ 종속절의 주어　┌ 很　┌ 술어
我　　　　　觉得　　　学习汉语　　　　　很　　　有意思。
└ 주어　└ 술어　　　└ 종속절

**98**

多少　➡

这件毛衣多少钱?

이 스웨터는 얼마입니까?

해설  그림은 스웨터를 보면서 사고 싶어 하는 여자의 모습이고, 제시어는 '毛衣' 이다. 따라서 '이 스웨디는 얼마입니까?' 라는 문장을 만들면 된나. 이는 형용사 술어분 의분형에 해당되는 문법이다. 형용사 술어문의 의문형은 '(한정어+)주어+의문대사' 이다. 따라서 아래와 같이 문장을 만들 수 있다.

这件　　　　毛衣　　　多少钱?
└ 한정어　　└ 주어　　└ 의문대사

**99**

饱　➡

他还没吃饱。

그는 아직 배불리 먹지 못했다.

해설  그림에서 남자 아이가 밥을 게걸스레 먹고 있고, 제시어는 '饱' 이다. 따라서 우선 '吃饱, 배불리 먹다' 라는 결과보어부터 생각해야 하고, '그는 아직 배불리 먹지 못했다' 라는 문장을 만들면 된다. '배불리 먹지 못했다' 는 '吃饱了, 배불리 먹었다' 의 부정형이다. 이는 '了' 의 부정형이기 때문에 '没' 로 부정해야 한다. 따라서 아래와 같이 문장을 만들 수 있다.

你　　　还　　　　没　　　　吃饱。
└ 주어　└ 부사　　└ 부정부사　　└ 결과보어

**100**

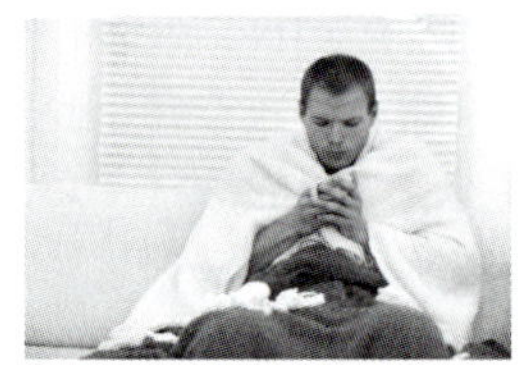

经常 ➡



**해설** 그림은 남자가 감기에 걸려 이불을 덮어쓰고 뜨거운 물을 마시고 있는 장면이고, 제시어는 '咳嗽' 이다. 따라서 '그는 요즘 자주 기침을 한다.' 란 문장을 만들면 된다. 여기서 '最近' 은 시간명사이기 때문에 주어 앞이나 뒤에 모두 올 수 있고, '经常' 은 부사이기 때문에 주어 뒤에 와야 한다. 따라서 이 문장은 아래와 같이 만들 수 있다.

最近　　　　他　　　　经常　　　咳嗽。
↳ 시간명사　↳ 주어　↳ 부사　　↳ 술어

# 실전모의고사 3회
# 정답 및 해설

不要等待机会，而要创造机会。

기회를 기다리지 말고, 기회를 만들어야 한다.

# 第三套模拟试题答案

## 一、听力

### 第一部分

| | | | | |
|---|---|---|---|---|
| 1. X | 2. X | 3. V | 4. V | 5. V |
| 6. V | 7. X | 8. V | 9. V | 10. X |

### 第二部分

| | | | | |
|---|---|---|---|---|
| 11. B | 12. B | 13. A | 14. C | 15. B |
| 16. C | 17. D | 18. C | 19. D | 20. C |
| 21. A | 22. D | 23. C | 24. C | 25. C |

### 第三部分

| | | | | |
|---|---|---|---|---|
| 26. D | 27. D | 28. D | 29. A | 30. A |
| 31. A | 32. B | 33. D | 34. C | 35. D |
| 36. D | 37. D | 38. B | 39. C | 40. B |
| 41. B | 42. A | 43. B | 44. A | 45. D |

## 二、阅读

### 第一部分

| | | | | |
|---|---|---|---|---|
| 46. D | 47. C | 48. E | 49. B | 50. A |
| 51. B | 52. C | 53. D | 54. E | 55. A |

### 第二部分

| | | | | |
|---|---|---|---|---|
| 56. CBA | 57. ACB | 58. CAB | 59. ACB | 60. ACB |
| 61. CBA | 62. BAC | 63. CBA | 64. ACB | 65. CAB |

### 第三部分

| | | | | |
|---|---|---|---|---|
| 66. C | 67. C | 68. D | 69. D | 70. D |
| 71. C | 72. D | 73. D | 74. C | 75. D |
| 76. C | 77. D | 78. D | 79. B | 80. D |
| 81. B | 82. D | 83. D | 84. A | 85. D |

# 三、书写



86. 我的想法跟你不一样。

87. 我一点儿也不喜欢运动。

88. 我想借用一下你的自行车。

89. 每个月的工资都不够花。

90. 那个广告的内容十分滑稽。

91. 他能喝两瓶啤酒。

92. 今天晚上我请你吃法国菜。

93. 看那部电影的人非常多。

94. 你听今天的天气预报了吗?

95. 我家不经常来客人。



96. 这是你的钥匙吗?

97. 我大概十点半到。

98. 听天气预报说明天有雨。

99. 她被淋湿了。

100. 她正在打电脑。

# 一、听力

## 第一部分



★ 유형따악 & 공략하기

보기의 내용이 녹음 내용과 일치하는 지, 일치하지 않은 지 딴닫하는 문제이다. 문제를 한 번 읽어주고, 보기 내용도 한 번 읽어주니, 주의 깊게 잘 들으면 쉽게 풀 수 있을 것이다.

现在开始第1题 │ 지금부터 1번 문제를 시작합니다.

1 乘客，您好！飞机已临近北京首都机场上空，20分钟以后飞机将降落，请大家系好安全带。

승객 여러분, 안녕하세요！ 비행기가 북경 수도공항 상공에 다다르고 있습니다. 20분 후 곧 착륙할 것이오니, 안전벨트를 착용해 주시길 바랍니다.

★ 飞机已降落。

★ 비행기는 이미 착륙하였다.

**정답** X

**어휘** 临近 línjìn 접근하다 | 降落 jiàngluò 착륙하다 | 系好 jìhǎo 잘 매다

**해설** 듣기에서 '20分钟以后飞机将降落, 20분 후 곧 착륙할 것이다' 라고 했으므로 정답은 'X' 이다.

2 为了学习英语，有些人送孩子去外国留学。当然条件允许的话，去外国学习英语是个好办法，但如果孩子年龄太小，可能会有些问题。

★ 学英语不去外国不行。

영어를 배우기 위하여 어떤 사람들은 자녀를 외국으로 유학 보낸다. 물론 여건이 허락한다면 외국에 가서 영어를 배우는 것이 좋은 방법이지만, 자녀가 너무 어리면 문제가 생길 수도 있다.

★ 영어를 배우려면 외국에 가지 않으면 안 된다.

**정답** X

**어휘** 允许 yǔnxǔ 허락하다

**해설** 듣기에서는 영어를 배우기 위하여 외국에 가는 것이 좋은 방법이라고 했는데, 보기에서는 가지 않으면 안 된다고 했으므로 정답은 'X' 이다.

3 最近小赵的成绩下降了，情绪非常低落，吃不好、睡不好，还经常发脾气，他妈问他怎么了，他也不说。

★ 最近小赵学习不顺心。

요즘 샤오조의 성적이 많이 떨어져 기분이 다운 돼 있다. 잘 먹지도 못하고 잘 자지도 못하고 자주 성질을 부리며, 그의 어머니가 왜 그러냐고 물어봐도 그는 대답을 하지 않는다.

★ 요즘 샤오조는 공부가 순조롭지 않다.

**정답** √

**어휘** 情绪 qíngxù 기분 | 低落 dīluò 가라앉다

**해설** 듣기에서 '最近小赵的成绩下降了, 요즘 샤오조의 성적이 많이 떨어졌다'고 하였으며, 또 이 때문에 기분도 안 좋다고 했으므로 정답은 '√' 이다.

4 别人谈恋爱的时候都手拉手走，我和我爱人呢，是他拽着我走。结婚以后，他在前边走，我在后边赶，我让他慢点儿走，他说他已经走得很慢了。

★ 她爱人走路走得很快。

다른 사람들은 연애할 때 서로 손을 잡고 다니지만, 나와 그이는, 그이가 나를 끌고 다닌다. 결혼 후 그이가 앞에서 가면 나는 뒤에서 쫓아가야 하고, 좀 천천히 가자고 하면 그이는 아주 천천히 가고 있는 것이라고 한다.

★ 그녀의 남편은 걸음걸이가 매우 빠르다.

**정답** √

**어휘** 手拉手 shǒulāshǒu 손에 손을 잡고 | 拽 zhuài 끌다

**해설** 듣기에서 여자의 남편이 연애할 때나 결혼 후 모두 빨리 걷는다고 하였기에 정답은 '√' 이다.

5 这个星期六小光结婚，你去不去参加他的婚礼啊？如果去的话，我们一起去吧。那天停车场一定很挤，我们坐地铁去吧。

★ 他觉得那天停车位一定很紧张。

이번 주 토요일 샤오광이 결혼하는데, 너 그의 결혼식에 갈 거야? 만약에 가면 우리 같이 가자. 그 날 주차장이 많이 붐빌테니까 우리 지하철로 가자.

★ 그는 그 날 주차자리가 부족할 것이라고 생각한다.

**정답** √

**어휘** 停车位 tíngchēwèi 주차자리

**해설** 핵심어는 '那天停车场一定很挤, 그 날 주차장이 많이 붐빌거야' 이다. 따라서 정답은 '√' 이다.

**6**

北京有家球迷餐厅, 生意非常兴隆。听餐厅经理介绍, 这里每天都会吸引不少球迷, 大家一起加油、呐喊, 共同的兴趣让人们之间的距离拉近再拉近。

　★ 这家餐厅的客人当中球迷占一多半。

북경에 축구팬 레스토랑이 있는데, 장사가 아주 잘된다. 레스토랑 사장님께 들은 얘기인데 이곳은 매일 많은 축구팬들이 모여들어, 같이 응원하고 고함친다고 한다. 같은 취미가 사람과 사람 사이의 거리를 좁혀주고 또 좁혀주었다.

★ 이 레스토랑의 손님 중 축구팬이 절반이상을 차지한다.

**정답** √

**어휘** 兴隆 xīnglóng 번창하다 | 吸引 xīyǐn 끌다, 매료시키다 | 呐喊 nàhǎn 고함치다

**해설** 듣기의 앞 부분에서 북경에 축구팬 레스토랑이 있다고 했으며, 또 이 식당 사장님이 '这里每天都会吸引不少球迷, 매일 많은 축구팬들이 모여든다' 라고 했으므로 정답은 '√' 이다.

**7**

很抱歉, 您来得太晚了, 现在离起飞只有半个多小时, 所以不能给您办理登机手续了。

　★ 他没买到飞机票。

죄송합니다. 너무 늦게 오셨네요. 비행기 이륙시간이 30분밖에 남지 않아서 탑승수속을 해드릴 수 없습니다.

★ 그는 비행기표를 사지 못했다.

**정답** X

**어휘** 登机 dēngjī 비행기에 탑승하다

**해설** 핵심어는 '您来得太晚了, 所以不能给您办理登机手续' 이다. 너무 늦게 오셔서 탑승수속을 해드릴 수 없다고 했으므로 정답은 'X' 이다.

**8**

今天是孩子的周岁生日, 想照张相, 留个纪念。除了给孩子照以外, 我们一家人还想来个合影。

　★ 他们在照相馆。

오늘이 애기 돌입니다. 기념으로 사진을 찍으려고 하는데, 애기 사진 외에 우리 가족사진도 한 장 찍으려고 합니다.

★ 그들은 사진관에 있다.

**정답** √

**어휘** 周岁 zhōusuì 만 한 살 | 合影 héyǐng 단체 사진

**해설** 듣기 앞 부분에서 '想照张相, 사진을 찍으려고 합니다' 라고 하였으며, 뒷부분에서는 가족사진도 찍으려고 한다고 했으므로 이들이 지금 사진관에 있다는 것을 알 수 있다.

**9**　你好！我想搓个澡，得等多长时间？我有点儿急事儿，所以得快点儿走。

　　★ 他在澡堂。

안녕하세요！때 좀 밀려고 하는데요, 얼마나 기다려야 하나요？제가 좀 급한 일이 있어 좀 빨리 나가야 하거든요.

★ 그는 목욕탕에 있다.

**정답**　√

**어휘**　搓澡 cuōzǎo 때를 밀다 | 澡堂 zǎotáng 대중목욕탕

**해설**　핵심어는 '我想搓个澡, 때 좀 밀려고 하는데요'이다.

---

**10**　昨天我跟朋友去了趟国贸大厦，世界各国的名牌儿产品都聚到了一块儿，有服装、家具、汽车，真是让我大开了眼界。

　　★ 国贸大厦没什么可看的。

나는 어제 친구와 함께 궈마오빌딩에 다녀왔는데, 세계 명품이 모두 한자리에 모여 있었다. 옷도 있고, 가구도 있고, 자동차도 있었다. 나의 견문을 아주 크게 넓혀주었다.

★ 궈마오빌딩에는 볼 만한 것이 없다.

**정답**　X

**어휘**　聚 jù 집합하다 | 开眼界 kāiyǎnjiè 견문을 넓히다

**해설**　듣기에서 친구와 궈마우빌딩에 갔었는데 '真是让我大开了眼界, 나의 견문을 아주 크게 넓혀주었다'라고 했으므로 정답은 'X'이다.

## 第二部分

총 15문항이며, 모든 문제는 한 번 씩 들려준다.

문제 11-25: 정답을 고르시오.

예:

　여: 주유해야 하는데 공항 가는 길에 주유소가 있어요?

　남: 있어요, 걱정하시지 마세요.

　문: 남자의 뜻은 무엇입니까？

　　A 공항에 가다　　B 곧 도착한다　　C 기름이 찼다　　D 주유소가 있다　√

★ 유형따악 & 공략하기

4급에 해당하는 문제이기 때문에 듣기에 함정은 크게 없고, 단지 뜻이 같은 단어 두세 개를 함께 사용하여 혼동이 조금 생길 수 있을 정도이다. 예를 들어 '선풍기'를 '电风扇', '电扇' 두 단어를 함께 사용하는 경우이다. 문제의 흐름만 잘 따악하면 쉽게 풀 수 있다.

11
女： 老何，今天怎么你做饭啊？真是太阳从西边出来了。

男： 哎，没办法，孩子他妈妈回娘家了，我总不能饿着肚子吧？

问： 老何家平时谁做饭？

A 老何
B 老何的爱人
C 老何的妈妈
D 老何的爸爸

여： 라오허, 오늘 왜 당신이 밥을 하세요? 해가 서쪽에서 뜨겠네요.

남： 거참, 방법이 없잖아요. 애 엄마가 친정에 가버렸다고 굶을 순 없지 않습니까?

문： 라오허네 집은 평소 누가 밥을 하나?

A 라오허
B 라오허의 부인 √
C 라오허의 어머니
D 라오허의 아버지

**어휘** 回娘家 huíniángjia 친정에 가다 | 肚子 dùzi 배

**해설** 여자가 남자에게 '今天怎么你做饭啊？真是太阳从西边出来了, 오늘 왜 당신이 밥을 하세요? 해가 서쪽에서 뜨겠네요' 라고 했으니, 남자가 평소에 집에서 밥을 하지 않는 다는 것을 알 수 있다. 그리고 대화에서 라오허의 어머니와 아버지는 언급하지 않았기 때문에 C와 D도 정답이 될 수 없다. 따라서 정답은 B이다.

12
男： 老王，听说你成大款了？
女： 我算什么大款，现在比我有钱的人多的是。

问： 女的说话是什么态度？

A 怀疑
B 否认
C 高兴
D 感谢

남： 라오왕, 듣자하니 큰 부자가 되었다면서요?
여： 제가 무슨 큰 부자라고 할 수 있겠어요, 지금은 돈 많은 사람이 너무 많아요.

문： 여자가 말하는 태도는 어떠한가?

A 의심스러워하다
B 부인하다 √
C 기뻐하다
D 감사해하다

**어휘** 大款 dàkuǎn 큰 부자 | 多的是 duōdeshì 숱하게 있다

**해설** 큰 부자가 되었다는 소문에 대해 여자가 '我算什么大款, 제가 무슨 큰 부자라고 할 수 있겠어요' 라고 하였으니 여자는 부인하는 태도이다.

13
女： 王力，夏天咱们去海南岛旅行吧，人们都说：“海南岛是中国的夏威夷。”

男： 我可不想去那儿。天那么热，车又挤，花钱还要受罪。

问： 王力为什么不去海南岛？

여： 왕리, 우리 여름에 해남도로 여행을 갑시다. 사람들이 "해남도는 중국의 하와이다" 라고 하잖아요.

남： 저는 그곳에 가고 싶지 않아요. 날씨도 이렇게 덥고 차도 붐비고 고생을 사서 하는 것이잖아요.

문： 왕리는 왜 해남도로 가지 않나?

| | | | | |
|---|---|---|---|---|
| A | 怕热 | A | 더위를 타서 √ |
| B | 怕花钱 | B | 돈 쓰는 것이 두려워서 |
| C | 没有时间 | C | 시간이 없어서 |
| D | 不喜欢旅行 | D | 여행 다니는 것을 싫어해서 |

**어휘** 受罪 shòuzuì 고생하다

**해설** 해남도로 여행을 가자는 제안에 남자는 여러 가지 이유를 들었는데, 그 중 한 가지를 보기에서 찾아 볼 수 있다. 즉 더위를 타는 것이다.

---

**14** 男: 圣诞节我们去教堂，还是去跳舞?

남: 크리스마스 때 교회에 갈까요, 아니면 춤 추러 갈까요?

女: 我又不信教去教堂干什么? 我对跳舞也不感兴趣，我们还是在家听听贝多芬吧。

여: 믿지도 않는데, 교회에 뭐하러 가요? 저는 춤에도 관심이 없어요. 우리 집에서 베토벤 음악이나 들읍시다.

问: 女的在圣诞节想做什么?

문: 여자는 크리스마스에 무엇을 하려고 하나?

| | | | |
|---|---|---|---|
| A | 跳舞 | A | 춤을 추려고 |
| B | 去教堂 | B | 교회에 가려고 |
| C | 听音乐 | C | 음악을 들으려고 √ |
| D | 什么都不做 | D | 아무것도 안 하려고 한다 |

**어휘** 信教 xìnjiào 종교를 믿다

**해설** 핵심어는 '我们还是在家听听贝多芬吧, 우리 집에서 베토벤의 음악이나 들읍시다' 이다. 여기서 베토벤 음악을 듣는 것을 줄여서 '听听贝多芬吧, 베토벤을 듣자' 라고 표현하였다.

---

**15** 女: 你生什么气呀，有话好好说嘛!

여: 당신 왜 화를 내세요. 할 말이 있으면 잘 하면 되잖아요!

男: 说好了一起去看电影的，突然又说不去了。你总是这样，整天变来变去的。

남: 같이 영화 보러 가자고 약속해 놓고는, 갑자기 안 간다네요. 당신은 늘 이런 식으로 이랬다 저랬다 하잖아요.

问: 男的为什么生气?

문: 남자는 왜 화가 났나?

| | | | |
|---|---|---|---|
| A | 女的来晚了 | A | 여자가 늦게 와서 |
| B | 女的不守约 | B | 여자가 약속을 지키지 않아서 √ |
| C | 女的喝醉了 | C | 여자가 술에 취해서 |
| D | 女的不想结婚 | D | 여자가 결혼을 하지 않으려고 해서 |

**정답** B

**어휘** 变来变去 biànláibiànqù 이랬다 저랬다 하다 | 守约 shǒuyuē 약속을 지키다

**해설** '왜 화를 내느냐' 는 여자의 질문에 남자는 같이 영화 보러 가자고 약속해 놓고, 갑자기 안 간다고 해서 화가 났다고 하였다. 따라서 B가 정답이다.

16　男：最近我身体有点儿虚，而且还没有
　　　　食欲。
　　女：是吗？可能是工作太累了，那你买
　　　　点儿红参吃吧。
　　问：女的是什么意思？
　　A　多运动
　　B　多吃菜
　　C　劝他吃补药
　　D　劝他去医院

남：최근에 제가 몸이 좀 허할 뿐만 아니라
　　식욕도 없어요.
여：그래요？ 아마 일이 힘들어서 그럴 거에
　　요. 그럼 홍삼 좀 사 드세요.
문：여자의 말뜻은 무엇인가？
A　운동을 많이 해라
B　반찬을 많이 먹어라
C　보약을 먹으라고 권했다　√
D　병원에 가라고 권했다

**어휘**　虚 xū 허약하다 | 补药 bǔyào 보약

**해설**　화자의 말을 통해 뜻을 파악하는 문제이다. 남자가 몸이 좀 허하다고 하니, 여자가 '那你买
点儿红参吃吧, 그럼 홍삼 좀 사 드세요' 라고 했으므로, C가 정답이다.


17　女：你知道26路公共汽车的末班车是几
　　　　点吗？
　　男：不太清楚，不过都这么晚了，我觉
　　　　得不会来了，要不我们坐地铁吧。
　　问：对话最可能发生在什么地方？
　　A　汽车里
　　B　火车站
　　C　地铁站
　　D　汽车站

여：26번 버스 막차가 몇 시 인지 아세요？
남：잘 몰라요. 하지만 제 생각에는 이렇게
　　늦었는데 차가 오지 않을 것 같아요. 아
　　니면 우리 지하철을 탑시다.
문：대화가 어디에서 이뤄질 가능성이 가장
　　큰가？
A　버스 안
B　기차역
C　지하철역
D　버스 정류장　√

**어휘**　末班车 mòbānchē 막차

**해설**　장소를 묻는 문제이다. 듣기에서 여자가 버스 막차 시간을 묻는 질문에 남자는 너무 늦은
시간이라 버스가 오지 않을 것 같다며 지하철을 타자고 제안했으므로, 지금 그들은 버스정
류장에 있다는 것을 알 수 있다.


18　男：给孩子来点儿西瓜汁儿怎么样？小
　　　　孩子挺喜欢吃的。
　　女：好吧，那就来点儿西瓜汁儿，再来
　　　　一盘炸鸡和烤牛排。
　　问：女的要了什么？

남：애들한테 수박주스를 시켜주는 게 어떠
　　세요？ 애들이 좋아하거든요.
여：그래요. 그럼 수박주스, 그리고 닭튀김
　　이랑 소갈비구이 주세요.
문：여자는 무엇을 주문했나？

| | | | |
|---|---|---|---|
| A | 水果 | A | 과일 |
| B | 可乐 | B | 콜라 |
| C | 饮料 | C | 음료수 √ |
| D | 汉堡包 | D | 햄버거 |

**어휘** 西瓜汁儿 xīguāzhīr 수박 주스

**해설** 듣기문제를 풀 때, 보기에서 들리는 단어를 체크하면서 들으면 듣기가 훨씬 쉬워진다. 이 문제가 바로 이러한 경우이다. 여자가 주문한 요리가 많은데 그 중 한 가지 음료수를 보기에서 찾아볼 수 있다.

**19**

女: 食堂里的饭菜我都吃腻了，今天我们叫外卖怎么样?

男: 好主意，你想吃什么? 意大利面条儿还是比萨饼?

问: 他们想做什么?

A 出去吃

B 做着吃

C 喝咖啡

D 叫外卖

여: 구내식당 밥은 질렸어요, 오늘 시켜 먹는 게 어때요?

남: 좋은 아이디어네요. 뭘 드시고 싶으세요? 스파게티 아니면 피자?

문: 그들은 무엇을 하려고 하나?

A 나가서 밥 먹으려고

B 밥을 해서 먹으려고

C 커피를 마시려고

D 음식을 시켜 먹으려고 √

**어휘** 外卖 wàimài 배달을 해주는 음식

**해설** 핵심어는 '今天我们叫外卖怎么样? 오늘 시켜 먹는 게 어때?' 이다.

**20**

男: 你不是说要去看篮球比赛吗? 都八点了，怎么还不去啊?

女: 哎，别提了，我把门票给弄丢了，我是花300块钱买的，真是太可惜了!

问: 女的为什么没去看篮球比赛?

A 不想去了

B 没钱买票

C 门票没了

D 错过了时间

남: 당신은 농구시합 보러 간다고 하지 않았어요? 벌써 여덟 시인데 왜 아직도 안 가세요?

여: 아이구, 말도 마세요. 제가 티켓을 잃어버렸어요. 300위안 주고 산 건데, 너무 아까워요.

문: 여자는 왜 농구시합을 보러 가지 않았나?

A 가기 싫어져서

B 돈이 없어 티켓을 못 사서

C 티켓이 없어져서 √

D 시간을 놓쳐버려서

**해설** 여자가 농구 시합을 보러 가지 않는 이유를 묻고 있는데, 핵심 포인트는 '我把门票给弄丢了, 제가 티켓을 잃어버렸어요' 이다.

21  女: 你跟小张谁高?
    男: 小张看上去比我高，其实他没有我高。

    问: 谁更高?
    A   男的
    B   女的
    C   小张
    D   一样高

여: 당신과 샤오장 둘 중, 누구 키가 더 커요?
남: 샤오장은 보기에 저보다 커 보이지만, 사실은 저보다 크지 않습니다.

문: 누구 키가 더 큰가?
A   남자 √
B   여자
C   샤오장
D   같다

**해설** 핵심어는 '小张看上去比我高，其实他没有我高, 샤오장은 보기에 저보다 커 보이지만, 사실은 저보다 크지 않습니다' 이다.

---

22  男: 哎，咱们还是骑车去吧，要是坐车的话，下车以后还得走一大段路。
    女: 好吧，今天就听你的。
    问: 他们打算怎么走?
    A   坐车
    B   走路
    C   汽车
    D   骑自行车

남: 참, 우리 자전거를 타고 갑시다. 만약에 버스를 타고가면 내려서 한참 걸어가야 하잖아요.
여: 그래요. 오늘은 당신 말대로 합시다.
문: 그들은 어떻게 가려고 하나?
A   버스로
B   걸어서
C   자동차로
D   자전거를 타고 √

**어휘** 还是 …吧 …하는 편이 좋을 듯 싶다. 예) 还是坐飞机吧。 비행기를 타는 게 좋을 것 같다.

**해설** 남자가 자전거를 타고 가자는 제안에 여자가 '好吧，今天就听你的, 그래요. 오늘은 당신 말대로 합시다' 라고 했으므로, 그들이 자전거를 타고 간다는 것을 알 수 있다.

---

23  女: 前两天，小赵把我的书借走了，可是，等他还给我的时候，我发现书皮儿掉了。
    男: 我最讨厌这样的人了。有的人借了别人的东西一点儿也不爱惜，不是弄脏了就是弄坏了。

    问: 他们在说什么事儿?

    A   爱情
    B   买书
    C   借东西
    D   交朋友

여: 며칠 전에 샤오조가 내 책을 빌려 갔었는데, 나에게 돌려줄 때 책 표지가 떨어진 것을 발견했어.
남: 나는 그런 사람이 제일 싫어. 어떤 사람은 남의 물건을 빌려간 다음에 조금도 아낄 줄 몰라. 더럽혀 놓지 않으면 망가뜨리고.

문: 그들은 무슨 일에 대해 이야기 하고 있나?

A   사랑
B   책 사는 것
C   물건을 빌리는 것 √
D   친구 사귀는 것

 书皮儿 shūpír 책표지 | 爱惜 àixī 아끼다

 대화의 주제를 묻는 질문이다. 여자가 책을 빌려간 사람에 대해 불만을 드러내자, 남자도 동참했다. 이로써 우리는 그들이 물건을 빌리는 것에 대해 이야기하고 있다는 것을 알 수 있다.

## 24

男: 我们公司会说汉语的人不太多，除了我以外，只有两个人。

女: 是吗? 我们公司会说汉语的人特多，有的人在中国呆过七八年，有的人在中国念过研究生。

问: 男的的公司会说汉语的人一共有几位?

A 一位
B 两位
C 三位
D 四位

남: 우리회사에는 중국어를 할 줄 아는 사람이 별로 많지 않아요. 저 외에 2명밖에 없습니다.

여: 그래요? 우리회사에는 중국어를 할 줄 아는 사람이 엄청 많아요. 어떤 사람은 중국에 7,8년이나 있었고요, 어떤 사람은 중국에서 석사 공부를 했어요.

문: 남자의 회사에 중국어를 할 줄 아는 사람은 총 몇 사람인가?

A 한 사람
B 두 사람
C 세 사람 √
D 네 사람

 남자는 자기네 회사엔 중국어를 할 줄 아는 사람이 자기를 제외하고 두 명밖에 없다고 했으니, 합이 3명이라는 것을 알 수 있다.

## 25

女: 我家的空调坏了，你们能不能派人来修理一下?

男: 可以是可以，不过得等两天。因为要修空调的人很多，我们的人手有点儿不够用。

问: 女的最有可能给谁打电话?

A 她爱人
B 物业管理处
C 售后服务部
D 汽车维修部

여: 우리 집 에어컨이 고장 났는데, 사람을 보내 수리 좀 해 주실 수 있어요?

남: 할 수는 있죠, 하지만 이틀을 기다려야 합니다. 에어컨 수리를 받으려는 사람이 너무 많아서 일손이 부족합니다.

문: 여자는 누구에게 전화할 가능성이 가장 큰가?

A 그녀의 남편
B 아파트 관리 사무실
C A/S 센터 √
D 카센터

 人手 rénshǒu 일손 | 售后服务 shòuhòufúwù A/S | 维修 wéixiū 수리하다 | 物业管理处 wùyèguǎnlǐchù 아파트 관리 사무소

 에어컨이 고장났으니 수리를 좀 해달라는 말에 남자가 지금 에어컨 수리를 받으려는 사람이 너무 많아서 일손이 부족하다고 했으므로, 여자가 전화를 건 곳은 A/S 센터라는 것을 알 수 있다.

第三部分

총 20문항이며, 모든 문제는 한 번씩 들려준다.

문제 26 – 45 : 정답을 고르시오.

예 :

남 : 이 서류를 5부 복사해서 좀 이따가 회의실로 가져가 여러분들께 나눠 주세요.

여 : 알겠습니다. 회의는 오후 3시죠 ?

남 : 변경되었습니다. 3시 반입니다. 30분 뒤로 미뤄졌습니다.

여 : 알겠습니다. 602호 회의실은 변동 없죠 ?

남 : 네. 변동이 없습니다.

문 : 회의는 몇 시부터 시작합니까 ?

A 2시              B 3시              C 3 : 30    √         D 6시

★ 유형파악 & 공략하기

보기를 먼저 읽어라. 문제를 예상할 수 있을 것이다. 그리고 핵심 포인트를 놓치지 않는 다면 정답을 맞추는 건 식은 죽 먹기!

现在开始第26题  │  지금부터 26번 문제를 시작합니다.

**26**

女 : 老公，你快过来，帮我好好看看。你瞧，这件衣服怎么样？

男 : 马马虎虎吧，还不如刚才那一家的漂亮。

女 : 是吗？哪里不好啊？我看挺好的。

男 : 式样不错，颜色也可以，不过不适合你。

问 : 男的对女的要买的衣服有什么看法？

A 　太贵

B 　式样不好

C 　颜色太艳

D 　不适合女的穿

여 : 여보, 빨리 와서 좀 봐주세요. 당신 보기에 이 옷 어때요?

남 : 그냥 그래요. 방금 전에 갔던 그 가게 것 보다 못해요.

여 : 그래요 ? 어디가 마음에 안 드는데요 ? 내가 보기엔 괜찮은 거 같은데.

남 : 디자인도 좋고 컬러도 좋은데, 당신에게 안 어울려요.

문 : 남자는 여자가 사려고 하는 옷에 대해 어떻게 생각하나 ?

A 　너무 비싸다

B 　디자인이 안 좋다

C 　컬러가 너무 튀다

D 　여자한테 안 어울린다    √

**해설**  핵심어는 '式样不错，颜色也可以，不过不适合你, 디자인도 좋고 컬러도 좋은데, 당신에게 안 어울려요' 이다.

27 男： 哇，真漂亮！你养了这么多花啊？
真看不出来，你还喜欢养花啊?

女： 我哪有时间养花啊！这些花不是我
养的，是我妈养的。

男： 这是什么花呀？好香啊！

女： 这得问我妈，我对养花一点儿也不
感兴趣。

男： 我也不太感兴趣，不过我喜欢看。

问： 关于男的，可以知道什么？

A 兴趣很广

B 喜欢养花

C 喜欢香味儿

D 只是喜欢看花

남： 와, 정말 예뻐요! 당신이 이렇게 많은
꽃을 길렀어요? 정말 몰랐어요, 꽃 기
르는 걸 좋아하세요?

여： 제가 무슨 시간이 있어 꽃을 기르겠어
요! 이 꽃들은 제가 아니라 어머님이
기르는 거에요.

남： 이것은 무슨 꽃이에요? 향이 좋네요!

여： 이것은 어머님께 물어보셔야 합니다. 저
는 꽃 기르는데 취미 없어요.

남： 저도 기르는 것은 별로 관심 없지만 보
는 것은 좋아합니다.

문： 남자에 대해 무엇을 알 수 있나?

A 취미가 많다

B 꽃을 기르기 좋아한다

C 향기를 좋아한다

D 꽃 보는 걸 좋아한다 √

**어휘** 养花 yǎnghuā 꽃을 키우다 | 广 guǎng 많다 | 香味儿 xiāngwèir 향기

**해설** 대화의 가장 마지막 부분에서 남자가 '我也不太感兴趣, 不过我喜欢看, 저도 별로 취미가 없
지만 보는 것은 좋아합니다' 라는 말을 통해 답을 쉽게 찾을 수 있다.


28 女： 他们怎么了？有的人在哭，有的人在
笑。

男： 他们在看世界杯足球赛。

女： 那哭什么呀？

男： 韩国队赢了，他们在笑，日本队输
了，他们在哭。

问： 什么人在看比赛？

A 中国人

B 韩国人

C 日本人

D 日本人和韩国人

여： 저 사람들 무슨일 있어요? 어떤 사람은
울고 어떤 사람은 웃고.

남： 그들은 지금 월드컵 축구시합을 보고 있
어요.

여： 그런데 왜 울어요?

남： 한국팀이 이겨서 한국사람들은 웃고 있
고, 일본팀이 져서 일본사람들은 울고
있습니다.

문： 어떤 사람들이 시합을 보고 있나?

A 중국인

B 한국인

C 일본인

D 일본인과 한국인 √

**어휘** 哭 kū 울다 | 赢 yíng 이기다 | 输 shū 패하다, 지다

**해설** 한국팀이 이겨서 웃고 있는 사람은 한국사람일 것이고, 일본팀이 져서 울고 있는 사람은 일본사람
일 것이다. 따라서 시합을 보는 사람은 일본인과 한국인이라는 것을 알 수 있다.

**29** 男： 你爱人好像不是本地人。

女： 叫你猜对了，他不是本地人，他是苏州人。

男： 怪不得呢，他说的话，我有些听不懂。

女： 他来北京已经十多年了，可还是改不掉家乡口音。

问： 女的是哪儿的人？

A 不清楚

B 山东人

C 本地人

D 北京人

남： 당신 남편은 현지인이 아닌 것 같아요.

여： 당신이 잘 맞췄어요. 그는 현지인이 아니라 수저우 사람입니다.

남： 어쩐지. 그가 하는 말을 제가 좀 못 알아 듣겠더라고요.

여： 그가 베이징에 온 지 십여 년이 되었지만, 고향 말투는 고치지 못하나 봐요.

문： 여자는 어디 사람인가？

A 모르겠다 ✓

B 산둥사감

C 현지인

D 베이징 사람

**어휘** 本地人 běndìrén 현지인 | 口音 kǒuyīn 말투

**해설** 여자의 남편이 현지인이 아닌 것 같다는 질문에 여자는 남편이 수저우 사람이라고 했지만, 본인은 어디 사람인지 밝히지 않았다. 따라서 정답은 A이다.

**30** 女： 这个周末你有什么打算?

男： 目前还没有，怎么? 你有什么好想法吗?

女： 那我们去爬山怎么样? 这样不仅可以呼吸一下新鲜空气，还可以锻炼身体。

男： 那多累啊! 还不如去天坛公园呢。

女： 我就知道你会这么说，算了，我去找别人。

问： 女的是什么语气?

A 不满

B 高兴

C 命令

D 可惜

여： 당신은 이번 주말에 무엇을 하려고 합니까？

남： 아직 계획이 없어요. 왜요? 당신 무슨 좋은 아이디어 있어요?

여： 그럼 우리 등산하러 가는 게 어때요? 그러면 신선한 공기도 마실 수 있을 뿐만 아니라 운동도 되잖아요.

남： 너무 힘들잖아요! 티엔탄공원에 가는 게 더 낫겠어요.

여： 당신이 그렇게 말할 줄 알았어요. 그만 둡시다. 다른 사람과 같이 갈래요.

문： 여자의 말투는 어떠한가？

A 불만스럽다 ✓

B 기뻐하다

C 명령투이다

D 아쉽다

**어휘** 呼吸 hūxī 호흡하다

**해설** 남자가 등산하러 가는 게 너무 힘드니 공원에 가자고 하자, 여자는 다른 사람과 같이 간다고 했으므로 여자의 말투에 불만이 섞여있음을 알 수 있다. 따라서 A가 정답이다.

**31**

| | | |
|---|---|---|
| 男： | 小李，你有没有圆珠笔？ | 남： 샤오리, 볼펜 있어요？ |
| 女： | 别的没有，圆珠笔有的是，你要什么颜色的？ | 여： 다른 건 없어도 볼펜은 얼마든지 있어요, 무슨 색상으로 드릴까요？ |
| 男： | 黑色和红色。 | 남： 검정색과 붉은색으로요. |
| 女： | 这支笔是两用的，红黑两种颜色都有，你拿去用吧。 | 여： 이 볼펜은 겸용이에요. 붉은색과 검정색이 다 있어요. 가져다 쓰세요. |
| 问： | 男的给了女的几支笔？ | 문： 남자는 여자에게 볼펜 몇 자루를 주었는가？ |

| | | | |
|---|---|---|---|
| A | 一支 | A | 한 자루 √ |
| B | 两支 | B | 두 자루 |
| C | 一支红笔 | C | 붉은색 한 자루 |
| D | 一支黑笔 | D | 검정색 한 자루 |

**어휘** 　两用 liǎngyòng 겸용의

**해설** 　여자가 남자에게 준 볼펜은 '两用, 겸용'이므로, 정답은 한 자루이다.

**32**

| | | |
|---|---|---|
| 女： | 昨天的篮球赛哪个队赢了？ | 여： 어제 농구시합에서 어느 팀이 이겼어요？ |
| 男： | 你是说NBA还是CBA？ | 남： NBA말입니까, 아니면 CBA말입니까？ |
| 女： | 当然是国内的了。 | 여： 당연히 국내시합이죠. |
| 男： | 昨晚我看的是NBA，我觉得CBA没什么可看的，还不如看NBA呢，特别是姚明，真帅啊！ | 남： 저는 어제 저녁에 NBA시합을 봤어요. CBA시합은 볼만 한 게 없잖아요. NBA 보는 것보다 못해요. 특히 야오밍은 정말 멋져요！ |
| 问： | 昨晚男的看的是什么比赛？ | 문： 어제 저녁 남자는 무슨 시합을 봤나？ |

| | | | |
|---|---|---|---|
| A | 足球赛 | A | 축구시합 |
| B | 篮球赛 | B | 농구시합 √ |
| C | 排球赛 | C | 배구시합 |
| D | 乒乓球赛 | D | 탁구시합 |

**해설** 　NBA는 미국 프로농구 시합이고, CBA는 중국 프로농구 시합이다. 이로서 우리는 그들이 본 시합이 농구시합이라는 것을 알 수 있다.

**33**

| | | |
|---|---|---|
| 男： | 小张，你怎么不高兴了？是不是哪里不舒服？ | 남： 샤오장, 왜 기분이 안 좋아요？ 어디 아파요？ |
| 女： | 昨天的考试，我看错了题，都答错了。 | 여： 어제 시험 문제를 잘 못 봐서, 다 틀렸어요. |
| 男： | 算了，别想了，过去的事情就让它过去吧，下次你仔细点儿就行了。 | 남： 됐어요. 그만 생각해요. 지나간 일은 잊어버리세요. 다음에는 침착하게 하면 잘 될 거에요. |
| 女： | 可是这次是毕业考试，没有下次了。 | 여： 하지만 이번이 졸업시험이라 다음은 없어요. |

問: 男的是什么态度？　　　　　　　　　　문: 남자는 어떤 태도인가？

A　同情　　　　　　　　　　　　　　　　A　동정하다

B　责怪　　　　　　　　　　　　　　　　B　원망하다

C　批评　　　　　　　　　　　　　　　　C　비평하다

D　安慰　　　　　　　　　　　　　　　　D　위로하다　√

**어휘**　安慰 ānwèi 위로하다

**해설**　화자의 태도를 묻는 질문이다. 시험을 망쳐 기분이 다운된 여자에게 남자는 지나간 일이니 잊으라고 하였다. 이로서 우리는 남자의 태도를 알 수 있다.

---

**34**

女: 先生，我要寄包裹，是寄到美国，我　　여: 아저씨, 소포를 보내려고 합니다. 미국
　　已经写好了姓名、地址和联系电话。　　　　으로 부칠 건데요. 이름, 주소, 전화번
　　　　　　　　　　　　　　　　　　　　　　호를 다 적었습니다.

男: 里面都是些什么东西？　　　　　　　　남: 안에 뭐가 들었어요？

女: 有几本书，还有一些中药。　　　　　　여: 책 몇 권과 한약이 좀 들어 있어요.

男: 对不起，书可以寄，但药不行。　　　　남: 미안하지만 책은 부칠 수 있는데, 약은
　　　　　　　　　　　　　　　　　　　　　　안 됩니다.

女: 是吗？那就只寄书吧。　　　　　　　　여: 그래요？ 그럼 책만 부칠게요.

問: 对话最可能发生在什么地方？　　　　　문: 대화가 어디서 이뤄질 가능성이 가장
　　　　　　　　　　　　　　　　　　　　　　큰가？

A　商店　　　　　　　　　　　　　　　　A　상점

B　银行　　　　　　　　　　　　　　　　B　은행

C　邮局　　　　　　　　　　　　　　　　C　우체국　√

D　饭店　　　　　　　　　　　　　　　　D　호텔

**해설**　장소를 묻는 질문이다. 대화에서 여자가 소포를 보내려고 한다고 하니, 남자가 안에 뭐가 들어 있냐고 묻는 걸로 미뤄 볼 때, 대화는 우체국에서 이뤄 질 가능성이 가장 크다.

---

**35**

男: 现在找工作可真难啊！我弟弟毕业　　남: 지금 일자리 구하기가 너무 힘들어요！
　　两年了，还没找到工作。噢，对　　　　제 동생은 졸업한지 2년이 넘었는데,
　　了，你新找的工作怎么样？　　　　　　아직 일자리를 못 구했어요. 아, 참, 당
　　　　　　　　　　　　　　　　　　　　　　신의 새 직장은 어때요？

女: 工作还可以，只是我们经理不太喜欢　　여: 일하긴 괜찮은데, 사장님이 저를 마음에
　　我。　　　　　　　　　　　　　　　　　　들어하지 않아요.

男: 为什么呀？　　　　　　　　　　　　　남: 왜요？

女: 因为他要把他的表弟介绍给我，我　　여: 사장님이 그의 사촌 남동생을 저에게
　　没同意。　　　　　　　　　　　　　　　　소개해 주려고 했는데, 제가 동의하지
　　　　　　　　　　　　　　　　　　　　　　않았어요.

問: 关于女的，可以知道什么？　　　　　　문: 여자에 대해서 무엇을 알 수 있나？

---

| | | | |
|---|---|---|---|
| A | 要结婚 | A | 결혼하려고 한다 |
| B | 很漂亮 | B | 아주 예쁘다 |
| C | 很有钱 | C | 돈이 아주 많다 |
| D | 经理不欣赏她 | D | 사장님이 그녀를 마음에 들어하지 않는다 √ |

**어휘** 表弟 biǎodì 사촌 남동생 | 欣赏 xīnshǎng 마음에 들다

**해설** 여자에 대해 알 수 있는 것이 무엇이냐는 질문이다. 문장에서 여자가 지금 하고 있는 일은 괜찮은데, 사장님이 마음에 들어하지 않는다고 했다. 따라서 '사장님이 그녀를 마음에 들어하지 않는다' 가 정답이다.

第36到37题是根据下面一段话 | 36-37번 문제는 아래 한 단락의 내용을 듣고 푸는 문제이다.

网恋就像是感冒, 开始没人把它放在心上, 慢慢陷了进去, 咳嗽、发高烧, 直到有一天早上醒来, 发现你病得不轻, 得去医院检查时, 你才会真正醒悟。

인터넷을 통한 연애는 마치 감기처럼, 처음에는 누구도 염두에 두지 않는다. 점점 심해져서 기침하고 고열이 날 때까지 두었다가 어느날 아침 일어날 때 병이 가볍지 않음을 발견하고 병원에 가서 검사를 받아야 할 때가 되어서야 비로소 깨닫게 된다.

**36** 关于说话人, 可以知道什么?

문: 화자에 대해 무엇을 알 수 있나?

| | | | |
|---|---|---|---|
| A | 病了 | A | 병에 걸렸다 |
| B | 感冒了 | B | 감기에 걸렸다 |
| C | 去医院了 | C | 병원에 갔다 |
| D | 不赞成网恋 | D | 인터넷을 통한 연애에 찬성하지 않는다 √ |

**어휘** 网恋 wǎngliàn 인터넷을 통해 연애하다 | 陷 xiàn 빠지다 | 醒悟 xǐngwù 깨닫다

**해설** 화자는 인터넷을 통한 연애는 마치 감기와 같이 처음에는 심각성을 잘 모르다가, 나중에 심해져서 병원에 갈 정도가 되어서야 비로소 깨닫게 된다고 했으므로, 화자가 인터넷을 통한 연애에 부정적인 태도를 가지고 있다는 것을 알 수 있다.

**37** 这段话主要告诉我们什么?

문: 이 글은 우리에게 주로 어떤 메시지를 전하려고 하나?

| | | | |
|---|---|---|---|
| A | 要运动 | A | 운동을 해야 한다 |
| B | 要多喝水 | B | 물을 많이 마셔야 한다 |
| C | 要关心别人 | C | 다른 사람에게 관심을 가져야 한다 |
| D | 网恋的危险性 | D | 인터넷을 통한 연애의 위험성 √ |

**어휘** 危险性 wēixiǎnxìng 위험성

**해설** 화자는 인테넷을 통한 연애는 처음에는 심각성을 모르고, 나중에 심해져야 깨닫게 된다고 했다. 이를 통해 화자는 우리에게 인터넷을 통한 연애의 위험성을 알려주고 있다는 것을 알 수 있다.

有个家庭，家庭的成员都非常非常的懒，每当要做家务事时，爸爸推给妈妈，妈妈推给孩子，孩子推给小猴子。一天客人来访，看到猴子正在擦桌子，客人惊呼："这只猴子真聪明啊，还会做家务！"这时小猴子对客人说"哎，没办法，他们都太懒了。"客人大吃了一惊，说道："猴子竟然会说人话！"猴子立刻接着说道："嘘！小声一点，如果被他们听到，下次他们会叫我去接电话的！"

어떤 한 가족이 있는데, 가족들은 모두다 너무 너무 게을렀습니다. 집안일을 할 때면 아버지는 어머니한테 미루고, 어머니는 아이한테 미루고, 아이는 원숭이한테 미뤘습니다. 어느 날 손님이 와서 원숭이가 테이블을 닦는 것을 보고 깜짝 놀라서 말하기를 "이 원숭이 정말 총명하구나. 집안일도 할 줄 아네." 이 때 원숭이가 손님에게 말하기를 "아이구, 방법이 없어요. 그들은 다 너무 게을러요." 손님은 깜짝 놀라서 "원숭이가 말을 하네" 라고 하니, 원숭이가 급하게 말하기를 "쉿! 작은 소리로 말씀하세요. 만약 그들이 들으면, 다음엔 저에게 전화도 받으라고 할 거예요."

**38** 关于那只小猴子，可以知道什么?

    A　很懒
    B　很勤快
    C　在饭店工作
    D　喜欢做家务

문: 그 원숭이에 대해 무엇을 알 수 있나?

    A　게으르다
    B　부지런하다 √
    C　호텔에서 일하다
    D　집안일 하는 것을 좋아한다

**어휘** 推 tuī 책임을 미루다 | 猴子 hóuzi 원숭이 | 惊呼 jīnghū 깜짝 놀라 소리치다 | 大吃了一惊 dàchīleyìjīng 크게 놀라다

**해설** 집안일을 아주 싫어하는 한 가족은 원숭이에게 가사 일을 시켰다. 그리고 이 집에 놀러 온 손님도 원숭이가 테이블을 닦는 것을 봤으니, 원숭이가 아주 부지런하다는 것을 알 수 있다.

**39** 猴子在这个家里，主要负责做什么?

    A　做饭
    B　接电话
    C　擦桌子
    D　洗衣服

문: 원숭이는 이 집에서 주로 무슨 일을 담당하나?

    A　밥 하는 일
    B　전화 받는 일
    C　테이블 닦는 일 √
    D　세탁하는 일

**해설** 손님이 원숭이가 테이블도 닦을 줄 알고, 말도 할 줄 안다며 칭찬하자, 원숭이가 손님에게 조용히 말씀하라고 했다. 왜냐하면 집주인이 자신이 말할 줄 안다는 사실을 알게 된다면 전화 받는 일도 자신에게 시킬 것이 걱정돼서 였다. 따라서 원숭이는 이집에서 테이블 닦는 일만 담당하고 있다는 것을 알 수 있다.

今天是三八妇女节，干什么呢？去逛街还是约朋友喝茶呢？像我这样的职业女性，平日忙工作，周末忙家务，难得有属于我们自己的时间，所以今天一定要玩儿个痛快。下午我约了几个好朋友一起去看了场电影，从电影院出来以后，我们又去喝了杯茶，大家聊得非常开心。

오늘은 3월8일 여성의 날인데, 무엇을 할까? 쇼핑을 할까, 아니면 친구를 불러내 차를 마실까? 나 같은 직장 여성은 평일은 일하느라 바쁘고, 주말은 집안일을 하느라 바빠서, 자기시간을 갖기가 너무 힘들다. 그래서 오늘은 실컷 놀고 싶어 오후에 친구 몇몇을 불러 영화를 보러 갔다. 극장에서 나온 다음, 또 차를 마시러 갔다. 우리는 아주 즐겁게 이야기를 나누었다.

**40** 说话人是谁?

A 家庭妇女
B 职业女性
C 一个中学生
D 一个大学生

문: 말하는 사람은 누구인가?

A 가정주부
B 직장 여성 √
C 중학생
D 대학생

**어휘** 妇女节 Fùnǚjié 국제 여성의 날의 약칭

**해설** 핵심 포인트는 '像我这样的职业女性, 나 같은 직장 여성'이다. 따라서 우리는 화자가 직장 여성이라는 것을 알 수 있다.

**41** 今天是几月几号?

A 一月一号
B 三月八号
C 五月一号
D 六月一号

문: 오늘은 몇 월 며칠인가?

A 1월1일
B 3월8일 √
C 5월1일
D 6월1일

**해설** '三八妇女节'는 3월 8일 국제 여성의 날이다. 따라서 오늘은 3월 8일 이라는 것을 알 수 있다. 참고로 중국에서는 국제 여성의 날에 여자만 쉬고 남자는 일한다.



欢迎大家到中国旅游，我姓曲，我叫曲美丽。现在我们从机场出发前往北京，两地距离60公里左右，大概需要一个小时左右。请各位在车上好好休息一下。途中如果感到不舒服，或者有什么事情，请随时提出来，不要客气。

중국에 여행하러 오신 것을 환영합니다. 저는 성이 취이고, 취메이리라고 합니다. 지금 우리는 공항에서 출발하여 베이징으로 향하고 있습니다. 이 두 곳의 거리는 60킬로미터 정도이고, 한 시간 남짓 걸립니다. 차에서 푹 쉬시고 가는 도중에 불편한 사항이나 볼일이 있으시면 언제든지 말씀하세요.

**42** 他们现在最有可能在哪里?

A 机场
B 上海
C 天津
D 北京

문: 그들은 지금 어디에 있을 가능성이 가장 큰가?

A 공항 √
B 상하이
C 텐진
D 베이징

**어휘** 前往 qiánwǎng 향하여 가다 | 两地 liǎngdì 두 곳 | 随时 suíshí 언제든지

**해설** 장소를 묻는 질문이다. 핵심어는 '现在我们从机场出发前往北京, 지금 우리는 공항에서 출발하여 베이징으로 향하고 있습니다' 이다. 이로서 우리는 그들이 지금 공항에 있다는 것을 알 수 있다.

**43** 关于说话人, 可以知道什么?

A 很年轻
B 是导游
C 很漂亮
D 是售票员

문: 화자에 대해 무엇을 알 수 있나?

A 젊다
B 가이드이다 √
C 예쁘다
D 매표원이다

**해설** 듣기 앞부분에서 중국에 여행하러 오신 것을 환영한다며, 간단한 자기소개를 하는 것으로 미뤄 볼 때, 화자가 가이드일 가능성이 가장 크다.

第44到45题是根据下面一段话 | 44-45번 문제는 아래 한 단락의 내용을 듣고 푸는 문제이다.

我没有自己的博客, 但我很喜欢看别人的博客, 有时也参与大家的讨论。在这里我认识了一些陌生而熟悉的好朋友, 学到了很多在书本里学不到的东西, 也逐渐学会了慢慢的思考。

저는 블로그가 없습니다. 하지만 다른 사람의 블로그 보는 것을 좋아하며, 어떤 때는 토론에도 참여합니다. 이곳에서 저는 낯설지만 또 익숙한 친구들을 알게 되었습니다. 책 속에서 배우지 못한 것들을 많이 배웠으며, 점차 천천히 생각하는 것도 배우게 되었습니다.

**44** 这段话主要谈的是什么?

A 博客
B 学习
C 交朋友
D 谈恋爱

문: 이 글은 주로 무엇을 이야기하고 있나?

A 블로그 √
B 공부
C 친구 사귀는 것
D 연애하는 것

**어휘** 博客 bókè 블로그 | 参与 cānyù 참여하다 | 陌生 mòshēng 낯설다

**해설** 이글의 주제를 묻는 질문이다. 듣기에서 본인은 블로그가 없지만 남의 블로그 보는 것은 좋아한다고 했으며, 또 그곳에서 많은 것들을 배웠다고 하였다. 이로써 이 글의 주제는 블로그라는 것을 알 수 있다.

**45** 关于说话人，可以知道什么？        문: 화자에 대해 무엇을 알 수 있나？

   A    爱好多                             A    취미가 많다

   B    很自信                             B    자신감이 있다

   C    喜欢学习                          C    공부하기를 좋아한다

   D    喜欢看博客                      D    블로그 보는 것을 좋아한다  √

**해설** 이 글의 첫 부분에서 화자는 '我很喜欢看别人的博客, 남의 블로그 보는 것을 좋아한다'고
하였다. 따라서 정답은 D 이다.

听力考试现在结束。｜ 듣기시험이 끝났습니다.

# 二、阅读

## 第一部分

第46－50题：词填空。

    A 让      B 才      C 表现     D 最好是     E 记得     F 坚持

例如：她每天都（ F ）走路上下班，所以身体一直很不错。

46－50문제: 단어를 골라 빈칸을 채우시오.

    A … 하게 하다   B 겨우   C 품행   D 좋기는   E 기억하다   F 견지하다

예: 그녀는 매일 걸어서 출퇴근하는 것을 ( F ) 있기 때문에, 건강이 아주 좋다.

★ 유형파악 & 공략하기

보기가 A B C D E F로 모두 6개이지만, 그 중 하나는 예문의 보기(즉 'F 坚持'에 해당됨) 이기 때문에, 실제로는 5개의 보기 단어를 46-50문제 5개의 빈칸에 넣는 셈이다. 즉 한 문제의 빈칸에 한 단어를 골라 채우면 된다.

**46**  到朋友家里去聚会的时候，（最好是）给女主人准备些礼物。

친구 집에서 모일 때 가장 좋은 것은 안주인에게 선물을 좀 준비하는 것이다.

**정답**  D

**어휘**  聚会 jùhuì (한데) 모이다 | 女主人 nǚzhǔrén 안주인

**해설**  빈칸에 들어갈 단어를 고를 때, 두 가지 접근 방법이 있다. 즉 문장의 뜻을 파악하여 접근하는 방법과 문법을 분석하여 접근하는 방법이다. 이 문장 같은 경우, 전자를 이용하는 것이 더 쉬울 것이다. 보기의 단어를 하나하나 넣어 보면 '最好是, 가장 좋은 것은' 이 정답이라는 것을 알 수 있다.

**47**  最近他在学校（表现）很好，上课的时候也非常认真。

요즘 그는 학교에서 공부하는 태도가 좋고, 수업시간에도 아주 진지하다.

**정답**  C

**어휘**  表现 biǎoxiàn 태도, 품행, 행동

**해설**  괄호 뒤에 '很好' 가 왔으니, 괄호 안에 들어갈 수 있는 단어는 명사밖에 없다. 보기 단어를 살펴보면 명사는 '表现' 하나 밖에 없다. 따라서 이것이 정답이라는 것을 알 수 있다.

48  我（记得）你结婚才一个多月，怎么
    这么快就怀孕了？

내 기억으로는 네가 결혼한 지 겨우 한 달 인
것 같은데, 어떻게 이렇게 빨리 임신했니?

**정답**  E

**어휘**  记得 jìde 기억하고 있다 | 怀孕 huáiyùn 임신하다

**해설**  이 문제는 문장의 뜻을 파악하여 접근하는 것이 더 쉬울 것 같다. 보기 중의 단어를 하나하
나 괄호 안에 넣어 보면 '记得, 기억하고 있다'가 정답이라는 것을 알 수 있다.


49  我来中国（才）一个多月，可是我觉
    得好像是过了一年。

내가 중국에 온 지 겨우 한 달 좀 넘었는데,
마치 일년이 지난 것 같아.

**정답**  B

**어휘**  才 cái 겨우 | 过 guò 지나다

**해설**  이 문장 같은 경우, 문장의 뜻을 해석해 보면, 괄호 안에 '才'가 들어가야 한다는 것을 알 수
있다. 그러나 여기에서 '才'의 용법도 함께 알아 두는 것이 좋다. '才…可是(不过, 但是)…,
겨우…, 그러나…'은 수량이 많지 않은데, 그러나 아주 많게 혹은 길게 느껴진다는 뜻을 나타
낸다.


50  你（让）他们快点送来，我急着要用。

그들에게 빨리 보내라고 해, 나 급히 써야 하기든.

**정답**  A

**어휘**  让 ràng …하게 하다 | 送来 sònglai 보내오다 | 急着 jízhe 급히, 급하게

**해설**  '让, …하게 하다'은 사역의 의미를 나타낼 수 있다. 이 때 문법적 구조는 다음과 같다.
'주어+让+인칭대사+(부사+)동사+목적어'

你         让        他们            快点        送来。
↳ 주어    ↳ 让     ↳ 인칭대사      ↳ 부사     ↳ 동사


第51 – 55题：选词填空。
    A 暂时    B 真不巧    C 错    D 寿命    E 一口    F 温度


例如：A： 今天真冷啊，好像白天最高（ C ）才2℃。
      B： 刚才电视里说明天更冷。


51 – 55문제: 단어를 골라 빈칸을 채우시오.

    A 잠시  B 공교롭게  C 틀리다  D 수명  E (억양·발음 등이) 순수하다  F 기온

㉠ A： 오늘 정말 춥다, 낮 최고 （ F ）이 겨우 2℃밖에 안 될 것 같은데.
   B： 방금 TV에서 내일은 더 춥데.

보기가 Ａ Ｂ Ｃ Ｄ Ｅ Ｆ로 모두 6개이지만, 그 중 하나는 예문의 보기(즉 'Ｆ 温度, 기온'에 해당됨) 이기 때문에, 실제로는 5개의 보기 단어를 51-55문제 5개의 빈칸에 넣는 셈이다. 즉 한 문제의 빈칸에 한 단어를 골라 채우면 된다.

**51**

A: 明天你有没有空儿？我想让你陪我去买衣服。

B: （真不巧），明天我得去参加会计师考试。

A: 내일 시간 있어? 나랑 같이 옷 사러 가게.

B: 공교롭게도 내일 회계사 시험에 참가해야 하거든.

**정답** B

**어휘** 真不巧 zhēnbùqiǎo 공교롭게도 | 会计师 kuàijìshī 회계사

**해설** A가 옷을 사러 같이 좀 가달라고 부탁하자, B가 내일 시험을 봐야 한다고 했으므로, 괄호 안에 들어가야 할 말은 '죄송합니다', ' 안 될 것 같아요' 등 인데, 보기에 이와 비슷한 말은 '真不巧, 공교롭게도' 밖에 없다. 따라서 이것이 정답이라는 것을 알 수 있다.

**52**

A: 师傅，这路车到西直门吗？

B: 您坐（错）了车。

A: 기사 선생님, 이 차 시즈먼에 가나요?

B: 차를 잘못 타셨네요.

**정답** C

**어휘** 师傅 shīfu 기사님. 선생님 | 坐错 zuòcuò (차를) 잘못 타다

**해설** A가 기사에게 '이 차 시즈먼에 가나요?' 라고 물었으므로, 기사의 대답은 '네, 맞습니다', '아니요, 잘 못 탔습니다' 두 가지밖에 없다. 마침 보기에 '错' 가 있다.

**53**

A: 这台机器怎么又出毛病啦？不是刚修过吗？

B: 我看啊，它的（寿命）已经到期了。

A: 이 기계는 왜 또 고장 났어? 방금 수리 했잖아?

B: 내가 봤을 때, 이 기계 수명이 다 된 거 같아.

**정답** D

**어휘** 机器 jīqì 기계 | 出毛病 chūmáobìng 고장이 나다 | 寿命 shòumìng 수명 | 到期 dàoqī 기한이 되다

**해설** 문장에서 '（   ) 기한이 이미 다 됐다' 라고 하였으니, 보기에서 이와 어울리는 단어를 찾아내면 된다. 보기 중에 '寿命, 수명' 이 있는데, 수명이 다 됐다는 뜻은 이젠 버릴 때가 됐다는 뜻이다. 따라서 정답은 '寿命' 이라는 것을 알 수 있다.

**54**

A: 你的普通话说得真地道，不像我，（一口）山东腔。

B: 你来北京才一年，可我来北京已经有七八年了。

A: 당신은 표준어를 정말 잘하시네요. 저처럼 완전 산동 사투리 같지 않네요.

B: 당신은 베이징에 온지 겨우 1년이지만, 저는 베이징에 온 지 7, 8년이 됐잖아요.

| 정답 | E |
| --- | --- |

**어휘** 普通话 pǔtōnghuà 현대 중국 표준어 | 地道 dìdao 오리지널의, 정통의 | 一口 yìkǒu (말의 억양·발음 등이) 순수하다 | 腔 qiāng 말투

**해설** 여기까지 보기 중의 단어가 '暂时, 잠시'와 '一口, 순수하다' 두 개가 남았다. 문장의 뜻을 해석해 보면 '一口'가 정답이라는 것을 알 수 있다.

**55**
A: 你结婚有三年了吧? 怎么不要孩子啊?

B: 不是我不想要，是我家那位（暂时）不想要，他说过两年再生。

A: 당신은 결혼한 지 3년 됐지요? 왜 아이를 안 가져요?

B: 제가 안 가지려고 하는 게 아니고요. 그이가 당분간 안 가지려고 하는 거에요. 2년 후에 갖자고 하네요.

| 정답 | A |
| --- | --- |

**어휘** 我家那位 wǒjiā nàwèi 우리 집 그이 | 暂时 zànshí 잠시, 일시 | 不是…是… búshì…shì…  …이 아니고, …이다

**해설** 5개의 보기 중 '暂时, 잠시' 하나만 남았다. 따라서 이것을 선택하면 된다. 문법적으로 분석해 보자면, '暂时'는 시간을 나타내는 시간명사이기 때문에 주어 앞이나 뒤에 와야 한다. 따라서 '暂时'가 주어 '我家那位' 뒤에 위치하는 것이 문법적으로도 맞다.

第二部分

56-65문제: 순서를 나열하시오

예 A: 그런데 오늘은 늦잠을 잤다

B: 평소에 나는 자전거를 타고 출퇴근 한다

C: 그래서 택시를 타고 회사에 왔다

<u>B   A   C</u>

평소에 나는 자전거를 타고 출퇴근 하는데, 오늘은 늦잠을 자서 택시를 타고 회사에 왔다.

★ 유형따악 & 공략하기

문장의 순서를 나열하는 유형이다. A B C 3개의 문장이 있는데, 어떤 문장이 앞에 와야 하고 어떤 문장이 뒤에 와야 하는지 잘 생각해서 매끄러운 단문을 만들면 된다.

**56**

A: 只是偶尔得感冒

B: 没得过什么大病

C: 我身体非常健康

➡ 我身体非常健康，没得过什么大病，只是偶尔得感冒。

A: 다만 가끔 감기에 걸릴 뿐이다

B: 어떤 큰 병을 앓은 적이 없다

C: 나는 몸이 아주 건강하다

➡ 나는 몸이 아주 건강해서, 어떤 큰 병을 앓은 적이 없다. 다만 가끔 감기에 걸릴 뿐이다.

**정답** C B A

**어휘** 只是 zhǐshì 단지 | 偶尔 ǒu'ěr 간혹 | 得 dé (병에) 걸리다

**해설** '只是, 단지'는 복문의 뒷 구절에 온다. 따라서 '只是偶尔得感冒'은 '没得过什么大病' 뒤에 위치해야 한다는 것을 알 수 있다. 그리고 '我身体非常健康'은 가장 앞에 위치해야 한다.

**57**

A: 客厅的墙上挂着一个钟

B: 里边的小桌上放着电话机

C: 客厅的左边是毛泽东住过的卧室

➡ 客厅的墙上挂着一个钟, 客厅的左边是毛泽东住过的卧室, 里边的小桌上放着电话机。

A: 응접실 벽에 시계가 하나 걸려 있다

B: 안쪽 작은 테이블 위에는 전화기가 한 대 놓여 있다

C: 응접실의 좌측은 모택동이 쓰셨던 침실이다

➡ 응접실 벽에 시계가 하나 걸려있고, 응접실 좌측은 모택동이 쓰셨던 침실이고, 안쪽 작은 테이블 위에는 전화기 한 대가 놓여 있다.

**정답** A C B

**어휘** 墙 qiáng 벽 | 挂着 guàzhe 걸려 있다 | 钟 zhōng 종, 시계 | 卧室 wòshì 침실 | 小桌 xiǎozhuō 작은 테이블

**해설** 보기를 보면 거실을 중심으로 모택동이 살고 있던 집에 대해 묘사하고 있다는 것을 알 수 있다. 이와 같이 집에 대해 묘사할 때는 일반적으로 시선에 들어오는 순서대로 묘사한다. 이 문장 같은 경우, 벽에 걸려 있는 시계가 가장 먼저 시선에 들어올 것이고, 그 다음이 주인공 모택동이 쓰셨던 침실이고, 안에 들어가 보니 테이블 위에 놓여 있는 전화기가 보일 것이다. 따라서 이 문장의 순서는 A C B이다.

**58**

A: 顺着这条马路一直走下去，十分钟就到了

B: 所以我经常去那里散心

C: 我们学校附近有个小小的公园儿

➡ 我们学校附近有个小小的公园儿，顺着这条马路一直走下去，十分钟就到了，所以我经常去那里散心。

A: 이 길을 따라 쭉 10분정도 가면 도착한다

B: 그래서 나는 늘 거기에 가서 기분전환을 한다

C: 우리학교 근처에는 아주 작은 공원이 하나 있다

➡ 우리학교 근처에는 아주 작은 공원이 하나 있는데, 길을 따라 쭉 10분 정도 가면 도착한다. 그래서 나는 늘 거기에 가서 기분 전환을 한다.

정답  C A B
어휘  顺着 shùnzhe …에 따르다 | 散心 sànxīn 기분을 전환하다
해설  '所以, 그래서'는 문장의 가장 앞에는 올 수 없고, 맨 마지막에 와야 한다. A와 C를 놓고 볼 때 문장의 뜻을 해석해 보면, C가 A앞에 와야 한다는 것을 알 수 있다. 따라서 이 문장의 순서는 C A B 이다.

**59**

A: 如果说性格决定命运
B: 直到成功
C: 那么我愿意接受命运的挑战

A: 성격이 운명을 결정한다고 한다면
B: 성공할 때까지
C: 나는 기꺼이 운명의 도전을 받아들일 것이다

➡ 如果说性格决定命运，那么我愿意接受命运的挑战，直到成功。

➡ 성격이 운명을 결정한다고 한다면, 나는 성공할 때까지, 기꺼이 그 운명의 도전을 받아들일 것이다.

정답  A C B
어휘  决定 juédìng 결정하다 | 命运 mìngyùn 운명 | 挑战 tiǎozhàn 도전(하다) | 直到 zhídào 줄곧 …까지
해설  '如果, 만약'은 문장의 앞 구절에 와야 한다. 따라서 A가 가장 앞에 오고 C가 그 뒤에 온다는 것을 알 수 있다. 문제는 B이다. 글을 쓸 때 강조를 나타내기 위하여 정상적인 어순을 뒤바꾸어 놓을 때가 있다. 이것을 도치문이라고 하는데, 이 문장이 바로 이러한 경우이다. 화자는 '直到成功, 성공할 때까지' 운명에 도전할 것이다라는 의지를 강조하기 위하여 도치문형식을 이용한 것이다.

**60**

A: 那天虽然下着小雨，又刮着风
B: 我们一行20个人，都爬到了山顶
C: 但没有一个人掉队

A: 그 날 비록 가랑비도 내리고 바람도 불었지만
B: 우리 일행 20명은 모두 산 정상에 올랐다
C: 한 사람도 뒤처지지 않았다

➡ 那天虽然下着小雨，又刮着风，但没有一个人掉队，我们一行20个人，都爬到了山顶。

➡ 그 날 비록 가랑비도 내리고 바람도 불었지만, 한 사람도 뒤처지지 않았고, 우리 일행 20명은 모두 산 정상에 올랐다.

정답  A C B
어휘  掉队 diàoduì 낙오하다. (뒤)처지다 | 一行 yìxíng 일행 | 山顶 shāndǐng 산꼭대기
해설  '虽然…但…, 비록…하지만, 그러나…'은 전환 관계의 복문에 사용된다. 따라서 A가 C앞에 와야 한다는 것을 알 수 있다. 그리고 문장의 뜻을 해석해 보면, B가 가장 마지막에 와야 한다는 것을 알 수 있다.

61  A: 同时，也有五大菜系之说，通常指鲁菜、川菜、粤菜、淮扬菜和东北菜

　　B: 有鲁菜、川菜、粤菜、闽菜、苏菜、浙菜、湘菜、徽菜

　　C: 中国菜主要有八大菜系

➡ 中国菜主要有八大菜系，有鲁菜、川菜、粤菜、闽菜、苏菜、浙菜、湘菜、徽菜，同时，也有五大菜系之说，通常指鲁菜、川菜、粤菜、淮扬菜和东北菜。

A: 또한 5대 요리설도 있는 데, 보통 산둥요리, 스촨요리, 광둥요리, 양저우요리와 동베이요리를 가리킨다

B: 산둥요리, 스촨요리, 광둥요리, 푸젠요리, 쑤저우요리, 저쟝요리, 후난요리, 안후이요리이다

C: 중국 요리는 주로 8대 요리가 있다

➡ 중국 요리는 주로 8대 요리가 있는 데, 즉 산둥요리, 스촨요리, 광둥요리, 푸젠요리, 쑤저우요리, 저쟝요리, 후난요리, 안후이요리이다. 동시에 5대 요리설도 있는 데, 보통 산둥요리, 스촨요리, 광둥요리, 양저우요리와 동베이요리를 가리킨다

**정답**　C B A

**어휘**　菜系 càixì (각 지방의 특색을 띤 요리 방식·맛 등의) 계통 | 同时 tóngshí 또한 | 之说 zhīshuō …설 | 指 zhǐ 가리키다

**해설**　접속사 '同时, 또한'은 복문의 뒷 구절에 와야 한다. 그리고 B와 C를 놓고 볼 때, '중국에 8대 요리가 있다'가 맨 앞에 와야하고, 이 8가지 요리를 열거하는 문장은 당연히 그 뒤에 와야 한다. 따라서 C가 B앞에 와야 한다.

62  A: 财政陷入了困境

　　B: 最近我们公司经营状况不太好

　　C: 所以有好几个月没发工资了

➡ 最近我们公司经营状况不太好，财政陷入了困境，所以有好几个月没发工资了。

A: 재정이 곤경에 빠져있다

B: 최근 우리회사의 경영 상황은 그다지 좋지 않다

C: 그래서 몇 개월간 봉급을 받지 못했다

➡ 최근 우리회사의 경영 상황이 그다지 좋지 않아, 재정이 곤경에 빠져서, 몇 개월간 봉급을 받지 못했다.

**정답**　B A C

**어휘**　经营状况 jīngyíngzhuàngkuàng 경영실태 | 财政 cáizhèng 재정 | 陷入 xiànrù 빠지다 | 困境 kùnjìng 곤경 | 发 fā (월급을) 지급하다

**해설**　'所以, 그래서'는 복문의 뒷 구절에 와야 한다. 그리고 A와 B를 놓고 볼 때, 경영상황이 안 좋았기 때문에 재정이 어려움에 빠지는 것이다. 따라서 B가 A앞에 와야 한다.

63  A: 为通知其同伴，会发出特殊的叫声

　　B: 猴子和猩猩在发现食物后

　　C: 科学研究已证实

➡ 科学研究已证实，猴子和猩猩在发现食物后，为通知其同伴，会发出特殊的叫声。

A: 그 짝들에게 알려주기 위해 특별한 소리를 낸다

B: 원숭이와 오랑우탄은 먹을 것을 발견한 후

C: 과학연구에서 이미 입증되었다

➡ 과학연구에서 원숭이와 오랑우탄은 먹을 것을 발견한 후, 그 짝들에게 알려주기 위하여, 특별한 소리를 낸다는 것이 이미 입증되었다.

**정답**   C B A

**어휘**   已 yǐ 이미 | 证实 zhèngshí 사실을 증명하다 | 猩猩 xīngxing 오랑우탄 | 其 qí 그의 | 同伴 tóngbàn 짝, 동반자 | 发出 fāchū (소리 등을) 내다 | 叫声 jiàoshēng (울음) 소리

**해설**   논술할 때 일반적으로 결론이 맨 앞에 위치한다. 따라서 '科学研究已证实, 과학연구에서 이미 입증되었다' 를 문장의 맨 앞에 놓는다. 그 다음 과학연구에서 입증된 내용을 서술하면 된다. 따라서 이 문장의 순서는 C B A이다.

---

**64**

A: 我们俩是老朋友了

B: 所以做什么事情都很合得来

C: 彼此比较了解

➡ 我们俩是老朋友了，彼此比较了解，所以做什么事情都很合得来。

A: 우리 둘은 오랜 친구다

B: 그래서 무슨 일을 하던 간에 마음이 잘 맞는다

C: 서로 비교적 잘 안다

➡ 우리 둘은 오랜 친구여서, 서로 비교적 잘 알기 때문에, 무슨 일을 하던 간에 마음이 잘 맞는다.

**정답**   A C B

**어휘**   彼此 bǐcǐ 피차 | 合得来 hédelái 마음 〔손발〕이 맞다

**해설**   '所以, 그래서' 는 복문의 뒷 구절에 와야 한다. 그리고 A와 C를 놓고 볼 때, 문장 내용을 해석해 보면 우리 둘은 오랜 친구이기 때문에 서로 비교적 잘 알 수 있다. 이로써 A가 C 앞에 와야 한다는 것을 알 수 있다. 따라서 이 문장의 순서는 A C B이다.

---

**65**

A: 可是作为一个男人

B: 口袋里没钱的滋味儿太让人难受了

C: 其实累点儿苦点儿我还能忍耐

➡ 其实累点儿苦点儿我还能忍耐，可是作为一个男人，口袋里没钱的滋味儿太让人难受了。

A: 하지만 남자가 돼서

B: 주머니에 돈 한 푼 없는 기분은 사람을 너무나도 힘들게 한다

C: 사실 좀 힘들고 좀 고생스러워도, 나는 그런대로 참을 수 있다

➡ 사실 좀 힘들고 좀 고생스러워도, 나는 그런대로 참을 수 있다. 그러나 남자가 돼서 주머니에 돈 한 푼 없는 기분은 사람을 너무나도 힘들게 한다.

**정답**   C A B

**어휘**   忍耐 rěnnài 참다 | 作为 zuòwéi …의 신분 〔자격〕으로서 | 口袋 kǒudai 주머니 | 滋味儿 zīwèir 심정, 느낌 | 难受 nánshòu 견딜 〔참을〕 수 없다

**해설**   '可是作为一个男人, 하지만 남자가 돼서' 이 문장은 말이 아직 안 끝난 것이다. 그 뒤에 '주머니에 돈 한 푼 없는 기분은 사람을 너무나도 힘들게 한다' 가 와야 문장이 완성 되는 것이다. 그럼 '可是' 가 이끄는 절 앞에 올 문장은 C밖에 없다. 따라서 이 문장의 순서는 C A B이다.

第三部分



★ **유형파악 & 공략하기**

이 부분의 문제는 하나의 단문과 그에 따른 1-2개의 질문이 제시되는데, 단문 내용을 잘 파악한 다음 주어진 4개의 보기 중에서 정답을 고르면 된다. 이 부분에서 조금 어려운 것은 질문방식이다. 물음표가 있는 질문은 쉽지만 물음표가 없는 질문은 어렵다. 예를 들어 '现在许多年轻人 : ' 처럼 ' : (콜론)' 표시가 돼있는 질문이다. 이것은 콜론 뒤에 이어서 나올 수 있는 말을 보기에서 찾으라는 뜻이다.

---

**66**　工作压力大会影响身体健康，所以我想找个轻松点儿的工作，少挣点儿钱没关系，身体是最要紧的。

업무적인 스트레스가 많으면 건강에 좋지 않은 영향을 주기 때문에, 나는 좀 부담없는 일을 찾으려고 한다. 돈은 좀 적게 벌어도 괜찮다. 건강이 가장 중요하다.

　★ 根据这段话，可以知道我 :

　★ 이 문장에 근거하여, 나에 대해 알 수 있는 것은 :

A 挣得少
B 工作轻松
C 重视健康
D 工作压力不大

A 돈을 적게 번다
B 일이 부담이 없다
C 건강을 중요시 한다 √
D 업무적인 스트레스가 많지 않다

**어휘**　挣钱 zhèngqián 돈을 벌다 ｜ 要紧 yàojǐn 중요하다

**해설**　이 문장에 근거하여 나에 대해 알 수 있는 것은 무엇이냐는 질문이다. 마지막 한 마디 '身体是最要紧的, 건강이 가장 중요하다' 에 근거하여 C가 정답이라는 것을 알 수 있다. 나머지 3개의 보기는 모두 문장 내용과 상충되기 때문에 정답이 될 수 없다.

---

**67**　我们给张凡介绍过好几个对象，头一个嫌人家个子矮，第二个又嫌人家没学历，第三个又嫌人家胖。

우리는 장판에게 애인을 몇 명이나 소개해 주었지만, 첫 번째는 키가 작다고 꺼리고, 두 번째는 학력이 별로라고 꺼리고, 세 번째는 뚱뚱하다고 꺼렸다.

　★ 张凡最可能 :

　★ 장판은 아마도 :

| | | |
|---|---|---|
| A 个子高 | | A 키가 클 것이다 |
| B 学历高 | | B 학력이 높을 것이다 |
| C 比较挑剔 | | C 비교적 까다로울 것이다 √ |
| D 长得很帅 | | D 잘 생겼을 것이다 |

**어휘** 对象 duìxiàng (연애·결혼의) 상대 | 头一个 tóuyíge 첫 번째 | 嫌 xián 꺼리다 | 学历 xuélì 학력 | 挑剔 tiāotì 지나치게 트집잡다

**해설** '장판은 아마도 …' 뒤에 올 수 있는 말을 보기에서 고르라는 뜻이다. 이 문장에서 장판에게 애인을 몇 번이나 소개해 주었지만, 상대방이 키가 작지 않으면 뚱뚱하다고 꺼렸기 때문에 장판이 아주 까다롭다는 것을 알 수 있다. 따라서 정답은 '比较挑剔' 이다. 기타 3개의 보기는 문장에서 언급하지 않은 내용이니 정답이 될 수 없다.

**68** 营养学家主张婴儿四个月以前，应该喂母乳，但四个月以后，需要增加营养，应该给婴儿增加一些其他食物，以补充母乳的不足。

영양학자들은 영아가 4개월이 되기 전에는 반드시 모유를 수유해야 하지만, 4개월이 지난 이후에는 영양을 보충해야 하기 때문에, 영아에게 다른 음식을 섭취하도록 하여, 모유에 부족한 부분을 보충해야 한다고 주장한다.

★ 婴儿四个月以后：

★ 영아가 4개월이 지난 이후에는:

| | |
|---|---|
| A 喂稀粥 | A 묽은 죽을 먹인다 |
| B 只喂母乳 | B 모유만 먹여야 한다 |
| C 不喂母乳 | C 모유를 먹이지 않는다 |
| D 不能只喂母乳 | D 모유만 먹이면 안 된다 √ |

**어휘** 婴儿 yīng'ér 영아 | 喂 wèi 먹이다 | 母乳 mǔrǔ 모유 | 增加 zēngjiā 더하다 | 以 yǐ …하기 위하여 | 补充 bǔchōng 보충하다 | 稀粥 xīzhōu 묽은 죽

**해설** '영아는 4개월이 지난 이후에 …' 뒤에 이어서 올 수 있는 말을 보기에서 고르라는 뜻이다. 문장의 가장 앞부분에서 영양학자들은 4개월이 되기 전의 영아에게는 모유를 수유해야 하지만, 4개월 이후부터는 영양을 보충해야 한다고 하였다. 따라서 정답은 '不能只喂母乳, 모유만 먹이면 안 된다' 이다.

**69** 有些人不吃早饭，因此午饭吃得比较多，晚饭吃得非常丰盛。三餐分配得不合理对身体健康是很不利的。有句话说得好，"早餐吃得像皇帝，午餐吃得像平民，晚餐吃得像乞丐。"

어떤 사람은 아침밥을 먹지 않으므로, 점심밥을 비교적 많이 먹고, 저녁밥을 아주 풍성하게 먹는다. 세 끼를 합리적으로 배분하지 않으면, 건강에 아주 해롭다. '아침 식사는 황제처럼, 점심 식사는 평민처럼, 저녁 식사는 거지처럼.'이라는 좋은 말이 있다.

★ 这段话主要谈的是：

★ 이 문장에서 주로 이야기한 것은:

| | |
|---|---|
| A 早饭要多吃 | A 아침 식사는 많이 먹어야 한다 |
| B 应该吃早饭 | B 마땅히 아침밥을 먹어야 한다 |
| C 晚饭要少吃 | C 저녁 식사는 적게 먹어야 한다 |
| D 要合理分配三餐 | D 세 끼를 합리적으로 배분해야 한다 √ |

**어휘** 丰盛 fēngshèng 풍성하다 | 分配 fēnpèi 분배하다 | 皇帝 huángdì 황제 | 平民 píngmín 평민
| 乞丐 qǐgài 거지 | 说得好 shuō de hǎo 좋은 말을 하다, 한 말이 매우 적절하다, 말이 좋다

**해설** 문장의 주제가 무엇이냐는 질문이다. 이 문장에서 어떤 사람들은 아침을 먹지 않고 점심을 많이 먹고 저녁은 아주 풍성하게 먹는다고 하며, 하루 세 끼의 식사를 합리적으로 배분하지 않으면 건강에 해롭다고 하였다. 따라서 정답은 '要合理分配三餐, 세 끼를 합리적으로 배분해야 한다'이다. 보기의 나머지 3개는 모두 문장 내용의 일부분이지 문장의 주제는 아니다.

---

**70**

心情不愉快的时候，要学会自我调节。你可以去美发屋改变一下发型，可以去运动，还可以和朋友们一起去旅行，这样你的心情会好很多。

기분이 언짢을 때는 스스로 조절을 할 줄 알아야 한다. 미용실에 가서 머리 스타일을 한 번 바꿔 보기도 하고, 운동도 하고, 또 친구들과 함께 여행도 가면, 당신의 기분이 많이 좋아질 것이다.

★ 在这里说, 运动可以:

A 减肥
B 健身
C 交朋友
D 调节心情

★ 이 문장에서 말하기를, 운동은:

A 살을 뺄 수 있다
B 몸을 튼튼하게 할 수 있다
C 친구를 사귈 수 있다
D 기분전환을 할 수 있다 √

**어휘** 自我 zìwǒ 자기 자신 | 调节 tiáojié 조절하다 | 美发屋 měifàwū 미용실 | 发型 fàxíng 헤어 스타일 | 健身 jiànshēn 신체를 건강하게 하다

**해설** '이 문장에서 말하기를, 운동은…' 뒤에 이어서 올 수 있는 말을 보기에서 찾으라는 뜻이다. 문장에서 기분이 나쁠 때, 미용실에 가거나 운동을 하면 기분전환을 할 수 있다고 했다. 따라서 정답은 '调节心情, 기분전환을 할 수 있다'이다.

---

**71**

峨眉山是中国四大佛教名山之一，大约有26座寺庙，1996年12月6日，峨眉山乐山大佛被联合国教科文组织列入世界遗产名录。

아미산은 중국 4대 불교명산 중의 하나이며, 약 26개의 사찰이 있다. 1996년12월6일, 아미산의 낙산대불이 유네스코 세계 문화유산에 등록되었다.

★ 峨眉山:

A 是佛山
B 信佛的人多
C 有乐山大佛
D 是中国之最

★ 아미산은:

A 불산이다
B 불교를 믿는 사람이 많다
C 낙산대불이 있다 √
D 중국의 최고 높은 산이다

**어휘** 佛教 Fójiào 불교 | 寺庙 sìmiào 절, 사찰 | 乐山大佛 Lèshāndàfó 러산 대불 | 联合国教科文组织 Liánhéguó Jiàokēwén Zǔzhī 유네스코 | 列入 lièrù 집어넣다, 끼워 넣다 | 世界遗产 shìjièyíchǎn 세계문화유산 | 信佛 xìnfó 불교를 믿다

**해설** '아미산은…' 뒤에 이어서 올 수 있는 말을 보기에서 고르라는 뜻이다. 문장의 맨 앞부분에서 아미산은 4대 불교 명산 중의 하나이라고 했지, 불산이라고는 하지 않았다. 따라서 A는 정답이 될 수 없다. D에서 아미산이 중국에서 가장 높은 산이라고 했는데, 문장에서 이런 말은 찾아 볼 수 없다. 따라서 D도 정답이 아니다. 그리고 B의 내용 즉 '불교를 믿는 사람이 많다' 는 문장에서 언급하지 않았다. 물론 불교 명산이니 불교를 믿는 사람이 많이 갈 수는 있다. 하지만 근거 없는 유추이다. 따라서 C가 정답이라는 것을 알 수 있다.

**72**

看报纸是获得信息的最好办法之一。它可以帮助我们了解最新的新闻、获得最新的知识。所以我们要养成读报纸的好习惯。

신문을 보는 것은 정보를 얻을 수 있는 가장 좋은 방법 중의 하나이다. 신문은 최신뉴스를 알게 해주고, 최신의 지식을 얻게 해주기 때문에, 우리는 신문 보는 좋은 습관을 길러야 한다.

★ 这段话主要说的是：
A 要看书
B 要学习
C 要看新闻
D 要看报纸

★ 이 문장에서 주요하게 말한 것은:
A 책을 봐야한다
B 공부해야 한다
C 뉴스를 봐야한다
D 신문을 봐야한다 √

**어휘** 获得 huòdé 얻다 | 信息 xìnxī 정부 | 新闻 xīnwén 뉴스 | 知识 zhīshi 지식 | 养成 yǎngchéng 길러지다 | 鼓励 gǔlì 격려하다

**해설** 문장의 주제가 무엇이냐는 질문이다. 문장에서 신문을 보는 것은 정보를 얻을 수 있는 가장 좋은 방법 중의 하나라고 하며, 문장의 맨 마지막에 '我们要养成读报纸的好习惯, 우리는 신문 보는 좋은 습관을 길러야 한다' 라는 말을 하였는데, 이것이 핵심어이다. 따라서 정답은 '要看报纸, 신문을 봐야한다' 이다.

**73**

最好的老师应该帮助学生养成良好的学习习惯和思维习惯，引导学生自己去学习和掌握知识，这样的老师才是优秀的老师。

가장 훌륭한 선생님은 마땅히 학생의 학습습관과 생각하는 습관을 길러줘야 하며, 학생 스스로가 지식을 깨닫고 이해하도록 지도해야 한다. 이런 선생님이야 말로 비로소 훌륭한 선생님이다.

★ 这段话主要说：
A 学习习惯
B 思维习惯
C 要引导学生
D 好老师的标准

★ 이 문장에서 주요하게 말한 것은:
A 학습습관
B 생각하는 습관
C 학생을 인도해야 한다
D 훌륭한 선생님의 기준 √

**어휘** 思维 sīwéi 사유, 생각 | 引导 yǐndǎo 지도하다 | 优秀 yōuxiù 우수하다 | 标准 biāozhǔn 기준

**해설** 이 문장에서 주요하게 말한 것은 무엇이냐는 질문이다. 이 문장에서는 훌륭한 선생님의 기준에 대해 설명하고 있다. 따라서 정답은 '훌륭한 선생님의 기준' 이라는 것을 알 수 있다.

74 电子邮件与普通信件相比有很多优
点。比如，发送电子邮件不仅免费，
而且还非常迅速。另外电子邮件不仅
可以传送文本，还可以传送声音、视
频什么的。

이메일은 일반 우편물과 비교하였을 때 많은 장점이 있다. 예를 들면, 이메일 발송 시 무료일 뿐만 아니라 매우 신속하다. 그 밖에 이메일은 텍스트를 발송할 수 있을 뿐만 아니라 소리와 동영상도 보낼 수 있다.

★ 电子邮件：

A 非常慢

B 很麻烦

C 是免费的

D 没什么优越性

★ 이메일은:

A 너무 느리다

B 매우 번거롭다

C 무료이다 √

D 어떠한 장점도 없다

어휘 电子邮件 diànzǐyóujiàn 이메일 | 信件 xìnjiàn 우편물 | 比如 bǐrú 예를 들어 | 发送 fāsòng 발송하다 | 免费 miǎnfèi 무료 | 迅速 xùnsù 신속하다 | 传送 chuánsòng 전송하다 | 文本 wénběn 텍스트 | 视频 shìpín 동영상

해설 '이메일은 …' 뒤에 이어서 올 수 있는 말을 보기에서 찾으라는 뜻이다. 문장에서 이메일은 우편물과 비교하였을 때 많은 장점이 있다고 했다. 따라서 D는 정답이 될 수 없다. 그리고 A와 B도 장점이 아니기 때문에 정답이 아니라는 것을 알 수 있다. 따라서 '是免费的, 무료이다'가 정답이다.

75 每年春节的时候，亲戚朋友一见到我就
问，怎么还不结婚啊？我感觉压力很
大。我不是不想结婚，可结婚是一辈子
的事儿，我觉得应该谨慎一点儿。

매년 설날에 친척들과 친구들이 나를 만나기만 하면, 왜 아직 결혼하지 않느냐고 묻는다. 나는 스트레스를 많이 받는다. 나는 결혼이 하기 싫은 것이 아니지만 결혼은 일륜지 대사로서, 좀 신중해야 한다고 생각한다.

★ 根据这段话，可以知道我：

A 不想结婚

B 年龄大了

C 做事比较认真

D 还没找到对象

★ 이 문장에 근거하여, 나에 대해 알 수 있는 것은:

A 결혼하고 싶지 않다

B 나이가 많아졌다

C 일처리가 비교적 진지하다

D 아직 결혼 상대를 찾지 못했다 √

어휘 亲戚 qīnqi 친척 | 一辈子 yíbèizi 한평생 | 谨慎 jǐnshèn 신중하다 | 做事 zuòshì 일을 하다

해설 이 문장에 근거하여, 나에 대해 알 수 있는 것은 무엇이냐는 질문이다. 이 문장에서 화자는 친척과 친구들이 만날 때마다 왜 아직 결혼하지 않냐고 물어 스트레스가 많다고 하였다. 그리고 화자는 맨 마지막에서 결혼은 신중해야 한다고 하였다. 따라서 보기의 A, B는 모두 정답이 될 수 없다는 것을 알 수 있다. 그리고 C의 내용은 문장에서 언급하지 않았기 때문에 이것도 정답이 아니다. 따라서 정답은 '아직 결혼 상대를 찾지 못했다' 이다.

**76** 怎样才能长高呢? 要想长高, 应该多吃蛋白质含量较高的食品, 比如豆类、牛奶、蔬菜等。甜点则应尽量不吃, 可乐与果汁也要少喝。

어떻게 하면 키가 클 수 있을까? 키가 크려면 마땅히 단백질이 비교적 많이 함유되어 있는 식품을 많이 먹어야 한다. 예를 들면, 콩류, 우유, 야채 등이다. 단 음식은 가급적 먹지 말아야 하고, 콜라와 주스도 적게 마셔야 한다.

★ 如果想长个儿应该:
A 多运动
B 多吃饭
C 不吃蛋糕
D 多喝可乐

★ 키가 크고 싶으면 마땅히:
A 운동을 많이 한다
B 밥을 많이 먹어야 한다
C 케이크를 먹지 말아야 한다 √
D 콜라를 많이 마셔야 한다

**어휘** 长高 zhǎnggāo 자라다 | 蛋白质 dànbáizhì 단백질 | 含量 hánliàng 함량 | 豆类 dòulèi 콩 종류 | 甜点 tiándiǎn 단 빵이나 과자류 | 则 zé 오히려 | 尽量 jǐnliàng 되도록 | 果汁 guǒzhī 과일 주스

**해설** '키가 크고 싶으면 마땅히…' 뒤에 이어서 올 수 있는 말을 보기에서 찾으라는 뜻이다. 문장에서 키가 크려면 단백질을 많이 먹어야 하며, 단 음식은 가급적 먹지 말아야 한다고 하였다. 따라서 B와 D는 정답이 될 수 없다. 그리고 A '운동을 많이 한다'는 내용은 언급하지 않았다. 따라서 A가 정답이 될 수 없고 C가 정답이라는 것을 알 수 있다. 그리고 케이크는 단 음식에 속하기 때문에 문장에서 언급한 내용과 같다.

**77** 我给刚相亲的对象打了个电话, 一开始不接, 后来她表妹接的, 说她出去了, 我又给她发了个短信, 她也不回。

나는 방금 선을 본 그녀에게 전화를 걸었다. 처음에는 받지 않더니, 나중에 그녀의 사촌여동생이 받아서, 그녀가 밖에 나갔다고 하였다. 나는 그녀에게 또 문자메시지를 보냈지만, 그녀는 답장을 하지 않았다.

★ 根据这段话, 可以知道她:

★ 이 문장에 근거하여, 그녀에 대해 알 수 있는 것은:

A 喜欢我
B 生气了
C 想结婚
D 好像不太喜欢我

A 나를 좋아한다
B 화가 났다
C 결혼하고 싶어한다
D 나를 그다지 좋아하지 않는 것 같다 √

**어휘** 相亲 xiāngqīn 맞선을 보다 | 一开始 yìkāishǐ 처음에 | 表妹 biǎomèi 사촌 여동생 | 短信 duǎnxìn 문자 메시지 | 不回 bùhuí 답장을 하지 않는다

**해설** 이 문장에 근거하여, 그녀에 대해 알 수 있는 것은 무엇이냐는 질문이다. 여기서 그녀는 화자가 선을 본 그녀를 가리키는 것이다. 화자가 선을 본 그녀에게 전화하고 메시지를 보내도 응답이 없는 걸로 미뤄 볼 때, 그녀는 화자를 좋아하지 않는 다는 것을 알 수 있다. 따라서 정답은 '好像不太喜欢我' 이다.

**78**　早婚比晚婚好，但有一点，早婚必须早要孩子，等孩子大了，你的事业也成功了，只需要处理好工作和家庭的关系就可以了。

일찍 결혼하는 것은 늦게 결혼하는 것 보다 좋다. 하지만 한 가지, 반드시 일찍 아이를 가져야 한다. 그러면 아이가 다 컸을 때, 당신의 사업이 성공하면, 그 땐 일과 가정의 관계만 잘 처리하면 된다.

★　根据这段话，我们可以知道：
A　晚婚好
B　不结婚好
C　孩子大了好
D　要早生孩子

★ 이 문장을 통해 우리가 알 수 있는 것은:
A 늦게 결혼하면 좋다
B 결혼하지 않는 게 좋다
C 아이가 크면 좋다
D 아이를 일찍 낳아야 한다 √

**어휘**　有一点 yǒuyìdiǎn 한 가지 주의할 점 | 处理好 chǔlǐhǎo 잘 처리하다 | 家庭 jiātíng 가정

**해설**　이 문장을 통해 우리가 알 수 있는 것은 무엇이냐는 질문이다. 문장의 맨 앞 부분에서 화자는 일찍 결혼하는 것이 늦게 결혼하는 것 보다 좋지만, 반드시 일찍 아이를 가져야 한다고 하였다. 따라서 정답은 '要早生孩子' 이다.

---

**79**　商品微型化是一种趋势。比如MP3、录音机、照相机、摄像机……现代社会制作新颖、精巧的日用品已成为人们消费热点，因此开发这方面的日用品市场将大有可为。

상품 미니화는 일종의 추세이다. 예컨대, MP3, 녹음기, 사진기, 캠코더……현대사회가 만들어 낸 참신하고 정교한 일용품은 이미 사람들의 소비 포인트가 되었다. 때문에 이 방면의 일용품 시장을 개척하면 아주 전도유망할 것이다.

★　商品微型化：
A　不利于携带
B　是发展趋势
C　价格也便宜
D　生产也方便

★ 상품의 미니화는:
A 휴대하기가 불편하다
B 발전추세이다 √
C 가격도 싸다
D 생산도 편리하다

**어휘**　微型化 wēixínghuà 미니화 | 趋势 qūshì 추세 | 制作 zhìzuò 만들다 | 新颖 xīnyǐng 참신하다 | 精巧 jīngqiǎo 정교하다 | 消费 xiāofèi 소비하다 | 已 yǐ 이미 | 热点 rèdiǎn 초점, 포인트 | 大有可为 dàyǒukěwéi 전도가 매우 유망하다 | 携带 xiédài 휴대하다

**해설**　'상품의 미니화는…' 뒤에 이어서 올 수 있는 말을 보기에서 찾으라는 뜻이다. 문장의 맨 앞 부분에서 상품 미니화는 일종의 추세라고 하였다. 따라서 정답은 '是发展趋势, 발전추세이다' 이다.

狮子爱上了农夫的女儿，农夫不想把女儿嫁给狮子，但又惧怕狮子，于是他想出了一个好办法。狮子再次来请求农夫时，他说，狮子必须先拔去牙齿，剁掉爪子，否则不能把女儿嫁给他，因为姑娘惧怕这些东西，狮子一口答应了农夫的要求。从那以后，那只狮子就变成了一头大公牛，整天为农夫和农夫的女儿服务。

사자가 농부의 딸을 사랑하게 되었다. 농부는 딸을 사자에게 시집보내고 싶지 않았지만, 사자가 두려웠다. 그리하여 그는 방법을 하나 강구해냈다. 사자가 다시 농부에게 청혼하러 찾아왔을 때, 그는 딸이 사자의 이빨과 발톱을 무서워하니, 반드시 이빨을 뽑아버리고, 발톱을 잘라내야 하며, 그렇지 않으면 딸을 시집보낼 수 없다고 했다. 사자는 단번에 농부의 요구를 받아들였다. 그 이후로 그 사자는 한 마리의 수소로 변하여, 온 종일 농부와 농부의 딸을 위해 일을 하였다.

★ 狮子爱上了谁?

A 农妇

B 狐狸

C 仙女

D 农夫的女儿

★ 사자는 누구를 사랑하게 되었는가?

A 농촌 아낙네

B 여우

C 선녀

D 농부의 딸 √

**어휘** 狮子 shīzi 사자 | 农夫 nóngfū 농부 | 嫁 jià 시집가다 | 惧怕 jùpà 무서워하다 | 拔去 báqù 뽑아 버리다 | 牙齿 yáchǐ 치아 | 剁掉 duòdiào 잘라 버리다 | 爪子 zhuǎzi 짐승의 발(톱) | 否则 fǒuzé 만약 그렇지 않으면 | 头 tóu (소를 셀 때 쓰는 양사) 마리 | 公牛 gōngniú 수컷의 소 (수소) | 服务 fúwù 봉사하다 | 狐狸 húli 여우 | 仙女 xiānnǚ 선녀

**해설** 이 문장은 동화이야기이다. 문장의 맨 앞부분에서 사자가 농부의 딸을 사랑하게 되었다고 하였기에, 사자가 사랑하게 된 사람은 '농부의 딸'이라는 것을 알 수 있다.

★ 狮子为什么答应了农夫的无礼要求?

A 为健康

B 为娶妻子

C 为减少麻烦

D 为成为英雄

★ 사자는 무엇 때문에 농부의 무리한 요구를 받아들였나?

A 건강을 위하여

B 아내를 얻기 위하여 √

C 번거로움을 덜기 위하여

D 영웅이 되기 위하여

**어휘** 娶 qǔ 아내를 얻다. 장가들다 | 减少 jiǎnshǎo 감소하다 | 英雄 yīngxióng 영웅

**해설** 문장에서 농부가 사자의 이빨과 발톱을 제거해 버려야만 딸을 사자에게 시집보낼 수 있다고 하자, 사자는 바로 승낙하였다. 그 이유는 사자가 농부의 딸을 사랑하기 때문이었다. 따라서 정답은 '为娶妻子, 아내를 얻기 위하여'이다.

## 82-83

美貌，虽然和能力无关，但却会左右我们对人的感觉，人们总是偏爱那些美丽的人。无论是在学校、公司，还是在社会，他们都会占便宜，所以现在做美容手术的人越来越多。

미모는 비록 능력과 무관하지만, 사람에 대한 느낌을 좌지우지하게 된다. 사람들은 늘 예쁜 사람들을 편애한다. 학교, 회사를 막론하고 사회에서도 예쁜 사람이 이득을 보기 때문에, 성형수술을 하는 사람이 갈수록 많아지고 있다.

★ 这段话主要介绍的是：

A 人际关系
B 美容手术
C 工作能力
D 美貌的重要性

★ 이 문장에서 주로 소개하고 있는 것은:

A 인간관계
B 성형수술
C 업무능력
D 미모의 중요성  √

**어휘** 无关 wúguān 무관하다 | 左右 zuǒyòu 좌지우지하다 | 偏爱 piān'ài 편애하다 | 占便宜 zhànpiányi 부당한 이득을 차지하다 | 美容手术 měiróngshǒushù 성형 수술

**해설** 이 문장이 주로 소개하고 있는 것은 무엇이냐는 질문이다. 문장에서 미모는 능력과 무관하지만, 사람에 대한 느낌을 좌지우지하기에 사람들은 늘 예쁜 사람들을 편애하게 된다고 하였다. 따라서 정답은 '美貌的重要性' 이다.

★ 现在做美容手术的人为什么那么多?

A 为了健康
B 为了下一代
C 为了找对象
D 美人受欢迎

★ 요즘 성형수술 하는 사람이 왜 그렇게 많은가 ?

A 건강을 위하여
B 다음 세대를 위하여
C 결혼 상대를 찾기 위해서
D 미인이 환영을 받기 때문에  √

**어휘** 受欢迎 shòuhuānyíng 환영을 받다 | 下一代 xiàyídài 다음 세대

**해설** 문장에서 학교, 회사, 사회에서도 예쁜 사람이 이득을 보기 때문에, 성형수술을 하는 사람이 갈수록 많아지고 있다고 하였다. 따라서 정답은 '美人受欢迎, 미인이 환영을 받기 때문에' 이라는 것을 알 수 있다.

## 84-85

在过去的一个世纪里，地球的温度上升了0.6℃，大多数科学家认为这主要是因为大量温室气体的排放而造成的。科学家预测，如果温室气体继续以现在的速度在大气中积聚，那么北冰洋上的浮冰将不断减少。25年后，辽阔的北冰洋在整个夏天将再也看不到浮冰。

지난 한 세기 동안, 지구의 온도는 0.6℃ 올라갔다. 대다수의 과학자들은 이것은 주로 대량의 온실가스 배출로 인한 것이라고 주장한다. 과학자들은 만약 온실 가스가 지속적으로 지금의 속도로 대기 중에 축적된다면, 북극해의 유빙이 계속 감소될 것이고, 25년 후에 광활한 북극해는 온 여름 동안 더 이상 유빙을 볼 수 없을 것이라고 예측하고 있다.

★ 地球升温的主要原因是：

A 温室气体

B 人口的增加

C 气候的变化

D 生态的破坏

★ 지구 온도 상승의 주요 원인은:

A 온실가스 √

B 인구의 증가

C 기후의 변화

D 생태 파괴

**어휘** 世纪 shìjì 세기 | 地球 dìqiú 지구 | 上升 shàngshēng 상승하다 | 温室气体 wēnshìqìtǐ 온실가스 | 预测 yùcè 예측하다 | 积聚 jījù 축적되다 | 北冰洋 běibīngyáng 북극해 | 浮冰 fúbīng 부빙(浮氷), 유빙(流氷) | 不断 búduàn 계속해서 | 辽阔 liáokuò 넓고 넓다

**해설** 지구 온도 상승의 주요 원인은 무엇이냐는 질문이다. 문장에서 지난 한 세기 동안, 지구의 온도는 0.6℃ 올라갔으며, 이것의 주요 원인은 대량의 온실가스 배출로 인한 것이라고 하였다. 따라서 '温室气体, 온실가스' 가 정답이라는 것을 알 수 있다. 물론 이러한 문제는 그냥 상식적으로 풀어도 된다.

★ 科学家预测，25年后的夏季北冰洋将是：

A 一片雪海

B 一片冰川

C 一片废墟

D 没有浮冰的大海

★ 과학자들은 25년 후의 여름 북극해는 장차:

A 온통 눈 천지다

B 온통 빙하다

C 온통 폐허다

D 유빙이 없는 바다 √

**어휘** 一片 yípiàn 온통 | 雪海 xuěhǎi 눈천지 | 冰川 bīngchuān 빙하 | 废墟 fèixū 폐허

**해설** 핵심 포인트는 '25年后，辽阔的北冰洋在整个夏天将再也看不到浮冰，25년 후에 광활한 북극해는 여름 동안 더 이상 유빙을 볼 수 없다' 라고 했으므로 정답은 '유빙이 없는 바다' 이다.

# 三、书写

## 第一部分

> 第86-95题：完成句子。
>
> 例如：那座桥　　　800年的　　　历史　　　有　　　了
>
> 　　　那座桥有800年的历史了。
>
> 86-95문제 : 문장을 완성하시오.
>
> 예: 그 다리는 800년의 역사를 가지고 있다.

★ 유형파악 & 공략하기

이 부분의 문제는 여러 개의 단어가 제시되어 있다. 주어진 단어를 사용하여 하나의 문장을 만들면 된다. 문장을 만들 때 중국어의 어순과 문법을 염두에 두고 문장을 만들어야 올바른 문장을 만들 수 있다.

**86** 我的　不一样　想法　跟　你 ➡ 我的想法跟你不一样。

나의 생각은 너와 다르다.

**해설** '跟…不一样' 은 '…와 다르다' 란 뜻을 나타낸다. '跟' 의 앞과 뒤에 같은 단어가 중복될 경우 뒷부분에 중복되는 단어는 생략할 수 있다. 따라서 이 문장에서 '跟' 뒤에 오는 '你的想法' 중의 '想法' 를 생략하였다.

我的想法　　　跟　　　你　　　不一样。
↳ 주어　　　↳ 跟　　↳ 사람　　↳ 술어

**87** 一点儿　喜欢　不　我　运动　也 ➡ 我一点儿也不喜欢运动。

나는 운동을 조금도 좋아하지 않는다.

**해설** 보기 중에 부정 부사 '不' 가 있는데, '不' 가 동사를 부정하게 되면 '一点儿' 을 놓을 자리가 없다. 따라서 '一点儿也不' 즉 '조금도 ~하지 않다' 로 문장을 만들어야 한다. 따라서 아래와 같이 문장을 만들 수 있다.

我　　　一点也不　　　喜欢　　　运动。
↳ 주어　↳ 조금도~하지 않다　↳ 술어　↳ 목적어

**88** 一下 我　借用 想　你的 自行车 ➡ 我想借用一下你的自行车。

당신의 자전거를 좀 빌리려고 합니다.

**해설** '一下'은 '想' 같은 조동사 뒤에 올 수 없고, 동작의 행위를 나타내는 행위 동사 뒤에 쓰여 '…을 좀 하다'란 뜻을 나타낸다. 그리고 '想'은 조동사이기 때문에 다른 동사 앞에 위치해야 한다. 따라서 이 문장은 다음과 같이 만들 수 있다.

我　　　　想　　　　借用　　　　一下　　　你的　　　　自行车。
↳ 주어　↳ 조동사　↳ 일반동사　↳ 一下　↳ 한정어　↳ 목적어

**89** 不够 每个月的 花 工资 都 ➡ 每个月的工资都不够花。

매 달의 봉급이 쓰기에 부족하다.

**해설** 중국어의 어순은 '주어+부사+부정 부사+술어+목적어'이다. 여기에서 주어는 '每个月的工资'이고, 부사는 '都'이다. 따라서 이 문장은 이렇게 만들 수 있다.

每个月的工资　　都　　　不　　　　　够花。
↳ 주어　　　　↳ 부사　↳ 부정부사　↳ 술어

**90** 内容 那个广告　的　十分　滑稽 ➡ 那个广告的内容十分滑稽。

그 광고 내용은 아주 익살스럽다.

**해설** 이 문장의 주어는 '内容'이고, 술어는 '滑稽'이다. 즉 형용사 술어문이다. 형용사 술어문의 어순은 '(한정어+)주어+부사+형용사'이기 때문에 아래와 같이 문장을 만들 수 있다.

那个广告的　　　内容　　　　十分　　　　滑稽。
↳ 한정어　　　↳ 주어　　　↳ 부사　　　↳ 형용사

**91** 喝　能　他　两瓶　啤酒 ➡ 他能喝两瓶啤酒。

그는 두 병의 맥주를 마실 수 있다.

**해설** '能, 할 수 있다'와 '喝, 마시다' 두 개의 동사 중에서, '能'은 조동사이기 때문에 '喝' 앞에 와야 한다. 그리고 '两瓶'은 '啤酒'의 한정어로 쓰일 수 있다. 따라서 이 문장은 다음과 같이 만들 수 있다.

他　　　能　　　　喝　　　　两瓶　　　啤酒。
↳ 주어　↳ 조동사　↳ 일반동사　↳ 한정어　↳ 목적어

**92**　吃　我　今天晚上　你　请　法国菜　➡　今天晚上我请你吃法国菜。

오늘 저녁에 내가 프랑스요리 사줄게.

**해설**　'今天晚上'은 시간 명사이기 때문에 주어 앞이나 뒤에 모두 올 수 있으며, '请'은 '사람+请+사람+동사'의 형식으로 '…에게 …을 해준다'란 뜻을 나타낸다. 따라서 이 문장은 다음과 같이 만들 수 있다.

今天晚上　　我　　请　　你　　吃　　法国菜。
↳ 시간명사　↳ 사람　↳ 请　↳ 사람　↳ 술어　↳ 목적어

**93**　人　看那部电影　的　非常　多　➡　看那部电影的人非常多。

그 영화를 보는 사람은 아주 많다.

**해설**　주어가 단순하게 품사 하나가 아니라 '한정어+명사'일 경우도 있다. '그 영화를 보는 사람'은 '看那部电影的人'이라고 표현해야 한다. 그리고 형용사 술어문의 어순은 '(한정어+)주어+부사+형용사'이다. 여기에서 '非常'은 부사이고, '多'는 형용사이다. 따라서 이 문장은 아래와 같이 만들 수 있다.

看那部电影的　　　人　　非常　　多。
↳ 한정어　　　↳ 주어　↳ 부사　↳ 형용사

**94**　天气预报　听　你　今天的　吗　了　➡　你听今天的天气预报了吗?

너는 오늘의 일기예보를 들었니?

**해설**　무엇을 했느냐는 질문의 어순은 '주어+술어+한정어+목적어+了+吗?'이다. 따라서 이 문장은 다음과 같이 만들 수 있다.

你　　听　　今天　　的　　天气预报　　了　　　　　　吗?
↳ 주어　↳ 술어　↳ 한정어　↳ ~의　↳ 목적어　↳ 동작의 완료를 나타냄　↳ 의문사

**95**　来　经常　我家　不　客人　➡　我家不经常来客人。

우리 집에는 손님이 자주 오지 않는다.

**해설**　중국어의 부정은 술어를 부정할 수도 있고, 술어 앞에 오는 부사어도 부정할 수 있다. 그리고 주어 뒤에 오는 '在'와 '跟' 같은 전치사도 부정할 수 있다. 즉 부정하고자 하는 품사 앞에 부정 부사 '不/没'를 붙이면 된다. '我家不经常来客人'란 말은 집에 손님이 오지 않는다는 뜻이 아니라, 손님이 오기는 오는데 자주가 아니라는 뜻이다. 따라서 부정 부사 '不'를 '来' 앞에 놓으면 안 되고, '经常' 앞에 놔야 한다. 따라서 이 문장을 아래와 같이 만들 수 있다.

|  |  |  |  |  |
|---|---|---|---|---|
| 我家 | 不 | 经常 | 来 | 客人。 |
| ↳ 주어 | ↳ 부정부사 | ↳ 부사 | ↳ 동사 | ↳ 목적어 |

**참고** 아래의 문장을 부정문으로 바꾸어 보자.

| | | |
|---|---|---|
| 他经常来我家。 | ➜ | 他不经常来我家。 |
| 그는 우리집에 자주 온다. | | 그는 우리집에 자주 오지 않는다. |
| 我跟他一起去。 | ➜ | 我不跟他一起去。 |
| 나는 그 사람과 같이 간다. | | 나는 그 사람과 같이 안 간다. |
| 我爸爸在大学工作。 | ➜ | 我爸爸不在大学工作。 |
| 우리 아빠는 대학교에서 근무하신다. | | 우리 아빠는 대학교에서 근무하시지 않는다. |

96-100문제: 그림을 보고 주어진 단어로 문장을 만드시오

예:　乒乓球　　她很喜欢打乒乓球。

　　　탁구　　그녀는 탁구 치기를 매우 좋아한다.

**★ 유형파악 & 공략하기**

이 부분의 문제는 한 장의 그림과 하나의 단어가 제시된다. 그림을 보고 주어진 단어를 사용하여 하나의 문장을 만들면 되는데, 문장을 만들 때 출제자의 의도를 잘 파악해야 한다. 예를 들면 컵을 땅에 떨어뜨린 그림은 把자문이나 被자문을 써야 한다. 참고로 그림과 제시어를 보고 문장을 만들 때는 정답이 하나가 아니라 여러 개가 될 수 있다는 것을 유의해야 한다. 따라서 여기에 제시한 정답은 모두 참고 답안이다.

**96**

　　　吗　　➡　　这是你的钥匙吗?

　　　　　　　　　이것은 당신의 열쇠입니까?

**해설**　한 남자가 열쇠를 손에 들고 있고, 제시어는 '吗' 이다. 따라서 '이것은 당신의 열쇠입니까?' 라는 문장을 만들면 된다. 이것은 '是' 자문에 해당하는 문법이다. '是' 자문의 의문형식은 '주어+是+한정어+목적어+吗?' 이다. 이에 근거하여 아래와 같이 문장을 만들 수 있다.

　　这　　　　是　　　　你　　　　的　　　　钥匙　　　吗?
　　↳ 주어　↳ 술어　　↳ 한정어　↳ ~의　　↳ 목적어　↳ 의문사

**97**

到 ➡

我大概十点半到。

내가 대략 10시 반에 도착할 거야.

**해설** 한 남자가 시계를 보고 있고, 제시어는 '到'이다. 따라서 '내가 대략 10시 반에 도착할 거야.'라는 문장을 만들면 된다. '大概'은 '대략'이란 뜻으로 뒤에 나이, 시간 대 등 구체적인 숫자가 와야 한다. 따라서 이 문장은 다음과 같이 만들 수 있다.

我　　　大概　　　十点半　　　到。
↳ 주어　　↳ 부사　　↳ 시간　　↳ 술어


**98**

听说 ➡

听天气预报说明天有雨。

일기예보에서 내일 비가 온다고 했어.

**해설** 기상캐스터가 내일 비가 온다는 예보를 하고 있고, 제시어는 '听说'이다. 따라서 '일기예보에서 내일 비가 온다고 했어'라는 문장을 만들어야 한다. '听说'은 문장의 맨 앞에 위치하며, '听'와 '说' 사이에 사람이나 '天气预报' 등 말을 한 주체가 오며, '说' 뒤에는 구체적으로 들은 내용이 와야 한다. 따라서 아래와 같이 문장을 만들 수 있다.

听　　　天气预报　　　说　　　明天　　　有　　　雨。
↳ 听　　↳ 말을 한 주체　　↳ 说　　↳ 주어　　↳ 술어　　↳ 목적어


**99**

湿 ➡

她被淋湿了。

그녀는 흠뻑 젖었다.

**해설** 그림을 보면 여자 아이의 옷이 흠뻑 젖어있고, 제시어는 '湿'이다. 따라서 '그녀는 흠뻑 젖었다'라는 문장을 만들면 된다. 이는 被자문 문법에 해당한다. 被자문 문형은 다음과 같다. 즉 '목적어+被+주어+동사+기타성분'이다. 이에 근거하여 아래와 같이 문장을 만들 수 있다.

她　　　被　　　淋　　　湿了。
↳ 목적어　　↳ 被　　↳ 동사　　↳ 결과보어

100        正在 ➡ 她正在打电脑。

그녀는 컴퓨터를 하고 있다.

**해설**   그림을 보면 한 여자가 컴퓨터를 하고 있고, 제시어는 '正在'이다. 따라서 '그녀는 컴퓨터를 하고 있다.'라는 문장을 만들면 된다. 이는 진행태의 문법에 해당된다. 진행태의 어순은 다음과 같다. 즉 '주어+正在+동사+목적어'이다. 따라서 아래와 같이 문장을 만들수 있다.

| 她 | 正在 | 打 | 电脑。 |
|----|------|-----|--------|
| ↳ 주어 | ↳ 正在 | ↳ 동사 | ↳ 목적어 |

# 실전모의고사 4회
# 정답 및 해설

靠山山会倒，靠水水会流，靠自己永远不会倒。

산을 의지하면 산은 무너질 수 있고 물을 의지하면 물은 흘러갈 수 있지만, 자신을 의지하면 영원히 굳건할 것이다.

# 第四套模拟试题答案

## 一、听力

### 第一部分

| 1. X | 2. X | 3. V | 4. X | 5. V |
|---|---|---|---|---|
| 6. V | 7. X | 8. V | 9. X | 10. V |

### 第二部分

| 11. D | 12. C | 13. D | 14. A | 15. C |
|---|---|---|---|---|
| 16. D | 17. C | 18. B | 19. D | 20. B |
| 21. A | 22. C | 23. C | 24. A | 25. A |

### 第三部分

| 26. A | 27. B | 28. B | 29. B | 30. D |
|---|---|---|---|---|
| 31. B | 32. C | 33. D | 34. D | 35. A |
| 36. C | 37. D | 38. A | 39. B | 40. C |
| 41. D | 42. C | 43. C | 44. B | 45. D |

## 二、阅读

### 第一部分

| 46. D | 47. C | 48. E | 49. B | 50. A |
|---|---|---|---|---|
| 51. B | 52. C | 53. D | 54. E | 55. A |

### 第二部分

| 56. BCA | 57. CAB | 58. BAC | 59. ACB | 60. BAC |
|---|---|---|---|---|
| 61. CBA | 62. ACB | 63. CAB | 64. CBA | 65. CAB |

### 第三部分

| 66. B | 67. D | 68. B | 69. C | 70. D |
|---|---|---|---|---|
| 71. B | 72. D | 73. A | 74. B | 75. B |
| 76. A | 77. B | 78. C | 79. C | 80. C |
| 81. B | 82. C | 83. C | 84. B | 85. C |

三、书写

第一部分

86. 中午我在学校食堂吃饭。　　87. 我想预定一个房间。

88. 今天晚上我有一个约会。　　89. 他现在可能在医院里。

90. 我们一起去喝咖啡吧。　　91. 我没听清楚你说的话。

92. 我不明白你的意思。　　93. 我一定要说服爸爸。

94. 去年春节我们公司休息了七天。　　95. 一个人去旅行没有意思。

第二部分

96. 这是我给你买的生日礼物。

97. 我很担心您的身体。

98. 我最近每天都锻炼身体。

99. 我想打扫一下房间。

100. 她打算去美国留学。

# 一、听力

## 第一部分

총 10문항이며, 모든 문제는 한 번씩 들려준다.

문제 1－10: OX문제

예: 나 신용카드 하나 만들려고 하는데, 오늘 오후 시간 있어? 나랑 같이 은행에 가
줄래?

    ★ 그는 오후에 은행에 갈 예정이다.                                 (√)

    요즘 나는 텔레비전을 거의 안 본다. 한 가지 원인은 광고가 너무나 많기 때문이다. 시
도때도 없이 어떤 프로그램이든 텔레비전을 켜기만 하면, 늘 너무 많은 광고가 나와서 내
시간을 낭비한다.

    ★ 그는 텔레비전광고를 보기 좋아한다.                             (X)

★ 유형파악 & 공략하기
보기의 내용이 녹음 내용과 일치하는 지, 일치하지 않은 지 판단하는 문제이다. 문제를
한 번 읽어주고, 보기 내용도 한 번 읽어주니, 주의 깊게 잘 들으면 쉽게 풀 수 있을 것
이다.

现在开始第1题 ｜ 지금부터 1번 문제를 시작합니다.

**1** 亲爱的顾客，因为商场装修，今天营业时间将提前1个小时，请各位顾客留意购物时间，祝您购物愉快!

사랑하는 고객 여러분, 상점 인테리어관계로 오늘 영업시간을 1시간 앞당길 예정이오니 고객 여러분께서는 쇼핑하실 때 유의하시길 바랍니다. 즐거운 쇼핑되세요!

    ★ 今天商场营业时间将延长1个小时。

    ★ 오늘 상점 영업시간을 1시간 연장할 것이다.

**정답** X

**어휘** 装修 zhuāngxiū 인테리어 하다 | 将 jiāng …하게 될 것이다 | 提前 tíqián 앞당기다 | 留意 liúyì 주의하다 | 购 gòuwù 물품을 구입하다 | 延长 yáncháng 연장하다

**해설** 들기에서 영업시간을 1시간 앞당긴다고 했는데 보기에서는 1시간 연장한다고 했으므로 정답은 'X'이다.

**2**

咖啡对皮肤有益处，而且用咖啡粉洗澡有减肥的作用，所以越来越多的女性喜欢上了咖啡。

★ 越来越多的女性喜欢上了洗澡。

커피는 피부에 유익할 뿐만 아니라 커피 분말로 목욕을 하면 다이어트효과가 있다. 따라서 점점 많은 여성들이 커피를 좋아하게 되었다.

★ 점점 많은 여성들이 목욕하는 것을 좋아하게 되었다.

**정답** X

**어휘** 益处 yìchu 이로운 점 | 粉 fěn 분말 | 洗澡 xǐzǎo 목욕하다 | 减肥 jiǎnféi 살을 빼다 | 作用 zuòyòng 효과 | 女性 nǚxìng 여성 | 喜欢上 xǐhuanshàng 좋아하게 되다

**해설** 듣기에서 점점 많은 여성들이 커피를 좋아하게 되었다고 했는데 보기에서는 목욕하는 것을 좋아하게 되었다고 했으므로 정답은 'X'이다.

**3**

小月每天晚上下班后都要去她家附近的英语补习班学习英语，因为她打算去美国留学。

★ 小月现在是公司职员。

샤오웨는 매일 저녁 퇴근 후 그녀의 집 근처에 있는 영어보습학원에 가서 영어를 배운다. 그 이유는 그녀가 미국으로 유학 갈 예정이기 때문이다.

★ 지금 샤오웨는 회사원이다.

**정답** √

**어휘** 补习班 bǔxíbān 보습학원 | 因为 yīnwèi …때문에

**해설** 듣기에서 샤오위에가 매일 저녁 퇴근 후 영어공부를 한다고 했으므로 샤오웨가 직장을 다니고 있다는 것을 알 수 있다. 따라서 정답은 '√'이다.

**4**

昨天我去小陈家做客，他太太做了很多菜，味道非常好!

★ 昨天小陈做了很多菜。

어제 나는 샤오천네 집에 놀러 갔다. 그의 부인은 많은 요리를 했는데, 맛이 아주 좋았다.

★ 어제 샤오천은 많은 요리를 했다.

**정답** X

**어휘** 做客 zuòkè 손님이 되다 | 太太 tàitai 아내 | 味道 wèidao 맛

**해설** 듣기에서 샤오천의 부인이 요리를 했다고 했는데 보기에서는 샤오천이 요리를 했다고 했으므로 정답은 'X'이다.

**5**

小张最近总和那几个外国朋友一起去酒吧喝酒，每次都抢着付钱，还没到月底，钱就都花光了。

★ 小张没钱了。

샤오장은 늘 그 몇 명의 외국친구들과 함께 술집에 가서 술을 마시는데, 매번 샤오장이 앞다투어 계산을 한다. 아직 월말도 안 됐는데 이미 돈을 다 써버렸다.

★ 샤오장은 돈이 떨어졌다.

<table>
<tr><td>정답</td><td colspan="2">√</td></tr>
<tr><td>어휘</td><td colspan="2">总 zǒng 늘 | 抢 qiǎng 앞다투어 …하다 | 付钱 fùqián 돈을 지불하다 | 月底 yuèdǐ 월말 | 花光 huāguāng 다 써버리다</td></tr>
<tr><td>해설</td><td colspan="2">듣기에서 샤오장이 돈을 다 써버렸다고 했으므로 정답은 '√' 이다.</td></tr>
</table>

| 6 | 祝王宇同学在这次全国乒乓球比赛中获得银牌！还希望王宇同学继续努力！ | 왕위 학우가 이번 전국 탁구대회에서 은메달을 획득한 것에 대해 축하드리며, 왕위 학우가 계속 노력하기를 바랍니다! |
|---|---|---|
| | ★ 王宇在全国乒乓球比赛中得了第二名。 | ★ 왕위가 전국탁구대회에서 준우승을 했다. |

<table>
<tr><td>정답</td><td>√</td></tr>
<tr><td>어휘</td><td>获得 huòdé 획득하다 | 银牌 yínpái 은메달 | 继续 jìxù 계속하다 | 得 dé 획득하다 | 第二名 dì'èrmíng 준우승</td></tr>
<tr><td>해설</td><td>듣기의 '银牌, 은메달' 과 보기의 '第二名, 준우승' 이 같은 뜻이기 때문에 정답은 '√' 이다.</td></tr>
</table>

| 7 | 我想把这辆汽车卖掉，然后加点儿钱买辆新的，亲爱的，你说好吗？ | 나는 이 차를 팔아버리고 돈을 좀 보태서 새 차를 사려고 하는데, 여보, 당신 의견은 어때요? |
|---|---|---|
| | ★ 他想买一辆二手车。 | ★ 그는 중고차를 사려고 한다. |

<table>
<tr><td>정답</td><td>X</td></tr>
<tr><td>어휘</td><td>卖掉 màidiào 팔아버리다 | 加 jiā 보태다 | 二手车 èrshǒuchē 중고차</td></tr>
<tr><td>해설</td><td>듣기에서 새 차를 사려고 한다고 했는데 보기에서는 중고차를 사려고 한다고 했으므로 정답은 'X' 이다.</td></tr>
</table>

| 8 | 大爷，您能不能帮我看看这辆车？我上午骑着还好好儿的，刚一下班，车就坏了，我还赶着去接孩子呢，麻烦您快点儿，行吗？ | 아저씨, 이 자전거를 좀 수리해줄 수 있습니까? 오전에 탈 땐 멀쩡했었는데, 퇴근하자마자 고장이 났어요. 제가 서둘러 아이를 데리러 가야 하거든요. 죄송하지만 빨리 좀 해주실 수 있나요? |
|---|---|---|
| | ★ 他的自行车坏了。 | ★ 그의 자전거가 고장 났다. |

<table>
<tr><td>정답</td><td>√</td></tr>
<tr><td>어휘</td><td>骑 qí 타다 | 好好儿的 hǎohāorde 멀쩡하다 | 坏 huài 망가지다 | 赶着 gǎnzhe 서두르다</td></tr>
<tr><td>해설</td><td>듣기와 보기에서 모두 자전거가 고장 났다고 했으므로 정답은 '√' 이다</td></tr>
</table>

| 9 | 今天下午我们班跟二班进行足球比赛，同学们都要到操场去给我们班加油！ | 오늘 오후에 우리반과 2반이 축구시합을 할 것이니, 여러분들이 모두 운동장에 가서 우리반을 응원해야 합니다! |
|---|---|---|

| ★ 明天下午我们班要进行足球比赛。 | ★ 내일 오후에 우리반은 축구시합을 한다. |

**정답**  X

**어휘**  进行 jìnxíng 진행하다 | 操场 cāochǎng 운동장 | 加油 jiāyóu 응원하다

**해설**  듣기에서는 오늘 오후에 축구시합을 한다고 했는데 보기에서는 내일 오후라고 했으므로 정답은 'X'이다.

**10**

| 上个星期天我去学校图书馆借书，那天下着大雪，路非常滑，好不容易走到了图书馆，可我忘了带借书证，只好回家了。 | 지난 주 일요일에 나는 책을 빌리러 도서관에 갔었는데, 그날 눈이 많이 내려 길이 매우 미끄러웠다. 아주 어렵게 도서관에 도착했지만, 나는 도서 대출증을 가지고 가는 것을 잊어서 집으로 돌아와야만 했다. |
| ★ 上星期我没借到书。 | ★ 지난 주 나는 책을 빌리지 못했다. |

**정답**  √

**어휘**  借书 jièshū 책을 빌리다 | 滑 huá 미끄럽다 | 好不容易 hǎoburóngyì 간신히 | 借书证 jièshūzhèng 도서대출증 | 只好 zhǐhǎo 할 수 없이 | 没借到 méijièdào 빌리지 못했다

**해설**  듣기에서 도서 대출증을 안 가지고가서 책을 빌리지 못하고 집으로 돌아왔다고 했으므로 정답은 '√'이다.

<br>

第二部分

총 15문항이며, 모든 문제는 한 번 씩 들려준다.

문제 11-25: 정답을 고르시오.

예:

  여: 주유해야 하는데 공항 가는 길에 주유소가 있어요?

  남: 있어요, 걱정하시지 마세요.

  문: 남자의 뜻은 무엇입니까?

   A 공항에 가다　　B 곧 도착한다　　C 기름이 찼다　　D 주유소가 있다  √

★ 유형파악 & 공략하기

4급에 해당하는 문제이기 때문에 듣기에 함정은 크게 없고, 단지 뜻이 같은 단어 두세 개를 함께 사용하여 혼동이 조금 생길 수 있을 정도이다. 예를 들어 '선풍기'를 '电风扇', '电扇' 두 단어를 함께 사용하는 경우이다. 문제의 흐름만 잘 따악하면 쉽게 풀 수 있다.

现在开始第11题 ┃ 지금부터 11번 문제를 시작합니다.

**11**

男: 请给我三斤菠菜。

女: 真不巧，菠菜卖没了，您去对面看看吧。

问: 女的是什么意思?

A 不想卖菠菜

B 不想卖给男的

C 不知道怎么卖

D 让男的去别的地方买

남: 시금치 3 근 주세요.

여: 공교롭게도 시금치가 다 팔렸네요. 맞은편에 가보세요.

문: 여자의 뜻은?

A 시금치를 팔지 않으려고 한다

B 남자에게 팔지 않으려고 한다

C 어떻게 파는지 모른다

D 남자에게 다른 곳에 가서 사라고 했다 √

**어휘** 菠菜 bōcài 시금치 | 对面 duìmiàn 맞은편

**해설** 여자의 뜻을 파악하는 문제이다. 여자가 남자에게 '菠菜卖没了，您去对面看看吧, 시금치가 다 팔렸네요. 맞은편에 가보세요' 라고 했으므로 D가 정답이다.

**12**

女: 王老师，听说您马上要去美国了。

男: 哪儿啊！我先去一趟日本，然后去英国参加一个会议，得7～8天。

问: 王老师要去哪儿开会?

A 美国

B 日本

C 英国

D 中国

여: 왕 선생님, 곧 미국에 간다고 들었는데요.

남: 아니에요, 먼저 일본에 갔다가 영국에 가서 회의에 참석할 것이니 7～8일은 걸릴 거예요.

문: 왕 선생님은 어디에 가서 회의에 참석할 것인가?

A 미국

B 일본

C 영국 √

D 중국

**어휘** 哪儿啊 nǎr'a 절대 아니야 | 先…然后… xiān … ránhòu… 먼저… 하고 그 다음… 하다 | 参加 cānjiā 참가하다

**해설** 핵심 포인트는 '我先去一趟日本，然后去英国参加一个会议, 먼저 일본에 갔다가 영국에 가서 회의에 참석할 거에요' 이다. 따라서 왕 선생님이 영국으로 회의하러 간다는 것을 알 수 있다.

**13**

男: 你是不是喜欢营业部的小李?

女: 你听谁说的? 我才不喜欢他呢，是小李自作多情。

问: 关于女的我们可以知道什么?

A 喜欢小李

B 要结婚了

C 已经结婚了

D 小李喜欢女的

남: 네가 영업부의 샤오리를 좋아하지?

여: 누구에게 들은 거야? 난 그를 좋아하지 않거든, 샤오리가 착각한 거야.

문: 여자에 대하여 알 수 있는 것은?

A 샤오리를 좋아한다

B 곧 결혼할 것이다

C 이미 결혼했다

D 샤오리가 여자를 좋아한다 √

어휘 营业部 yíngyèbù 영업부 | 自作 zìzuò 스스로 …라고 생각하다 | 多情 duōqíng 감정이 풍부하다 | 关于 guānyú …에 관해서 | 要…了 yào…le 곧…할 것이다

해설 핵심 포인트는 '我才不喜欢他呢, 是小李自作多情, 난 그를 좋아하지 않거든, 샤오리가 착각한 거야' 이다. 따라서 여자가 샤오리를 좋아하는 게 아니라 샤오리가 여자를 좋아한다는 것을 알 수 있다.

---

**14**

女: 我姐刚从韩国带回来一些化妆品，有防晒霜、晚霜、眼霜什么的，你要吗?

男: 太好了，我正想给我女朋友买眼霜呢!

问: 男的想买什么?

A 眼霜
B 晚霜
C 口红
D 防晒霜

여: 우리 언니가 방금 한국에서 화장품을 좀 가져왔는데, 썬크림도 있고, 나이트크림도 있고, 아이크림도 있어. 좀 줄까?

남: 잘됐다, 마침 여자 친구에게 아이크림을 사주려던 참인데.

문: 남자는 무엇을 사려고 하나?

A 아이크림 √
B 나이트그림
C 립스틱
D 썬크림

어휘 带回来 dàihuílái 가져오다 | 些 xiē 조금, 약간 [명사 앞에 쓰여 확정적이지 않은 적은 수량을 나타냄] | 化妆品 huàzhuāngpǐn 화장품 | 防晒霜 fángshàishuāng 썬크림 | 晚霜 wǎnshuāng 나이트크림 | 眼霜 yǎnshuāng 아이크림 | 什么的 shénmede (나열하는 말 마지막에 쓰여) …등 | 口红 kǒuhóng 립스틱

해설 듣기 중에서 남자가 '我正想给我女朋友买眼霜呢! 마침 여자 친구에게 아이크림을 사주려던 참인데' 라고 했으므로 남자가 사려던 것이 아이크림이라는 것을 알 수 있다.

---

**15**

男: 晚上去打羽毛球吗?

女: 看情况吧，下班早的话就去，要是加班的话就不能去了。

问: 女的晚上去打羽毛球吗?

A 去
B 不去
C 不确定
D 不想去

남: 저녁에 배드민턴 치러 갈 거야?

여: 상황 봐서, 일찍 퇴근하면 가고, 잔업 하면 갈 수 없어.

문: 여자는 저녁에 배드민턴을 치러 갈 것인가?

A 간다
B 안 간다
C 확실하지 않다 √
D 가려고 하지 않는다

어휘 羽毛球 yǔmáoqiú 배드민턴 | 情况 qíngkuàng 상황 | 的话 dehuà …하다면 | 不能…了 bùnéng …le …할 수 없게 되었다 | 确定 quèdìng 확정적이다

해설 저녁에 배드민턴 치러 가느냐는 남자의 질문에 여자가 '일찍 퇴근하면 가고, 잔업 하면 갈 수 없어' 라고 했으므로 정답은 C이다.

16 女: 昨天你买什么了？你的钱包怎么又
空了？

男: 没买什么啊，只是跟同事们一起吃
了顿饭，我买单而已。

问: 男的昨天花钱干什么了？

A 买了手表
B 买了西服
C 买了手机
D 请人吃饭了

여: 당신 어제 무엇을 샀어요? 당신의 지갑이
왜 또 비어 있어요?

남: 아무 것도 안 샀어요. 동료들과 같이 밥
한끼 먹었는데, 내가 계산한 것 뿐이에요.

문: 남자는 어제 무엇을 하는데 돈을 썼나?

A 손목 시계를 사는 데
B 양복을 사는 데
C 핸드폰을 사는 데
D 사람들에게 식사 대접을 하는 데 √

**어휘** 空 kōng 텅 비다 | 只是 zhǐshì 단지 | 买单 mǎidān 계산하다 | 而已 éryǐ …뿐이다

**해설** 왜 지갑이 비어 있느냐는 여자의 질문에 남자가 동료들과 식사했는데 자기가 계산했다고
했으므로 남자가 어제 식사 대접을 했다는 것을 알 수 있다.

17 男: 你能教我英语吗？

女: 你还是让王芳教你吧，她的英语可
比我好多了。

问: 谁的英语最好？

A 男的
B 女的
C 王芳
D 不知道

남: 나에게 영어를 가르쳐줄 수 있어?

여: 왕팡에게 가르쳐달라고 해. 왕팡은 나보
다 영어를 훨씬 잘해.

문: 누가 영어를 가장 잘 하는가?

A 남자
B 여자
C 왕팡 √
D 모르겠음

**어휘** 还是…吧 háishi …ba …하는 편이 (더) 좋다 | 让 ràng …하게 하다

**해설** 영어를 가르쳐달라는 남자의 부탁에 여자가 '왕팡은 나보다 영어를 훨씬 잘해' 라고 했으므
로 왕팡이 영어를 가장 잘 한다는 것을 알 수 있다.

18 女: 今天放学以后妈妈让我们早点儿回
家吃饭，爸爸今天过生日。

男: 知道了。姐姐，那你在学校门口等
我吧。

问: 他们是什么关系？

A 兄妹
B 姐弟
C 母子
D 父女

여: 오늘 방과후 엄마가 우리에게 일찍 집에
돌아오라고 했어. 오늘 아빠생신이시거든.

남: 알았어. 누나, 그럼 학교정문 앞에서 나
를 기다려.

문: 그들은 어떤 사이인가?

A 오빠와 여동생
B 누나와 남동생 √
C 모자
D 부녀

**어휘** 放学 fàngxué 수업을 마치다 | 早点儿 zǎodiǎnr 좀 일찍 | 过生日 guòshēngri 생일을 쇠다
| 门口 ménkǒu 입구 | 关系 guānxi (사람과 사람 또는 사물 사이의) 관계

**해설** 남자가 여자에게 '누나' 라고 부르고, 엄마와 아빠에 관한 이야기가 나오므로 두 사람은 누
나와 남동생 사이라는 것을 알 수 있다.

**19**

男: 请问，去博物馆怎么走?

남: 말씀 좀 여쭙겠습니다, 박물관에 가려면 어떻게 가야 합니까?

女: 虽然不太远，不过走着去有点儿麻烦，您还是打的去吧，估计10块钱就够了。

여: 그렇게 멀지는 않지만, 걸어서 가면 좀 번거로우니 택시를 타고 가세요. 아마 10위안이면 충분할 겁니다.

问: 女的是什么意思?

문: 여자의 뜻은?

| | | |
|---|---|---|
| A | 她不认识路 | 그녀는 길을 모른다 |
| B | 她不是本地人 | 그녀는 현지인이 아니다 |
| C | 她不想告诉男的 | 그녀는 남자에게 알려주지 않으려고 한다 |
| D | 打的去比较方便 | 택시타고 가는 게 비교적 편하다 √ |

**어휘** 博物馆 bówùguǎn 박물관 | 虽然 suīrán 비록 …하지만 | 不过 búguò 그러나 | 走着去 zǒuzheqù 걸어서 가다 | 麻烦 máfan 귀찮다 | 打的 dǎdī 택시를 타다 | 估计 gūjì 짐작하다

**해설** 박물관에 가려면 어떻게 가야 하느냐는 남자의 질문에 여자가 '걸어서 가면 좀 번거로우니 택시를 타고 가세요'라고 했으므로 D가 정답이다.

**20**

女: 王晓军，你最近上课的时候怎么总是打盹儿啊?

여: 왕샤오쥔, 너 요즘 수업시간에 왜 늘 조는 거야?

男: 真不好意思，最近我生病了，所以上课的时候总是没精神。

남: 정말 미안합니다. 제가 요즘 아파서 수업시간에 늘 기력이 없습니다.

问: 女的最可能是做什么工作的?

문: 여자는 어떤 일을 하는 사람일 가능성이 큰가?

| | | |
|---|---|---|
| A | 厨师 | 요리사 |
| B | 教师 | 교사 √ |
| C | 秘书 | 비서 |
| D | 律师 | 변호사 |

**어휘** 总是 zǒngshì 늘 | 打盹儿 dǎdǔnr 졸다 | 生病 shēngbìng 병이 나다 | 没精神 méijīngshen 기력이 없다

**해설** 듣기 중에 '수업시간에 왜 늘 조는 거야?'라고 했으므로 여자의 직업이 요리사, 비서, 변호사가 아니라 선생님일 가능성이 가장 크다.

**21**

男: 上次你借给我的那本书，我还给你了吧?

남: 지난번에 네가 나에게 빌려준 책, 내가 돌려줬지?

女: 你什么时候还给我了? 我正想找你要呢。

여: 네가 언제 돌려줬어? 마침 너에게 달라고 하려던 참인데.

问: 女的是什么意思?

문: 여자의 뜻은?

| | | | | |
|---|---|---|---|---|
| A | 男的没还书 | A | 남자가 아직 책을 돌려주지 않았다 √ |
| B | 男的还了书 | B | 남자가 책을 돌려주었다 |
| C | 男的丢了书 | C | 남자가 책을 잃어버렸다 |
| D | 不知道还没还 | D | 돌려 주었는지 안 돌려 주었는지 모른다 |

**어휘** 借 jiè 빌리다 | 还 huán 돌려주다 | 丢 diū 잃어버리다

**해설** 여자가 남자에게 '你什么时候还给我了？ 네가 언제 돌려줬어?' 라고 했으므로 남자가 책을 돌려주지 않았다는 것을 알 수 있다. 따라서 A가 정답이다.

---

**22**

女: 中国排球队的教练和队员们对这次比赛充满了信心，请问，作为领队，您对这次比赛有什么看法？

男: 我坚信中国排球队这次一定能拿到冠军。

问: 他们在谈论什么？

A 足球赛
B 奥运会
C 排球赛
D 亚运会

여: 중국배구팀의 코치와 선수들은 이번 시합에 대해 자신감에 충만해 있는데요, 당신은 팀의 책임자로서 이번 시합에 대해 어떻게 생각하십니까？

남: 저는 중국배구팀이 이번 시합에서 반드시 우승할 것이라고 굳게 믿습니다.

문: 그들은 무엇에 대해 이야기하고 있나？

A 축구 시합
B 올림픽대회
C 배구 시합 √
D 아시아 경기 대회

**어휘** 排球 páiqiú 배구 | 队 duì 팀 | 队员 duìyuán 대원 | 充满 chōngmǎn 충만하다 | 领队 lǐngduì 책임자 | 看法 kànfǎ 견해 | 坚信 jiānxìn 굳게 믿다 | 拿到 nádào 획득하다 | 冠军 guànjūn 우승 | 谈论 tánlùn 논의하다

**해설** 핵심 포인트는 '我坚信中国排球队这次一定能拿到冠军, 저는 중국 배구팀이 이번 시합에서 반드시 우승할 것이라고 굳게 믿습니다' 이다. 따라서 그들이 배구시합에 대해 이야기하고 있다는 것을 알 수 있다.

---

**23**

男: 我觉得这种款式还不错，镜头是日本原装的，外观也不错。

女: 但是我不喜欢这个颜色，我喜欢那台。

问: 他们在谈论什么？

A 电视
B 手表
C 相机
D 电脑

남: 나는 이런 디자인이 괜찮은 거 같아. 렌즈는 일본 원래의 부속품이고, 외관도 좋고.

여: 그런데 난 이런 색은 싫어. 저것이 좋아.

문: 그들은 무엇에 대해 이야기하고 있나？

A 텔레비전
B 손목시계
C 카메라 √
D 컴퓨터

**어휘** 款式 kuǎnshì 디자인 | 镜头 jìngtóu 렌즈 | 原装 yuánzhuāng 원산지 생산의 | 外观 wàiguān 외관

**해설** 대화에서 '镜头, 렌즈' 가 일본 원래의 부속품이라고 했으므로, 이 물건이 카메라라는 것을 유추할 수 있다. 특히 '台, 대' 는 텔레비전, 냉장고, 카메라 등 전자제품을 셀 때 쓰는 양사이기 때문에 이들이 카메라에 대해 이야기하고 있다는 것을 알 수 있다.

24   女: 假期你打算回中国吗？
   男: 回啊，上次放假我就没回去，这次
     一定得回去了。
   问: 女的上次放假干什么了？
   A  不知道
   B  回国了
   C  没回国
   D  去了别的国家

여: 방학 때 넌 중국으로 돌아갈 거야?
남: 돌아가야지. 지난 방학 때 돌아가지 못했으니, 이번엔 꼭 돌아갈 거야.
문: 그녀는 지난 방학 때 무엇을 했나?
A  모르겠음 √
B  중국으로 돌아갔었다
C  중국으로 돌아가지 않았다
D  다른 나라에 갔었다

**어휘** 假期 jiàqī 방학 기간 | 上次 shàngcì 지난번 | 放假 fàngjià 방학하다

**해설** 대화에서 남자가 지난 방학 때 중국으로 돌아가지 않았으니 이번엔 반드시 돌아간다고 했으며, 지난 방학 때 무엇을 했는지에 대해서는 언급하지 않았다. 따라서 정답은 A이다.

25   男: 喂，王总，您现在接电话方便吗？
   女: 我现在正在开会，一会儿会议结束
     以后我给你打吧。
   问: 女的在做什么？
   A  开会
   B  吃饭
   C  上课
   D  睡觉

남: 여보세요, 왕 사장님, 지금 전화 받기 괜찮으세요?
여: 지금 회의 중이라서, 잠시 후 회의가 끝나면 제가 전화 드리겠습니다.
문: 여자는 무엇을 하고 있나?
A  회의 중 √
B  식사 중
C  수업 중
D  자고 있음

**어휘** 王总 wángzǒng 왕사장님 | 接 jiē (전화를) 받다 | 结束 jiéshù 끝나다

**해설** 핵심어는 ‘我现在正在开会，一会儿会议结束以后我给你打吧, 지금 회의 중이라서, 잠시 후 회의가 끝나면 제가 전화 드리겠습니다’ 이다. 따라서 여자가 지금 회의 중이라는 것을 알 수 있다.

第三部分

총 20문항이며, 모든 문제는 한 번씩 들려준다.

문제 26 – 45 : 정답을 고르시오.

예:

남: 이 서류를 5부 복사해서 좀 이따가 회의실로 가져가 여러분들께 나눠 주세요.

여: 알겠습니다. 회의는 오후 3시죠?

남: 변경되었습니다. 3시 반입니다. 30분 뒤로 미뤄졌습니다.

여: 알겠습니다. 602호 회의실은 변동 없죠?

남: 네. 변동이 없습니다.

문: 회의는 몇 시부터 시작합니까?

  A 2시        B 3시        C 3 : 30   √     D 6시

★ 유형따악 & 공략하기

보기를 먼저 읽어라. 문제를 예상할 수 있을 것이다. 그리고 핵심 포인트를 놓치지 않는다면 정답을 맞추는 건 식은 죽 먹기!

现在开始第26题 │ 지금부터 26번 문제를 시작합니다.

**26**

女: 你想不想吃冰激凌?

男: 我不想吃, 不过给弟弟和妹妹买点儿吧。

女: 弟弟昨天刚拔过牙, 吃不了凉的。

男: 那就给妹妹买一个好了。

女: 我知道了。

问: 女的要买几个冰激凌?

A　1个

B　2个

C　3个

D　4个

여: 아이스크림 먹을래?

남: 난 안 먹고 싶은데, 남동생하고 여동생에게 좀 사줘.

여: 남동생은 어제 막 이를 빼서 찬 것을 먹을 수 없어.

남: 그럼 여동생에게 하나 사주면 되겠네.

여: 알았어.

문: 여자는 아이스크림을 몇 개 사려고 하나?

A　하나　√

B　두 개

C　세 개

D　네 개

**어휘** 冰激凌 bīngjilíng 아이스크림 | 拔牙 báyá 이를 빼다 | 吃不了 chībuliǎo 먹을 수 없다 | 凉 liángde 찬 것

**해설** 남동생과 여동생에게 아이스크림을 사주자는 남자에 제안에 여자가 남동생은 이를 빼서 찬 것을 먹을 수 없으니 여동생에게만 사주자고 했으므로, 여자가 아이스크림을 하나만 사려는 것을 알 수 있다.

**27**

| 男： | 请问，苹果多少钱一斤？ | 남： | 말씀 좀 여쭙겠습니다, 사과 한 근에 얼마입니까? |
|---|---|---|---|
| 女： | 三块钱一斤，十块钱四斤。 | 여： | 한 근에 3위안, 10위안에 4근입니다. |
| 男： | 有没有橘子？ | 남： | 귤 있어요? |
| 女： | 当然有了，橘子两块钱一斤。 | 여： | 당연히 있죠. 귤은 한 근에 2위안입니다. |
| 男： | 那我要一斤苹果，一斤橘子。 | 남： | 그럼 사과 한 근하고 귤 한 근 주세요. |
| 问： | 橘子多少钱一斤？ | 문： | 귤 한 근에 얼마인가? |
| A | 1元 | A | 1위안 |
| B | 2元 | B | 2위안 √ |
| C | 3元 | C | 3위안 |
| D | 4元 | D | 4위안 |

**어휘** 苹果 píngguǒ 사과 | 斤 jīn 근 | 橘子 júzi 귤

**해설** 핵심어는 '橘子两块钱一斤, 귤은 한 근에 2위안입니다' 이다. 따라서 귤이 한 근에 2위안이라는 것을 알 수 있다.

**28**

| 女： | 小李住院了，你知道吗？ | 여： | 샤오리가 입원했는데, 너 알고있니？ |
|---|---|---|---|
| 男： | 不知道，怪不得他今天没来上班，严不严重？ | 남： | 모르는데, 그래서 오늘 출근 안 했구나. 심각해？ |
| 女： | 好像很严重，昨天晚上骑车的时候摔倒了，听说骨折了。 | 여： | 심한 것 같아. 어제 저녁에 자전거를 탈 때 넘어졌는데, 뼈가 부러졌다고 들었어. |
| 男： | 下班以后我得去医院看看小李。 | 남： | 퇴근 후 샤오리 보러 가야겠다. |
| 女： | 我也想去，我们一起去吧。 | 여： | 나도 가고 싶은데, 우리 같이 가자. |
| 问： | 小李为什么没来上班？ | 문： | 샤오리는 왜 출근하지 않았나？ |
| A | 不愿意上班 | A | 출근하기 싫어서 |
| B | 小李受伤了 | B | 샤오리가 다쳐서 √ |
| C | 今天是周日 | C | 오늘이 일요일이어서 |
| D | 家里有急事 | D | 집에 급한 일이 있어서 |

**어휘** 住院 zhùyuàn 입원하다 | 怪不得 guàibude 어쩐지 | 严重 yánzhòng 심각하다 | 摔倒 shuāidǎo 넘어지다 | 骨折 gǔzhé 골절되다

**해설** 핵심어는 '小李住院了, 샤오리가 입원했어' 이다. 이를 통해 샤오리가 출근하지 않은 이유를 알 수 있다.

29    男: 今天天气真冷啊！外面下雪了，路<br>太滑，你不要开车上班了！

女: 老公，放心吧，今天我坐公共汽车<br>上班。

男: 从咱家走到汽车站至少得20分钟，<br>你现在出发，会迟到的。

女: 那怎么办？ 总不能跑着去吧！

男: 可以坐地铁啊，咱家离地铁站只有<br>10分钟的距离。

问: 女的今天怎么去上班？

A    走着去

B    坐地铁

C    自己开车

D    坐公共汽车

남: 오늘 날씨가 정말 춥네요! 밖에 눈이 내려서 길이 많이 미끄러우니 운전해서 출근하지 마세요!

여: 여보, 걱정 말아요, 오늘 버스를 타고 출근할 거예요.

남: 우리 집에서 버스 정류장까지 20분이나 걸려서 지금 출발해도 지각할 거예요.

여: 그럼 어떻게 하죠? 달려서 갈 수는 없잖아요!

남: 지하철을 타면 되죠. 우리 집에서 지하철역까지 10분밖에 안 걸리잖아요.

문: 여자는 오늘 어떻게 출근할 것인가?

A    걸어서

B    지하철을 타고 √

C    스스로 운전해서

D    버스를 타고

**어휘** 滑 huá 미끄럽다 | 老公 lǎogōng 남편 | 放心 fàngxīn 안심하다 | 咱 zán 우리 | 迟到 chídào 지각하다 | 总 zǒng 어쨌든 | 距离 jùlí 거리

**해설** 남자가 여자에게 집에서 지하철역이 가까우니 지하철을 타고 가라고 했으므로 정답은 B이다.

30    女: 我的电脑坏了，想买一台新电脑。

男: 你可以在网上订购，在网上买东西<br>比较便宜。

女: 我知道，但我还是觉得在商场买比<br>较好。

男: 为什么？商场里的东西都很贵呀。

女: 因为商场里的东西售后服务比较好。

问: 女的为什么要去商场买电脑？

A    便宜

B    质量好

C    价格合理

D    售后服务比较好

여: 내 컴퓨터가 망가져서 새 컴퓨터를 사려고 하거든.

남: 그럼 인터넷에서 사, 인터넷에서 사면 비교적 싸거든.

여: 알아, 근데 난 그래도 상점에서 사는 게 좋을 것 같다.

남: 왜? 상점의 물건은 모두 너무 비싸잖아.

여: 상점에서 산 물건은 A/S가 비교적 좋잖아.

문: 여자는 왜 상점에서 컴퓨터를 사려고 하나?

A    싸기 때문에

B    품질이 좋기 때문에

C    가격이 합리적이기 때문에

D    A/S가 비교적 좋기 때문에 √

**어휘** 订购 dìnggòu 주문하여 구입하다 | 电脑 diànnǎo 컴퓨터 | 在网上 zàiwǎngshàng 인터넷에서 | 售后服务 shòuhòufúwù 애프터서비스

**해설** 왜 상점에서 컴퓨터를 사려고 하느냐는 남자의 질문에 여자가 상점에서 컴퓨터를 사면 A/S가 비교적 좋다고 했으므로 D가 정답이다.

31 男： 这次英语考试结果怎么样？ 　　남： 이번 영어 시험결과 어때？

女： 咳，别提了，考砸了，考了个不及格。 　　여： 아이고, 말도 마, 시험을 망쳤어. 불합격이야.

男： 为什么呀？你每天都去图书馆学习，应该复习得不错啊！怎么会不及格呢？ 　　남： 왜? 너 매일 도서관에 가서 공부했으니까 복습을 많이 했을 텐데, 왜 불합격이야?

女： 考试题太难了，全班大部分人都不及格。 　　여： 시험이 너무 어려웠어. 우리 반 대부분 학생이 불합격이야.

男： 原来是这样。 　　남： 그렇구나.

问： 这位女生为什么没考好？ 　　문： 이 여학생은 왜 시험을 잘 못 쳤나?

A 没复习好 　　A 복습을 잘 하지 못해서

B 考试题太难 　　B 시험 문제가 너무 어려워서 √

C 考试题太多了 　　C 시험 문제가 너무 많아서

D 全班大部分人都不及格 　　D 반 전체 대부분 학생이 불합격이다

**어휘** 考试 kǎoshì 시험 | 结果 jiéguǒ 결과 | 应该 yīnggāi 반드시 …할 것이다 | 复习 fùxí 복습하다 | 不及格 bùjígé (시험에) 불합격하다 | 全班 quánbān 반 전체 | 原来 yuánlái 알고 보니 | 女生 nǚshēng 여학생

**해설** 왜 시험에 불합격을 했느냐는 남자의 질문에 여자가 시험 문제가 너무 어려웠다고 했으므로 B가 정답이다.


32 女： 快放假了，你有什么打算？ 　　여： 곧 방학인데, 넌 무슨 계획이 있어?

男： 目前还没有，怎么？你有什么好计划吗？ 　　남： 아직 없어. 왜? 너 무슨 좋은 계획 있어?

女： 咱们一起去北京旅游怎么样？我想去北京看看长城和故宫。 　　여： 우리 같이 베이징에 여행가는 게 어때? 난 베이징에 가서 만리장성이랑 고궁을 보고 싶어.

男： 我觉得北京太远了，还不如去香港呢。 　　남： 베이징은 너무 먼 것 같아. 차라리 홍콩 가는 게 낫겠다.

女： 你要是不愿意，我就去找别人！ 　　여： 네가 가기 싫으면 난 다른 사람을 찾을 거야!

问： 女的是什么态度？ 　　문： 여자의 태도는 어떠한가?

A 高兴 　　A 기뻐하다

B 命令 　　B 명령하다

C 埋怨 　　C 원망하다 √

D 兴奋 　　D 흥분하다

**어휘** 快…了 kuài …le 곧…할 것이다 | 目前 mùqián 현재 | 计划 jìhuà 계획 | 长城 chángchéng 만리장성 | 故宫 gùgōng 고궁 | 不如 bùrú …하는 편이 낫다 | 愿意 yuànyì 달가워하다

**해설** 핵심어는 '你要是不愿意，我就去找别人! 네가 가기 싫으면 난 다른 사람을 찾을 거야!' 이다. 이로서 여자가 남자를 원망하고 있다는 것을 알 수 있다.

**33** 男: 你好！我是来还书的。

女: 对不起，您借这本书的时间太长了，超过了期限，需要交罚款。

男: 是吗？得交多少钱？

女: 12元。

男: 知道了，下次得注意点儿还书时间。

问: 对话发生在什么地方？

A 书店
B 商店
C 邮局
D 图书馆

남: 안녕하세요! 책을 반납하러 왔거든요.

여: 죄송합니다만, 책을 빌린 시간이 너무 오래되어 기한이 지났어요. 벌금을 내야겠네요.

남: 그래요? 얼마 내야 합니까?

여: 12위안이요.

남: 알았어요. 다음에는 책을 반납하는 시간에 유의해야겠네요.

문: 대화는 어디에서 이루어졌나?

A 서점
B 상점
C 우체국
D 도서관 √

**어휘** 还 huán 돌려주다 | 超过 chāoguò 초과하다 | 期限 qīxiàn 기한 | 交 jiāo (돈을) 내다 | 罚款 fákuǎn 벌금 | 对话 duìhuà 대화 | 发生 fāshēng 발생하다

**해설** 핵심어는 '你好! 我是来还书的, 안녕하세요! 책을 반납하러 왔거든요' 이다. 이로서 대화가 이루어진 장소가 도서관이라는 것을 알 수 있다.

**34** 女: 你看上去很累，是不是熬夜了？

男: 是的，昨天晚上一直在看世界杯足球赛，但是我喜欢的球队输了。

女: 是韩国队的比赛吗？

男: 不是，是意大利队和法国队的比赛，意大利队踢得很好，但还是输了。

女: 真可惜，不过今天晚上意大利和巴西还有一场比赛，希望今天能赢！

问: 男的喜欢哪个球队？

A 韩国
B 法国
C 巴西
D 意大利

여: 보아하니 많이 힘든 것 같은데, 또 밤샜어?

남: 그래, 어제 저녁에 월드컵축구 시합을 봤는데 내가 좋아하는 팀이 져버렸어.

여: 한국팀 시합 말하는 거야?

남: 아니야, 이탈리아팀과 프랑스팀 시합, 이탈리아팀이 잘 찼는데, 결국은 져버렸어.

여: 너무 아쉽다. 그런데 오늘 저녁에 이탈리아와 브라질이 시합하는데 오늘은 이겼으면 좋겠다!

문: 남자는 어떤 팀을 좋아하나?

A 한국
B 프랑스
C 브라질
D 이탈리아 √

**어휘** 看上去 kànshangqù 보아하니 …하다 | 熬夜 áoyè 밤새다 | 一直 yìzhí 줄곧 | 世界杯 shìjièbēi 월드컵 | 球队 qiúduì (구기 종목의) 팀 | 输 shū 지다 | 可惜 kěxī 아쉽다 | 巴西 Bāxī 브라질 | 赢 yíng 이기다

**해설** 남자가 밤새면서 자신이 좋아하는 이탈리아팀과 프랑스팀의 축구시합을 봤고, 또 이탈리아가 진 것에 대해 아쉬워하고 있으므로 남자가 이탈리아팀을 좋아한다는 것을 알 수 있다.

35　男：今天你穿的衣服真漂亮，在哪里买 | 남：오늘 네가 입은 옷 정말 예쁘다, 어디에
　　　的？ | 　　　서 샀어?
　　女：是我朋友送我的生日礼物。 | 여：내 친구가 나에게 준 생일 선물이야.
　　男：你和你的朋友关系一定很好。 | 남：너와 너의 친구는 사이가 아주 좋구나.
　　女：是的，虽然我们不是同学，但是我 | 여：그래, 비록 동창은 아니지만, 어렸을 때
　　　们从小到大都是邻居。 | 　　　부터 커서까지 이웃이거든.
　　男：真羡慕你啊！ | 남：네가 정말 부럽다!
　　问：女的和她的朋友是什么关系？ | 문：여자와 여자의 친구는 어떤 사이인가?

| | |
|---|---|
| A　邻居 | A　이웃　√ |
| B　姐妹 | B　언니와 여동생 |
| C　同事 | C　동료 |
| D　同学 | D　동창 |

**어휘**　穿 chuān 입다 | 送 sòng 선물하다 | 礼物 lǐwù 선물 | 关系 guānxi (사람과 사람 또는 사물 사이의) 관계 | 虽然 suīrán 비록 …하지만 | 邻居 línjū 이웃 사람, 이웃집 | 羡慕 xiànmù 부러워하다

**해설**　여자와 여자에게 선물한 친구가 어떤 사이냐는 질문인데, 핵심어는 '虽然我们不是同学，但是我们从小到大都是邻居, 비록 동창은 아니지만, 어렸을 때부터 커서까지 이웃이거든' 이다. 따라서 A가 정답이다.

第36到37题是根据下面一段话 | 36-37번 문제는 아래 한 단락의 내용을 듣고 푸는 문제이다.

电子宠物具有和真实宠物同样的生命特性，比起真正的宠物，电子宠物具有喂养简单、携带方便等特性，因此深受大众的欢迎。但电子宠物也有很多弊端，它使城市里的孩子失去了对生命的尊重，同时也丧失了与动物交流的机会。

전자 애완동물은 진짜 애완동물과 같은 생명특성을 지니고 있다. 진짜 애완동물에 비해 전자 애완동물은 양육하기 편하고 휴대가 편리한 특징이 있으므로 대중들의 환영을 받고 있다. 그러나 전자 애완동물은 많은 폐단이 있기도 하다. 전자 애완동물은 도시의 아이들로 하여금 생명을 존중하는 마음을 잃게 하고, 동물과 교류하는 기회를 상실하게 하기도 한다.

36　这段话主要谈的是什么？ | 문：이 문장에서 주로 무엇에 대해 이야기하고 있나?

| | |
|---|---|
| A　上网 | A　인터넷하는 것 |
| B　玩具 | B　완구 |
| C　电子宠物 | C　전자 애완동물　√ |
| D　真实宠物 | D　진짜 애완동물 |

**어휘**　电子 diànzǐ 전자 | 宠物 chǒngwù 애완동물 | 具有 jùyǒu 지니다 | 真实 zhēnshí 진실하다 | 同样 tóngyàng 서로 같다 | 生命 shēngmìng 생명 | 特性 tèxìng 특성 | 比起 bǐqǐ …에 비하면 | 喂养 wèiyǎng 사육하다 | 携带 xiédài 휴대하다 | 因此 yīncǐ 이 때문에 | 深受 shēnshòu (매우) 깊이 받다 | 弊端 bìduān 폐단 | 城市 chéngshì 도시 | 失去 shīqù 잃다 | 尊重 zūnzhòng 존중하다 | 同时 tóngshí 그리고 | 丧失 sàngshī 상실하다 | 与 yǔ …와(과) | 交流 jiāoliú 교류하다

**해설**　주제를 파악하는 문제인데, 듣기에서 주로 전자 애완동물의 장단점에 대해 언급하고 있으므로 정답은 C이다.

37  电子宠物的缺点是什么？　　　　　　문: 전자 애완동물의 단점은 무엇인가?

　　A　很贵　　　　　　　　　　　　　A　아주 비싸다

　　B　喂养简单　　　　　　　　　　　B　양육하기 편하다

　　C　携带方便　　　　　　　　　　　C　휴대하기 편리하다

　　D　让孩子丧失与动物交流的机会　　D　아이들로 하여금 동물과 교류하는 기회를
　　　　　　　　　　　　　　　　　　　　상실하게 한다　✓

**어휘**　缺点 quēdiǎn 단점, 결점

**해설**　듣기의 마지막 부분에서 '전자 애완동물은 도시의 아이들로 하여금 생명에 대한 존중을 잃
　　게 하고 동물과 교류하는 기회를 상실하게 하기도 한다' 라고 했으므로 정답은 D이다.

第38到39题是根据下面一段话 | 38-39번 문제는 아래 한 단락의 내용을 듣고 푸는 문제이다.

王明通过自己的努力终于考上了大学，但在　　왕밍은 스스로의 노력을 통해 드디어 대학에
填写志愿的时候和家里人发生了分歧，王明　　합격하였다. 그런데 지원서를 작성할 때 식구들
希望自己将来成为一名记者，将自己亲眼看　　과 충돌이 생겼다. 왕밍은 장래에 자신이 본 사
到的事实第一时间转告给大家，但是家里人　　실을 최초로 사람들에게 생생하게 전달하는 기
却让他报考财务管理或者会计专业，希望他　　자가 되기를 원했지만, 식구들은 재무관리나 회
毕业的时候能找到稳定的工作，早些成家立　　계학과를 지원하라고 하며, 졸업 후 안정적인
业。经过激烈的讨论，家里人还是做出了让　　일을 찾은 다음 일찍 결혼하여 자립하기를 바
步，让王明自己做决定。　　　　　　　　　랐다. 치열한 논쟁 끝에 식구들은 결국 양보하
　　　　　　　　　　　　　　　　　　　　여 왕밍 스스로 결정하도록 하였다.

38  王明和家里人发生了什么分歧？　　　문: 왕밍과 식구들은 어떤 의견 차이가 생겼나?

　　A　王明想成为一名记者　　　　　　A　왕밍이 기자가 되려는 일　✓

　　B　王明想早些成家立业　　　　　　B　왕밍이 일찍 가정을 이루려는 일

　　C　王明想报考会计专业　　　　　　C　왕밍이 회계 학과를 지원하려는 일

　　D　王明想报考财务管理专业　　　　D　왕밍이 재무 관리학과를 지원하려는 일

**어휘**　通过 tōngguò …를 통해 | 终于 zhōngyú 마침내 | 考上 kǎoshàng 시험에 합격하다 | 填写 tiánxiě
　　기입하다 | 志愿 zhìyuàn 지원 | 分歧 fēnqí 차이, 불일치 | 将来 jiānglái 장래 | 记者 jìzhě 기자 |
　　亲眼 qīnyǎn 직접 자신의 눈으로 (보다) | 事实 shìshí 사실 | 第一时间 dìyīshíjiān 가장 긴요한 때
　　〔일반적으로 사건 발생 중의 가장 이른 시간임〕| 转告 zhuǎngào (말을) 전하다 | 报考 bàokǎo
　　응시 원서를 내다 | 财务 cáiwù 재정 | 会计 kuàijì 회계 | 专业 zhuānyè 전공 | 稳定 wěndìng 안
　　정되다 | 成家立业 chéngjiālìyè 결혼하여 자립〔독립〕하다 | 激烈 jīliè 치열하다 | 让步 ràngbù
　　양보하다

**해설**　듣기에서 왕밍은 장래에 기자가 되려고 하는데 식구들은 반대하였다. 따라서 정답은 A이다.

39 最后家里人是什么态度?　　　　문: 마지막에 식구들의 태도는 어떠한가?

 A 没有做出让步     A 양보를 하지 않았다
 B 同意王明的想法    B 왕밍의 생각에 동의했다　√
 C 反对王明的想法    C 왕밍의 생각을 반대했다
 D 家人坚持自己的想法   D 식구들은 자신들의 생각을 고집했다

**어휘**　态度 tàidu 태도｜想法 xiǎngfa 생각｜反对 fǎnduì 반대하다｜坚持 jiānchí 고집하다

**해설**　핵심어는 '经过激烈的讨论, 家里人还是做出了让步, 让王明自己做决定, 치열한 논쟁 끝에 식구들은 결국 양보하여 왕밍 스스로 결정하도록 하였다' 이다. 따라서 식구들이 왕밍의 생각에 동의했다는 것을 알 수 있다.

---

第40到41题是根据下面一段话｜40-41번 문제는 아래 한 단락의 내용을 듣고 푸는 문제이다.

现在有些孩子在家庭中的地位高人一等，处处受到特殊的照顾，好的食品放在他面前供他一人享用，爷爷奶奶可以不过生日，孩子过生日得买大蛋糕，还得送礼物，这样的孩子自感特殊，必然变得自私，没有同情心，不会关心他人，这都是家人溺爱造成的。

지금 어떤 아이들은 집에서 지위가 가장 높고, 각 방면에서 특별한 보살핌을 받는다. 좋은 음식을 아이 혼자서 만끽할 수 있도록 아이 앞에 놔주고, 할아버지 할머니는 생일을 지내지 않아도 되지만, 아이가 생일을 지낼 땐 큰 케이크를 사야 할 뿐만 아니라, 선물도 줘야 한다. 이런 아이는 스스로 특별하다고 생각하기 때문에 당연히 이기적이고 동정심도 없고, 또 다른 사람에 대해 관심을 가질 줄도 모르는 아이로 변할 것이다. 이는 모두 식구들이 지나치게 귀여워한 탓이다.

40 孩子为什么自感特殊?　　　　　문: 아이는 왜 스스로 특별하다고 생각하나?

 A 可以过生日     A 생일을 지낼 수 있기 때문에
 B 父母很有钱     B 부모가 돈이 많기 때문에
 C 在家里地位最高    C 집에서 지위가 가장 높기 때문에　√
 D 可以吃贵的食品    D 비싼 음식을 먹을 수 있기 때문에

**어휘**　家庭 jiātíng 가정｜地位 dìwèi 지위｜高人一等 gāorényìděng 남보다 한수 위다｜处处 chùchù 각 방면에｜特殊 tèshū 특별하다｜照顾 zhàogù 보살피다｜食品 shípǐn 식품｜供 gōng 제공하다｜享用 xiǎngyòng 향유하다｜自感 zìgǎn 스스로…라고 생각하다｜必然 bìrán 반드시｜变得 biànde …하게 변하다｜自私 zìsī 이기적이다｜同情心 tóngqíngxīn 동정심｜他人 tārén 타인｜溺爱 nì'ài 지나치게 귀여워하다｜造成 zàochéng 초래하다

**해설**　지금 어떤 아이들은 집에서 지위가 가장 높고, 각 방면에서 특별한 보살핌을 받고 있으며, 식구들이 지나치게 귀여워하기 때문에 아이가 스스로 특별하다고 생각한다고 했으므로 C가 정답이다.

41 家人的溺爱导致了什么后果？ 문: 식구들이 지나치게 귀여워한 결과는?

    A 孩子有同情心     A 아이가 동정심이 생긴다

    B 孩子喜欢吃蛋糕     B 아이가 케이크를 좋아한다

    C 孩子喜欢过生日     C 아이가 생일 지내는 것을 좋아한다

    D 孩子不会关心他人     D 아이가 다른 사람에 대해 관심을 가질 줄 모른다 √

**어휘** 后果 hòuguǒ 뒤탈

**해설** 아이를 지나치게 귀여워한 결과는 이기적이고 동정심도 없고, 또 다른 사람에 대해 관심을 가질 줄도 모르는 아이로 변할 것이라고 했으므로 정답은 D이다.

第42到43题是根据下面一段话 | 42-43번 문제는 아래 한 단락의 내용을 듣고 푸는 문제이다.

大家好！今天给大家介绍一下一种最新健身饮料，这种饮料不仅清爽解渴，还可以预防上火，它在您工作繁忙、心情郁闷的时候，可以帮助您缓解压力，而且价格便宜，更适合老百姓购买。

여러분 안녕하세요! 오늘 제가 여러분들께 최신 건강 음료를 소개하고자 합니다. 이 음료는 맑고 시원하며 갈증을 해소할 수 있을 뿐만 아니라, 염증생기는 것도 방지할 수 있습니다. 이 음료는 일이 바쁘고 기분이 울적할 때 스트레스를 완화시킬 수 있습니다. 그리고 가격이 저렴하여 대중들이 구매하기에 적합합니다.

42 说话人最有可能是做什么工作的？ 문: 화자는 어떤 일을 하는 사람일 가능성이 가장 큰가?

    A 学生     A 학생

    B 厨师     B 요리사

    C 推销员     C 세일즈맨 √

    D 主持人     D MC

**어휘** 健身 jiànshēn 신체를 건강하게 하다 | 饮料 yǐnliào 음료 | 清爽 qīngshuǎng 신선하고 시원하다 | 解渴 jiěkě 갈증을 해소하다 | 预防 yùfáng 예방하다 | 上火 shànghuǒ 상초열(上焦熱)이 나다 [중의학에서 대변이 건조해지거나 구강 혹은 비강, 점막 등에 염증이 생기는 증상을 말함] | 繁忙 fánmáng 일이 많고 바쁘다 | 心情 xīnqíng 기분 | 郁闷 yùmèn 우울하다 | 缓解 huǎnjiě 완화시키다 | 压力 yālì 스트레스 | 价格 jiàgé 가격 | 适合 shìhé 적합하다 | 老百姓 lǎobǎixìng 대중 | 购买 gòumǎi 구매〔구입〕하다

**해설** 화자가 새로 나온 음료의 여러 가지 장점에 대해 소개하고 있으므로, 화자가 세일즈맨일 가능성이 가장 크다.

43 这段话主要介绍的是什么？ 문: 이 글에서 중요하게 소개한 내용은 무엇인가?

    A 此饮料的价格     A 이 음료수의 가격

    B 此饮料的味道     B 이 음료수의 맛

    C 此饮料的优点     C 이 음료수의 장점 √

    D 此饮料的作用     D 이 음료수의 효능

第44到45题是根据下面一段话 | 44-45번 문제는 아래 한 단락의 내용을 듣고 푸는 문제이다.

| | |
|---|---|
| 刚毕业的很多大学生，刚进公司就想拿很高的薪水，不到两个月就想换工作，不能保持良好的心态。他们应该认识到自身的经历和经验都很欠缺，应该合理地评价自己，这样才能为将来实现自身的价值创造更好的条件。 | 졸업한지 얼마 되지 않은 많은 대학생들은 회사에 들어가자마자 아주 높은 월급을 받으려고 하고, 두 달도 되지 않아 직장을 옮기려고 하는 등 양호한 심리상태를 유지하지 못한다. 그들은 자신의 경력과 경험이 부족하다는 것을 인식하고, 자신에 대해 합리적인 평가를 해야만 장래에 자신의 가치를 실현하기 위하여 더 좋은 여건을 만들 수 있다. |

**44**　刚进公司的大学生心理状态怎么样?

　A　很容易换工作
　B　没有良好的心态
　C　能拿到很高的薪水
　D　能合理地评价自身的价值

문: 방금 회사에 취직한 대학생들의 심리 상태는 어떠한가?

　A　일을 바꾸기 쉽다
　B　양호한 심리상태를 유지하지 못한다 √
　C　아주 높은 월급을 받을 수 있다
　D　자신의 가치에 대해 합리적인 평가를 할 수 있다



**45**　这段话主要叙述的内容是什么?
　A　大学生的经历
　B　大学生的薪水
　C　大学生的工作
　D　要合理评价自身的价值

문: 이 글에서 중요하게 서술한 내용은 무엇인가?
　A　대학생의 경력
　B　대학생의 급여
　C　대학생의 직장
　D　자신의 가치에 대해 합리적으로 평가해야 한다 √



听力考试现在结束。 | 듣기시험이 끝났습니다.

## 二、阅读

### 第一部分

第46－50题：词填空。

A 让　　　B 幽默　　　C 慢慢儿　　　D 迷恋　　　E 下降　　　F 坚持

例如：她每天都（ F ）走路上下班，所以身体一直很不错。

46－50문제: 단어를 골라 빈칸을 채우시오.

A … 하게 하다　B 유머러스하다　C 천천히　D 푹 빠지다　E 낮아지다　F 견지하다

예: 그녀는 매일 걸어서 출퇴근하는 것을 （ F ） 있기 때문에, 건강이 아주 좋다.

★ 유형파악 & 공략하기

보기가 A B C D E F로 모두 6개이지만, 그 중 하나는 예문의 보기(즉 'F 坚持'에 해당됨) 이기 때문에, 실제로는 5개의 보기 단어를 46~50문제 5개의 빈칸에 넣는 셈이다. 즉 한 문제의 빈칸에 한 단어를 골라 채우면 된다.

**46**　现在的青少年因（迷恋）网络游戏，耽误学业，还影响身体健康。

지금의 청소년들은 인터넷 게임에 푹 빠져 있기 때문에 학습을 게을리 하고, 건강에도 좋지 않다.

**정답**　D

**어휘**　因 yīn …때문에 | 迷恋 míliàn 푹 빠지다 | 网络 wǎngluò 네트워크 | 游戏 yóuxì 게임 | 耽误 dānwu 일을 그르치다 | 影响 yǐngxiǎng 영향을 주다

**해설**　'迷恋' 은 원래 '미련이 있다, 연연하다' 란 뜻을 나타내는데, 어떤 일에 푹 빠져있을 때도 사용할 수 있다. 빈칸에 들어갈 단어를 고를 때, 두 가지 접근 방법이 있다. 즉 문장의 뜻을 파악하여 접근하는 방법과 문법을 분석하여 접근하는 방법이다. 이 문장 같은 경우, 전자를 이용하는 것이 더 쉬울 것이다. 보기의 단어를 하나하나 넣어 보면 '迷恋, 푹 빠지다' 가 정답이라는 것을 알 수 있다.

**47**　时间还早着呢，甭着急，你（慢慢儿）来吧。

아직 시간이 이르니 조급해 하지 말고 천천히 오세요.

**정답**　C

| 어휘 | 着呢 zhene 형용사나 형용사성 어휘 뒤에 쓰여, 어떤 성질이나 상태를 강조함을 나타낸다 |

| 어휘 | 着呢 zhene 형용사나 형용사성 어휘 뒤에 쓰여, 어떤 성질이나 상태를 강조함을 나타낸다 \| 甭 béng …하지 마라 \| 着急 zháojí 조급해하다 |
| 해설 | '慢慢儿' 와 같이 형용사의 중첩형은 '아주~하게' 란 뜻으로 동사를 수식하는 부사어가 될 수 있다. 예를 들면 '早早儿, 아주 일찍', '高高兴兴, 아주 즐겁게' , '干干净净, 아주 깨끗하게' 등이 있다. 이 문제에서 괄호 뒤에 '来' 가 왔으니, 괄호 안에 들어갈 수 있는 단어는 부사어밖에 없다. 보기 단어를 살펴보면 부사어는 '慢慢儿' 하나 밖에 없다. 따라서 C 가 정답이라는 것을 알 수 있다. |

---

**48** 天气预报说，明天气温会（下降）5到6度，明天得多穿点儿衣服。

일기예보에서 내일 기온이 5~6도 정도 떨어진다고 하니 내일 옷을 좀 많이 입어야겠다.

| 정답 | E |
| 어휘 | 天气预报 tiānqìyùbào 일기예보 \| 气温 qìwēn 기온 \| 会 huì …할 가능성이 있다, …할 것이다 \| 下降 xiàjiàng (기온이) 낮아지다 \| 到 dào …까지 \| 度 dù 도 |
| 해설 | 문장의 뒷부분에서 옷을 많이 입어야 한다고 했으니 기온이 떨어진 것이 분명하다. 따라서 관호 안에 들어갈 단어는 '下降' 이다. 이 문제는 문장의 뜻을 파악하여 접근하는 것이 더 쉬울 것 같다. 보기 중의 단어를 하나하나 괄호 안에 넣어 보면 '下降, 낮아지다' 가 정답이라는 것을 알 수 있다. |

---

**49** 张老师不仅教学经验丰富，而且又风趣（幽默），因此很受学生的欢迎。

장선생은 가르치는 경험이 풍부할 뿐만 아니라, 재미있고 유머러스하여 학생들에게 아주 인가가 많다.

| 정답 | B |
| 어휘 | 教学 jiàoxué 가르치는 것과 배우는 것 \| 经验 jīngyàn 경험 \| 丰富 fēngfù 풍부하다 \| 风趣 fēngqù 흥미롭다 \| 幽默 yōumò 유머러스하다 \| 因此 yīncǐ 그래서 \| 受…的欢迎 shòu …de huānyíng …의 환영을 받는다 |
| 해설 | 이 문장에서 장선생의 장점에 대해 언급하고 있기 때문에 보기 중의 '让' 은 정답이 될 수 없다. 그리고 '风趣' 뒤에 '幽默' 가 오면 문장의 뜻과도 부합된다. |

---

**50** 我的自行车(让)小明借走了，到现在也没还给我，我明天怎么上班啊?

샤오밍이 나의 자전거를 빌려가 버렸는데 지금까지 나에게 돌려주지 않았다. 내일 어떻게 출근하지?

| 정답 | A |
| 어휘 | 自行车 zìxíngchē 자전거 \| 让 ràng …에 의해서 …되다 \| 借走 jièzǒu 빌려가다 \| 还 huán 돌려주다 |
| 해설 | 문장 성분을 분석해 보면 '我的自行车' 는 목적어이고, '小明' 은 주어이다. 따라서 이 문장은 목적어를 문장의 맨 앞으로 전치시킨 피동문이라는 것을 알 수 있다. 참고로 피동문의 어순은 다음과 같다. '목적어+被(让, 叫)+주어+술어+기타 성분' 이다. |

第51－55题：选词填空。

    A 别忘了      B 难题      C 特别      D 堵车      E 做      F 温度

例如：A：今天真冷啊，好像白天最高（ F ）才2℃。
       B：刚才电视里说明天更冷。

51－55문제: 단어를 골라 빈칸을 채우시오.

    A 잊지 마    B 어려운 문제    C 아주    D 차가 막히다    E 하다    F 기온

㈜ A: 오늘 정말 춥다, 낮 최고 ( F )이 겨우 2℃밖에 안 될 것 같은데.
   B: 방금 TV에서 내일은 더 춥데.

★ 유형따악 & 공략하기

보기가 A B C D E F로 모두 6개이지만, 그 중 하나는 예문의 보기(즉 'F 温度, 기온'에 해당됨) 이기 때문에, 실제로는 5개의 보기 단어를 51－55문제 5개의 빈칸에 넣는 셈이다. 즉 한 문제의 빈칸에 한 단어를 골라 채우면 된다.

**51**

A：你这不是给我出（难题）吗?

B：老李，你就帮帮我吧，你一定会有办法的。

A: 당신이 이러는 것은 저를 난처하게 하는 게 아닙니까?

B: 라오리, 저를 좀 도와주세요, 당신은 반드시 해결책이 있을 겁니다.

**정답** B

**어휘** 出难题 chūnántí 고의로 남을 애먹이다 | 一定 yídìng 반드시 | 办法 bànfǎ 방법

**해설** 동사 '出'는 뒤에 결합하는 명사에 따라 여러 가지 뜻을 나타낼 수 있다. 보기에 명사가 '难题'와 '温度' 두 개가 있는데, '温度'은 예문에서 이미 사용했기 때문에 '出'와 '难题'가 결합된다는 것을 알 수 있다. 참고로 '出难题'는 '어려운 문제를 내주다'란 뜻에서 '고의로 남을 애먹이다'란 뜻으로 파생된 것이다.

**52**

A：我最近总是失眠，所以早上起床的时候（特别）痛苦。

B：是不是压力太大了？去外边活动活动、散散心，可以缓解压力。

A: 요즘 나는 늘 잠을 잘 못 자기 때문에 아침에 일어날 때 너무 힘드네.

B: 스트레스가 너무 심한 거 아니야? 밖에 나가서 활동도 좀 하고, 기분을 풀면 스트레스를 해소할 수 있을 거야.

**정답** C

**어휘** 总是 zǒngshì 줄곧 | 失眠 shīmián 잠을 이루지 못하다 | 痛苦 tòngkǔ 고통스럽다 | 压力 yālì 스트레스 | 活动 huódòng 움직이다 | 散心 sànxīn 기분을 풀다 | 缓解 huǎnjiě 완화되다

**해설** 형용사 '痛苦, 고통스럽다'를 수식할 수 있는 품사는 부사밖에 없다. 보기에 부사는 '特别' 하나 밖에 없으므로 '特别'가 정답이라는 것을 알 수 있다.

**53**

A: 你怎么现在才来啊? 会议已经进行了 15分钟了!

B: 对不起, 路上（堵车）, 所以来晚了。

A: 왜 이제 오셨습니까? 회의가 이미 15분이나 진행되었습니다.

B: 죄송합니다, 길이 막혀서 늦었습니다.

**정답** D

**어휘** 怎么 zěnme 왜 | 才 cái 이제서야 | 会议 huìyì 회의 | 进行 jìnxíng 진행하다 | 堵车 dǔchē 차가 막히다

**해설** 왜 늦게 왔느냐는 질문에 답하는 말이기 때문에 괄호 안에 들어갈 단어는 늦게 온 이유를 설명할 수 있는 단어야만 한다. 따라서 '堵车'가 정답이라는 것을 알 수 있다.


**54**

A: 听说你最近发财了。

B: 都是谣言, 我最近（做）生意, 赔了 很多钱。

A: 요즘 돈을 많이 벌었다고 들었는데.

B: 모두 헛소문이야, 요즘 장사하면서 돈을 많이 밑졌어.

**정답** E

**어휘** 发财 fācái 부자가 되다 | 谣言 yáoyán 헛소문 | 做生意 zuòshēngyi 장사를 하다 | 赔 péi 밑지다

**해설** '生意, 장사'는 명사이고, '장사하다'는 '做生意'로 표현해야 한다. 이와 같이 명사가 고정적으로 어떤 동사와 결합하여 쓰이는지 외워두는 것이 좋다.


**55**

A: （别忘了）我昨天晚上拜托你的事情!

B: 放心吧, 忘不了, 我一定会给你物色 一个又漂亮又有能力的好助手。

A: 어제 저녁에 너에게 부탁한 일 잊지 마.

B: 걱정 마, 잊지 않을 거야. 내가 꼭 예쁘고 능력 있는 조수를 물색해 줄게.

**정답** A

**어휘** 拜托 bàituō 부탁드리다 | 事情 shìqing 일 | 忘不了 wàngbuliǎo 잊을 수 없다 | 物色 wùsè 물색하다 | 助手 zhùshǒu 조수

**해설** 이젠 보기 중에 '别忘了' 하나밖에 남지 않았으니 정답을 쉽게 고를 수 있다. 그리고 '别忘了'를 괄호 안에 넣어 문장을 해석해 봐도 맞기 때문에 '别忘了'가 정답이라는 것을 알 수 있다.

第二部分

---

56-65문제: 순서를 나열하시오

㉠ A: 그런데 오늘은 늦잠을 잤다
　 B: 평소에 나는 자전거를 타고 출퇴근 한다
　 C: 그래서 택시를 타고 회사에 왔다

B　A　C

평소에 나는 자전거를 타고 출퇴근 하는데, 오늘은 늦잠을 자서 택시를 타고 회사에 왔다.

---

★ 유형파악 & 공략하기

문장의 순서를 나열하는 유형이다. A B C 3개의 문장이 있는데, 어떤 문장이 앞에 와야 하고 어떤 문장이 뒤에 와야 하는지 잘 생각해서 매끄러운 단문을 만들면 된다.

**56**

A: 因为不同季节感冒的病毒并非完全一样

B: 普通感冒虽多发于初冬

C: 但任何季节, 如春天、夏天也可能会发生

➡ 普通感冒虽多发于初冬, 但任何季节, 如春天、夏天也可能会发生, 因为不同季节感冒的病毒并非完全一样。

A: 왜냐하면 계절에 따라 감기의 바이러스가 같지 않기 때문이다

B: 일반적으로 감기는 초겨울에 많이 발생하지만

C: 어떤 계절이든지, 예를 들면 봄이라든가, 여름에도 걸릴 수 있다

➡ 일반적으로 감기는 초겨울에 많이 발생하지만 어떤 계절이든지, 예를 들면 봄이라든가, 여름에도 걸릴 수 있다. 왜냐하면 계절에 따라 감기의 바이러스가 같지 않기 때문이다.

**정답** B C A

**어휘** 普通 pǔtōng 일반적이다 | 虽 suī 비록 …이지만 | 多发 duōfā 다발적이다 | 于 yú …에, …에서 [처소나 범위 또는 시간을 이끌어 내며, '在(zài)'에 상당함] | 初冬 chūdōng 초겨울 | 任何 rènhé 어떠한 | 如 rú 예컨대 | 病毒 bìngdú 바이러스 | 并非 bìngfēi 결코 …이 아니다 | 完全 wánquán 완전히

**해설** '虽'와 '虽然'은 모두 '비록 …이지만'란 뜻을 나타내며, 흔히 '可是', '但是' 등과 어울려 쓴다. 따라서 C가 B뒤에 위치한다는 것을 알 수 있다. A는 원인을 설명하고 있기 때문에 문장의 맨 앞이나 뒤에 모두 올 수 있는데, 문장의 뜻을 해석해 보면 뒤에 오는 것이 맞다.

**57**

A: 诺贝尔奖包括金质奖章、证书和奖金

B: 它是目前世界上最受关注的奖项

C: 诺贝尔奖是以瑞典著名化学家诺贝尔的部分遗产作为基金创立的

➡ 诺贝尔奖是以瑞典著名化学家诺贝尔的部分遗产作为基金创立的，诺贝尔奖包括金质奖章、证书和奖金，它是目前世界上最受关注的奖项。

A: 노벨상은 금메달, 증서와 상금이 포함되어 있다

B: 이 상은 현재 세계에서 가장 관심을 받고 있는 상이다

C: 노벨상은 스웨덴에서 유명한 화학가인 노벨유산의 일부를 기금으로 창립한 것이다

➡ 노벨상은 스웨덴에서 유명한 화학가인 노벨유산의 일부를 기금으로 창립한 것이다. 노벨상은 금메달, 증서와 상금이 포함되어 있으며, 이 상은 지금 세계에서 가장 관심을 받고 있는 상이다.

**정답** C A B

**어휘** 诺贝尔奖 Nuòbèi'ěrjiǎng 노벨상 | 以 yǐ …(으)로(써) | 瑞典 Ruìdiǎn 스웨덴 | 著名 zhùmíng 저명한, 유명한 | 化学家 huàxuéjiā 화학전문가 | 遗产 yíchǎn 유산 | 作为 zuòwéi …로 하다 | 基金 jījīn 기금 | 创立 chuànglì 창립하다 | 包括 bāokuò 포함하다 | 金质奖章 jīnzhìjiǎngzhāng (금으로 만든) 메달 | 证书 zhèngshū 증서 | 奖金 jiǎngjīn 상금 | 目前 mùqián 현재 | 受关注 shòuguānzhù 주목 받다 | 奖项 jiǎngxiàng 상(賞)의 종목〔부문〕

**해설** 노벨상에 대해 소개하는 글이다. A C 두 문장의 주어는 모두 '诺贝尔奖'이며, B의 주어 '它'도 노벨상을 가리키는 것이다. 그러나 '它'는 앞에 언급한 사물을 대신하기 때문에 맨 앞에는 올 수 없다. 그리고 A는 노벨상이 포함된 상금 내역에 대해 설명하고 있고, C는 노벨상의 유래에 대해 설명하고 있기 때문에 C가 A앞에 와야 한다. 따라서 이 글의 순서는 CAB이다.

**58**

A: 到一个安静、舒适的乡村去生活

B: 很多人都渴望离开都市

C: 但大多数人不会付诸于行动

➡ 很多人都渴望离开都市，到一个安静、舒适的乡村去生活，但大多数人不会付诸于行动。

A: 조용하고 쾌적한 시골에 가서 생활하기를

B: 많은 사람들은 도시를 떠나기를 간절히 바란다

C: 대다수 사람들은 실천에 옮기지 못한다

➡ 많은 사람들은 도시를 떠나서 조용하고 쾌적한 시골에 가서 생활하기를 간절히 바라지만 대다수 사람들은 실천에 옮기지 못한다.

**정답** B A C

**어휘** 渴望 kěwàng 간절히 바라다, 갈망하다 | 离开 líkāi 떠나다 | 都市 dūshì 대도시 | 舒适 shūshì 편안하다 | 乡村 xiāngcūn 시골 | 付诸 fùzhū …에 넘기다 | 行动 xíngdòng 행동

**해설** 접속사 '但'은 복문의 앞부분에 올 수 없고, 뒷부분에 와야 한다. 그리고 A와 B 두 문장을 놓고 볼 때 동작의 발생순서로 배열하면 된다.

59   A: 激动易怒的人应该少吃糖和盐

      B: 比如大蒜、土豆儿、香蕉等

      C: 多吃维生素含量较多的食品

➡ 激动易怒的人应该少吃糖和盐，多吃维生素含量较多的食品，比如大蒜、土豆儿、香蕉等。

A: 쉽게 흥분하고 화내는 사람은 사탕과 소금을 적게 먹어야 하고

B: 예를 들면 마늘, 감자, 바나나 등이 있다

C: 비타민이 비교적 많이 함유되어 있는 음식을 많이 먹어야 한다

➡ 쉽게 흥분하고 화내는 사람은 사탕과 소금을 적게 먹어야 하고, 비타민이 비교적 많이 함유되어 있는 음식을 많이 먹어야 한다. 예를 들면 마늘, 감자, 바나나 등이 있다.

**정답**    A C B

**어휘**    激动 jīdòng 흥분하다 | 易怒 yìnù 쉽게 화내다 | 糖 táng 설탕의 총칭 | 盐 yán 소금 | 维生素 wéishēngsù 비타민 | 含量 hánliàng 함량 | 较 jiào 비교적 | 大蒜 dàsuàn 마늘 | 土豆儿 tǔdòur 감자 | 香蕉 xiāngjiāo 바나나

**해설**    '比如'는 '예컨대'란 뜻으로 어떤 일을 언급한 다음 부연설명을 할 때 쓰기 때문에 문장의 뒷부분에 와야 한다. 그리고 A와 C의 문장 성분을 분석해 보면 A의 주어는 '激动易怒的人'이고, C의 주어가 A의 주어와 같기 때문에 생략하였다. 따라서 A는 C 앞에 와야 한다.

---

60   A: 该市一位名叫王明的村民遭遇了雪崩

      B: 在这次特大雪灾中

      C: 在大雪中挣扎了10个小时后终于获救

➡ 在这次特大雪灾中，该市一位名叫王明的村民遭遇了雪崩，在大雪中挣扎了10个小时后终于获救。

A: 이 도시 왕밍이라고 하는 마을 주민이 눈사태를 당했다

B: 이번 대형 눈사태에서

C: 폭설 속에서 10시간의 사투 끝에 드디어 구조되었다

➡ 이번 대형 눈사태에서, 이 도시 왕밍이라고 하는 마을 주민이 눈사태를 당했다. 그는 폭설 속에서 10시간의 사투 끝에 드디어 구조되었다.

**정답**    B A C

**어휘**    特大 tèdà 특별히 큰 | 雪灾 xuězāi 눈 피해 | 该 gāi 이, 그, 저 | 村民 cūnmín 마을 주민 | 遭遇 zāoyù 당하다 | 雪崩 xuěbēng 눈사태 | 挣扎 zhēngzhá 발버둥치다 | 终于 zhōngyú 마침내 | 获救 huòjiù 구조되다

**해설**    이 글은 왕밍이라는 마을 주민이 눈 사태 때 겪은 일을 서술한 것이다. 이런 글은 사건이 진행된 순서대로 나열하면 된다. 따라서 B가 가장 앞에 와야 하고, 그 다음 왕밍이 눈 사태를 만나게 되었다는 A가 오면 되고, 마지막에 사건의 결말 즉 10시간의 사투 끝에 드디어 구조되었다는 C가 오면 된다.

61  A: 不管是上课还是下课，都吃个不停
    B: 她这个人特别爱吃零食
    C: 小月是我的同桌

    ➡ 小月是我的同桌，她这个人特别爱
      吃零食，不管是上课还是下课，都
      吃个不停。

A: 수업시간이든 아니든 끊임없이 먹는다
B: 그녀는 군것질 하기를 아주 좋아한다
C: 샤오웨이는 나의 짝꿍이다

➡ 샤오웨이는 나의 짝꿍이다. 그녀는 군것질
  하기를 아주 좋아하여 수업시간이든 아니든
  끊임없이 먹는다.

**정답**  C B A

**어휘**  同桌 tóngzhuō 짝꿍 | 零食 língshí 군것질 | 不管…还是… bùguǎn… háishi … …이든 아
니면…이든 | 吃个不停 chīgebùtíng 계속해서 먹다

**해설**  내 짝꿍 샤오웨이을 소개하는 글이다. 따라서 우선 샤오웨이가 누구인지를 설명하는 문장
C가 가장 앞에 와야 한다. 그 다음 샤오웨이에 대해 간단하게 소개하면 된다. A와 B의 내
용은 모두 샤오웨이가 먹는 것을 아주 좋아한다는 내용인데, 그 중 B는 A의 원인이 되기
때문에 B가 A 앞에 와야 한다.


62  A: 随着社会的进步
    B: 人的寿命也越来越长了
    C: 人们生活水平的提高

    ➡ 随着社会的进步、人们生活水平的
      提高，人的寿命也越来越长了。

A: 사회의 발전에 따라
B: 사람들의 수명도 점점 길어졌다
C: 인간의 생활수준이 높아진다

➡ 사회의 발전과 사람들의 생활수준이 높아짐
  에 따라 인간의 수명도 점점 길어졌다.

**정답**  A C B

**어휘**  随着 suízhe …에 따라 | 社会 shèhuì 사회 | 进步 jìnbù 진보 | 生活水平 shēnghuóshuǐpíng
| 提高 tígāo 향상시키다 | 寿命 shòumìng 수명

**해설**  '随着'는 '…에 따라'란 뜻으로 어떤 일의 원인을 나타내며 대개 문장의 맨 앞에 오며,
그 뒤에 오는 문장은 그에 따른 결과이다. A와 C는 모두 B 즉 '인간의 수명이 점점 길어
졌다'의 원인이 되기 때문에 A와 C가 B 앞에 와야 한다.


63  A: 大家出门都带着阳伞、帽子或者太
      阳镜
    B: 因为这种高温天气很容易中暑

    C: 白天街道上行人稀少

    ➡ 白天街道上行人稀少，大家出门都
      带着阳伞、帽子或者太阳镜，因为
      这种高温天气很容易中暑。

A: 사람들은 집을 나설 때 모두 양산과 모자,
   선글라스를 휴대한다
B: 왜냐하면 이러한 고온의 날씨에는 더위를
   먹기 쉽기 때문이다
C: 낮에 거리에는 행인이 드물다

➡ 낮에 거리에는 행인이 드물다. 사람들은 집
  을 나설 때 모두 양산과 모자, 선글라스를
  휴대한다. 왜냐하면 이러한 고온의 날씨에는
  더위를 먹기 쉽기 때문이다.

**정답**  C A B

**어휘** 白天 báitiān 낮 | 街道 jiēdào 길거리 | 行人 xíngrén 행인 | 稀少 xīshǎo 드물다 | 阳伞 yángsǎn 양산 | 帽子 màozi 모자 | 太阳镜 tàiyángjìng 선글라스 | 高温 gāowēn 고온 | 中暑 zhòngshǔ 더위 먹다

**해설** 접속사 '因为'는 복문의 앞에 와도 되고 뒤에 와도 된다. 이 문장 같은 경우 뒤에 놓는 것이 더 자연스럽다.

**64**

A: 所以每个学期听他课的学生都非常多

B: 但他的课特别有吸引力

C: 张老师个子不高，长相也一般

➡ 张老师个子不高，长相也一般，但他的课特别有吸引力，所以每个学期听他课的学生都非常多。

A: 때문에 매 학기마다 그의 강의를 듣는 학생들이 아주 많다

B: 그의 강의는 아주 인기가 있다

C: 장선생님은 키도 크지 않고 생김새도 보통이다

➡ 장선생님은 키도 크지 않고 생김새도 보통이지만 그의 강의는 아주 인기가 있다. 때문에 매 학기마다 그의 강의를 듣는 학생들이 아주 많다.

**정답** C B A

**어휘** 个子 gèzi 키 | 长相 zhǎngxiàng 용모 | 一般 yìbān 평범하다 | 课 kè 강의 | 吸引力 xīyǐnlì 매력 | 学期 xuéqī 학기

**해설** 접속사 '但'은 복문의 뒷부분에 온다. 그리고 C의 내용을 살펴보면 접속사 '虽然'이 생략되었다는 것을 알 수 있다. A는 B와 C로 인한 결과이기 때문에 맨 마지막에 놓으면 된다.

**65**

A: 看到我的孩子手上拿着一个气球

B: 可是到家的时候气球突然炸了

C: 昨天我去幼儿园接孩子的时候

➡ 昨天我去幼儿园接孩子的时候，看到我的孩子手里拿着一个气球，可是到家的时候气球突然炸了。

A: 우리 아이가 손에 풍선 하나를 들고 있는 것을 보았다

B: 그런데 집에 도착했을 때 풍선은 갑자기 터졌다

C: 어제 내가 유치원에 아이를 데리러 갔을 때

➡ 어제 내가 유치원에 아이를 데리러 갔을 때, 우리 아이가 손에 풍선 하나를 들고 있는 것을 보았다. 그런데 집에 도착했을 때 풍선은 갑자기 터졌다.

**정답** C A B

**어휘** 幼儿园 yòu'éryuán 유치원 | 接 jiē 마중하다 | 气球 qìqiú 풍선 | 突然 tūrán 갑자기 | 炸 zhà 폭발하다

**해설** 이 글은 지나간 일에 대한 서술이기 때문에 사건이 발생한 순서대로 나열하면 된다. 즉 유치원에 갔었는데, 어떤 일을 보게 되었다. 그리고 집에 돌아와서 어떤 일이 있었는지 서술하면 된다.

第三部分

66−85문제: 정확한 답안을 고르시오.

㉠ 그녀는 매우 활달하며, 말하는 것도 재미있고, 늘 우리들을 즐겁게 해서 우리는 모두 그녀와 함께 있기를 좋아한다.
  ★ 그녀는 어떤 사람인가?
   A 유머가 있다  √   B 조심성이 없다    C 오만하다    D 부끄러워하다

★ 유형따악 & 공략하기

이 부분의 문제는 하나의 단문과 그에 따른 1−2개의 질문이 제시되는데, 단문 내용을 잘 따악한 다음 주어진 4개의 보기 중에서 정답을 고르면 된다. 이 부분에서 조금 어려운 것은 질문방식이다. 물음표가 있는 질문은 쉽지만 물음표가 없는 질문은 어렵다. 예를 들어 '现在许多年轻人:'처럼 ': (콜론)' 표시가 돼있는 질문이다. 이것은 콜론 뒤에 이어서 나올 수 있는 말을 보기에서 찾으라는 뜻이다.

**66**

“在家靠父母，出门靠朋友”，但我的经历却让我对这条格言产生了怀疑。

★ 通过这段话可以知道“我”：
A 相信这条格言
B 不相信这条格言
C 没听过这条格言
D 不太喜欢这条格言

“집에서는 부모를 의지하고, 밖에서는 친구를 의지한다”, 그러나 나의 경험은 오히려 이 격언에 대해 의문을 품게 한다.

★ 이 말을 통해 나에 대해 알 수는 있는 것은 :
A 이 격언을 믿는다
B 이 격언을 믿지 않는다  √
C 이 격언을 들은 적이 없다
D 이 격언을 그다지 좋아하지 않는다

**어휘** 靠 kào 의지하다 | 经历 jīnglì 경험 | 却 què …하지만 | 格言 géyán 격언 | 产生 chǎnshēng 생기다 | 怀疑 huáiyí 의심하다

**해설** 보기 중에서 문장 내용과 일치한 것을 고르면 된다. 이 문장에서 나는 이 격언에 대해 의심한다고 했다. 이는 보기 B 즉 '이 격언을 믿지 않는다' 와 일치함으로 B가 정답이다.

**67**

沟通是人际关系中最重要的一部分，它是人与人之间传递情感、态度、事实、信念和想法的过程，所以良好的沟通指的就是一种双向的沟通过程。

★ 根据这段话，我们可以知道沟通在人际关系中：

소통은 인간관계에서 가장 중요한 일부분이다. 소통은 사람과 사람 사이에서 감정, 태도, 사실, 신념과 생각을 전달하는 과정이다. 때문에 양호한 소통이란 바로 일종의 상호소통과정을 가리키는 것이다.

★ 이 말에 근거하여, 인간관계에 있어서 소통은:

| A 不重要 | A 중요하지 않다 |
|---|---|
| B 无所谓 | B 상관없다 |
| C 没有价值 | C 가치가 없다 |
| D 非常重要 | D 아주 중요하다 √ |

**어휘** 沟通 gōutōng 소통하다 | 人际关系 rénjìguānxi 인간관계 | 一部分 yíbùfen 일부분 | 与 yǔ …와 〔과〕 | 之间 zhījiān (…의) 사이 | 传递 chuándì 전하다 | 情感 qínggǎn 감정 | 态度 tàidu 태도 | 事实 shìshí 사실 | 信念 xìnniàn 신념 | 过程 guòchéng 과정 | 良好 liánghǎo 양호하다 | 指 zhǐ 가리키다 | 双向 shuāngxiàng 양방향(의) | 无所谓 wúsuǒwèi 상관없다 | 价值 jiàzhí 가치

**해설** 문장의 가장 앞부분에서 '소통은 인간관계에 있어서 가장 중요한 일부분이다' 라고 하였다. 이는 보기 D와 일치하다. 참고로 이러한 문제는 상식적으로 접근해도 정답을 쉽게 찾을 수 있다.

---

**68**

造成失眠的原因很多，平时工作和学习压力过重，精神紧张常会引起失眠，周围环境的改变也会造成失眠，另外，晚餐吃得太多、睡前喝茶和咖啡也会造成失眠。

불면증을 초래하는 원인은 많다. 평소 일과 공부의 스트레스가 너무 심하고, 정신이 긴장되면 불면증을 일으킬 수 있고, 주변의 환경도 불면증을 일으킬 수 있다. 그 외에도 저녁을 너무 많이 먹거나 자기 전에 차와 커피를 마시는 것도 불면증을 일으킬 수 있다.

★ 这段话主要介绍的是：
A 生活习惯
B 失眠的原因
C 工作的压力
D 避免失眠的措施

★ 이 글에서 주로 소개 한 것은：
A 생활 습관
B 불면증의 원인 √
C 일의 스트레스
D 불면증을 피하는 방법

**어휘** 造成 zàochéng 초래하다 | 失眠 shīmián 불면증에 걸리다 | 平时 píngshí 평소 | 精神 jīngshén 정신 | 引起 yǐnqǐ 불러 일으키다 | 环境 huánjìng 환경 | 另外 lìngwài 그 밖에 | 晚餐 wǎncān 저녁 식사 | 睡前 shuìqián 자기 전 | 避免 bìmiǎn 피하다 | 措施 cuòshī 대책

**해설** 글의 주제를 파악하는 문제이다. 이 글에서 불면증에 걸리는 6가지의 원인을 언급했기 때문에 정답은 B 즉 '불면증의 원인' 이다.

---

**69**

逛二十分钟商店，我就会觉得非常累，但是逛书店的时候却截然相反，即使逛三四个小时也不觉得累，这是因为书会给你知识和力量，并会开阔你的眼界。

상점에서 20분만 돌아다녀도 나는 몹시 힘들다는 생각이 드는데, 서점에서 돌아다닐 때는 완전히 다르다. 설령 서너 시간을 돌아다녀도 힘들다는 생각이 들지 않는다. 그것은 책이 당신에게 지식과 힘을 가져다주고 아울러 당신의 시야를 넓혀주기 때문이다.

★ 逛书店的时候为什么不觉得累？

★ 서점을 거닐 때 왜 힘들지 않은가？

A  书价便宜          A  책값이 싸기 때문에

B  逛商场太累了     B  상점을 돌아다니기 너무 힘들기 때문에

C  会让你增长知识   C  당신으로 하여금 지식을 넓혀주기 때문에 ✓

D  逛书店不需要很长时间   D  서점을 돌아다닐 때 시간이 많이 필요하지 않기 때문에

**어휘** 却 què 오히려 | 截然 jiérán 뚜렷이 | 相反 xiāngfǎn 반대되다 | 即使 jíshǐ 설령 …하더라도 | 知识 zhīshi 지식 | 力量 lìliang 힘 | 开阔 kāikuò 넓히다 | 眼界 yǎnjiè 시야 | 书价 shūjià 책값

**해설** 문장 마지막 부분에서 '书会给你知识和力量, 책은 당신에게 지식과 힘을 가져다준다'라고 했는데 이는 보기 C내용과 일치함으로써 C가 정답이다.

## 70

实践表明，坚持做眼保健操，可以缓解眼部疲劳，还可以起到保护视力、防止近视的作用。

실험 결과 눈 보건 체조를 계속하면 눈의 피로를 완화할 수 있으며, 시력을 보호하며 근시도 방지할 수 있다고 한다.

★ 根据这段话，我们可以知道眼保健操：

★ 이 말에 근거하여 눈 보건 체조는：

A  没有作用        A  효과가 없다

B  不能保护视力    B  시력을 보호할 수 없다

C  可以治疗眼病    C  눈병을 치료할 수 있다

D  有很好的效果    D  아주 좋은 효과가 있다 ✓

**어휘** 实践 shíjiàn 실천 | 表明 biǎomíng 나타나다 | 坚持 jiānchí 유지하다 | 眼保健操 yǎnbǎojiàncāo 눈 보건 체조 | 缓解 huǎnjiě 완화시키다 | 眼部 yǎnbù 안부 | 疲劳 píláo 피로하다 | 起到…的作用 qǐdào…dezuòyòng …의 효과가 있다 | 保护 bǎohù 보호하다 | 视力 shìlì 시력 | 防止 fángzhǐ 방지하다 | 近视 jìnshì 근시

**해설** 이 글에서 눈 보건 체조를 하면 눈의 피로를 완화시키고 시력을 보호하는 등 여러 가지 장점이 있다고 했으므로 D가 정답이다.

## 71

期末考试结束了，儿子的成绩很糟糕，到家后儿子小声说：“妈妈，我考试不及格。”妈妈先是大吃一惊，但是没有责备儿子，妈妈说：“没关系，不要灰心，下次要努力考好”！

기말 고사가 끝났다. 아들의 성적은 아주 엉망이었다. 아들은 집에 돌아와서 엄마에게 작은 소리로 말했다. “엄마, 저 불합격했어요.” 어머니는 크게 놀랐지만 아들을 원망하지 않았다. 어머니는 “괜찮아, 다음에는 노력해서 잘 봐야 해” 라고 하셨다.

★ 妈妈的态度是：

★ 어머니의 태도는：

A  责备       A  책망

B  鼓励       B  격려 ✓

C  无奈       C  어쩔 수 없다

D  生气       D  화를 내다

**어휘** 结束 jiéshù 끝나다 | 成绩 chéngjì 성적 | 糟糕 zāogāo 망치다 | 小声 xiǎoshēng 작은 소리 | 不及格 bùjígé (시험에) 불합격하다 | 大吃一惊 dàchīyìjīng 깜짝 놀라다 | 责备 zébèi 꾸짖다 | 灰心 huīxīn 낙심하다 | 下次 xiàcì 다음 번 | 鼓励 gǔlì 격려하다 | 无奈 wúnài 방법이 없다

**해설** 문장의 마지막 부분에서 엄마가 시험에서 불합격을 한 아들에게 낙심하지 말고 다음에 열심히 공부하여 시험을 잘 보라고 격려함으로써 엄마의 태도를 알 수 있다.

**72**

一般来说，大家学习外语都有各自的一套办法，有的只爱大声朗读，有的只爱闷头儿看书，这些方法，虽然都有一定的效果，但是实践证明，眼手口耳脑的综合运用，才能更快、更深地在大脑皮层上留下不易磨灭的印象，才能更好、更快地掌握外语。

일반적으로 사람들은 외국어를 배우는데 있어서 저마다의 방법이 있다. 어떤 이는 큰 소리로 낭독하기만을 좋아하고, 어떤 이는 묵묵히 책 보는 것만 좋아한다. 이러한 방법들은 비록 모두 어느 정도의 효과가 있지만 실천을 통해 아래와 같은 사실이 입증되었다. 즉 눈, 손, 입, 귀, 뇌의 종합적인 활용이야말로 비로소 더욱 빠르고 깊게 대뇌피질에 쉽게 지워지지 않는 인상을 남길 수 있으며, 더 좋고 빠르게 외국어를 정복할 수 있다는 것이다.

★ 学习外语的最好方法是什么?

A 大声朗读
B 自己学习
C 闷头儿看书
D 眼手口耳脑综合运用

★ 외국어를 공부하는 가장 좋은 방법은 무엇인가?

A 큰 소리로 낭독한다
B 스스로 공부한다
C 묵묵히 책만 본다
D 눈·손·입·귀·뇌의 종합적인 활용 √

**어휘** 一般来说 yìbānláishuō 일반적으로 (말하면) | 各自 gèzì 각자 | 一套办法 yítàobànfǎ 일련의 방법 | 大声 dàshēng 큰소리 | 朗读 lǎngdú 낭독하다 | 闷头儿 mēntóur 묵묵하게 | 一定 yídìng 어느 정도의 | 实践 shíjiàn 실천 | 证明 zhèngmíng 증명하다 | 口 kǒu 입 | 耳 ěr 귀 | 脑 nǎo 두뇌 | 综合 zōnghé 종합하다 | 运用 yùnyòng 활용하다 | 大脑皮层 dànǎopícéng 대뇌 피질 | 留下 liúxià 남기다 | 不易 búyì 쉽지 않다 | 磨灭 mómiè 소멸되다 | 印象 yìnxiàng 인상 | 掌握 zhǎngwò 정복하다

**해설** 본문에서 외국어를 배우는 가장 좋은 방법은 눈·손·입·귀·뇌의 종합적인 활용이라고 하였는데, 이는 보기 D내용과 일치하다. 그리고 이러한 문제는 상식적으로 생각해 봐도 B와 C가 정답이 아니라는 것을 알 수 있다. A는 외국어를 배우는 방법 중의 하나이기 때문에 정답이 될 수 없다. 따라서 D가 정답이다.

**73**

下午回来以后肚子疼得很厉害，我怀疑中午在饭馆吃的饺子有问题，一起去的几位同事也说肚子有点儿难受，所以我打算下班以后去医院看看。

오후에 돌아와서부터 배가 몹시 아팠다. 나는 점심에 식당에서 먹은 만두에 문제가 있다고 의심하게 되었다. 함께 간 몇 명의 동료들도 배가 아파서 괴로워하고 있었다. 그래서 나는 퇴근 후 병원에 가 보기로 했다.

★ 我现在:

A 生病了
B 在医院
C 正在吃饭
D 跟同事逛街呢

★ 지금 나는 :

A 병에 걸렸다 √
B 병원에 있다
C 밥을 먹고 있다
D 동료들과 거리를 거닐고 있다

어휘 肚子 dùzi (사람이나 동물의) 복부 | 厉害 lìhai 심각하다 | 怀疑 huáiyí 의심하다 | 饭馆 fànguǎn 식당 | 饺子 jiǎozi 만두 | 同事 tóngshì 동료 | 难受 nánshòu (몸이) 불편하다 | 生病 shēngbìng 병이 나다

해설 화자는 점심때 먹은 음식 때문에 배가 아파 퇴근 후 병원에 가볼 생각이라고 하였기에 A가 정답이다.

## 74

近来社会上出现了一股快餐式的爱情和婚姻的潮流，那些选择快餐式爱情和婚姻的群体被称为"闪婚族"，其成员年龄一般在20-30岁之间。"闪婚"，顾名思义是指快结快离的闪电式婚姻。

최근 몇 년 사이 사회에서는 패스트푸드와 같은 사랑과 혼인 붐이 일고 있다. 패스트푸드와 같은 사랑과 혼인을 선택하는 부류들을 일명 "번개 혼인 족" 이라고도 한다. 이 부류는 주로 20-30대의 젊은이들이다. "번개 혼인" 이란 글자 그대로 빨리 결혼하고 빨리 이혼하는 번개 식 혼인을 가리키는 말이다.

★ 下面的文字与原文意思不相符的是：

A 闪婚是最近才出现的

B 闪婚族谈恋爱的时间较长

C 闪婚是一种快餐式的婚姻

D 闪婚人群的年龄一般在20-30岁之间

★ 아랫글 중 원문과 뜻이 부합되지 않는 것은：

A 번개 혼인은 최근에 비로소 나타난 것이다

B 번개 혼인 족들은 연애하는 시간이 비교적 길다 √

C 번개 혼인은 일종의 패스트푸드와 같은 결혼이다

D 번개 혼인 군단의 연령은 주로 20-30세이다

어휘 近来 jìnlái 근래 | 社会 shèhuì 사회 | 快餐式 kuàicānshì 패스트푸드식 | 婚姻 hūnyīn 혼인 | 潮流 cháoliú 경향 | 选择 xuǎnzé 선택하다 | 群体 qúntǐ 집단 | 被称为 bèichēngwéi …(이)라고 불리우다 | 闪婚族 shǎnhūnzú 만남에서 결혼까지 번개같이 빨리하는 사람들 | 其 qí 그 | 成员 chéngyuán 구성원 | 顾名思义 gùmíngsīyì 명칭을 보고 그 뜻을 짐작할 수 있다 | 指 zhǐ 가리키다 | 离 lí 헤어지다 | 原文 yuánwén 원문 | 相符 xiāngfú 서로 들어맞다 | 人群 rénqún 무리

해설 보기와 본문의 뜻이 부합되지 않는 것이 무엇이냐는 질문인데, 보기의 A, C, D는 모두 본문에서 언급한 내용이기 때문에 정답이 될 수 없다. 따라서 B가 정답이다.

## 75

在招员工的时候，我首先考虑的是他的责任心，其次是他的工作能力，最后我才考虑他对工资的要求。如果是非常优秀的人才，我是一定不会在乎给他高工资的。

직원을 모집할 때, 내가 첫 번째로 생각하는 것은 그의 책임감이고, 그 다음은 그의 업무 능력이고, 마지막으로 그가 봉급에 대한 요구를 고려한다. 만약 아주 우수한 인재라고 한다면 나는 그에게 주는 고임금에 대해서는 개의치 않을 것이다.

★ 根据这段话，可以知道"我"是：

A 大学生

B 企业老总

C 特级教授

D 优秀人才

★ 이 말에 근거하여 나에 대해 알 수 있는 것은：

A 대학생이다

B CEO다 √

C 특급교수이다

D 우수인재이다

어휘 招 zhāo 모집하다 | 员工 yuángōng 종업원 | 考虑 kǎolǜ 고려하다 | 首先 shǒuxiān 우선 | 责任心 zérènxīn 책임감 | 其次 qícì 그 다음 | 工资 gōngzī 월급 | 要求 yāoqiú 요구 | 优秀 yōuxiù 우수하다 | 人才 réncái 인재 | 在乎 zàihu 개의하다 | 高工资 gāogōngzī 고연봉 | 特级 tèjí 특급의 | 教授 jiàoshòu 교수

 핵심 포인트는 '如果是非常优秀的人才，我是一定不会在乎给他高工资的，만약 아주 우수한 인재라고 한다면 나는 그에게 주는 고임금에 대해서는 개의치 않을 것이다'이다. 이로써 화자가 사장이라는 것을 알 수 있다.

**76**

大学生就业时，面试是一个非常重要的过程，有些大学生在这个过程中感到不知所措，或者做得不好，使自己在求职中因小失大而不能成功。只有在求职过程中注意基本礼仪和技巧，才能达到事半功倍的效果。

대학생들이 졸업하고 취직할 때, 면접은 아주 중요한 과정이다. 일부 대학생들은 이 과정에서 어찌할 바를 몰라 하거나 잘 해내지 못해 구직과정에서 사소한 일로 인해 큰 것을 잃게 되어 성공할 수 없게 된다. 구직과정에서 기본적인 예의와 요령에 유의해야만 적은 노력으로도 큰 성과를 얻을 수 있다.

★ 这段话没有谈到的是:

A 就业难

B 面试的重要性

C 要注意面试的技巧

D 要注意基本的礼节

★ 이 글에서 언급하지 않은 것은:

A 취업난 √

B 취업의 중요성

C 면접 요령에 유의해야 한다

D 면접 예절에 유의해야 한다

**어휘** 就业 jiùyè 취직하다 | 面试 miànshì 면접시험 | 过程 guòchéng 과정 | 感到 gǎndào 느끼다 | 不知所措 bùzhīsuǒcuò 어찌할 바를 모르다 | 求职 qiúzhí 구직하다 | 因小失大 yīnxiǎoshīdà 작은 이익을 탐하다가 큰 것을 잃다 | 成功 chénggōng 성공하다 | 基本 jīběn 기본적인 | 礼仪 lǐyí 예의 | 技巧 jìqiǎo 기교, 수법 | 达到 dádào 달성하다 | 事半功倍 shìbàngōngbèi 적은 노력으로 많은 성과를 올리다 | 效果 xiàoguǒ 효과 | 谈到 tándào 언급하다

**해설** 이 글에서 언급하지 않은 것은 무엇이냐는 질문인데 B, C, D는 모두 본문에서 언급한 내용이고, A 즉 '취업난'을 언급하지 않았다. 따라서 A가 정답이다. 문제를 풀 때 너무 서두르지 말고 질문을 잘 이해하고 풀어야만 고득점을 할 수 있다.

**77**

早上出门的时候，雨下得很大，我带了一把新雨伞。可是不一会儿新雨伞就坏了，等我到公司的时候浑身上下已经被淋湿了，还没到中午，我就发烧了，没办法只好请假回家了。

아침에 집을 나설 때, 비가 몹시 많이 내려 나는 새 우산을 가지고 나섰다. 그런데 얼마 되지 않아 새 우산이 고장 났다. 내가 회사에 도착했을 때 온 몸은 이미 흠뻑 젖어버렸다. 점심도 되기 전에 나는 열이 나서 조퇴신청을 하고 집에 돌아갈 수밖에 없었다.

★ 根据这段话，我们可以知道"我"今天:

A 没带伞

B 发烧了

C 没请假

D 上午没上班

★ 이 글에 근거하여 나에 대해 알 수 있는 것은:

A 우산을 가지고 가지 않았다

B 열이 났다 √

C 조퇴 신청을 하지 않았다

D 오전에 출근하지 않았다

**어휘** 出门 chūmén 집을 나서다 | 不一会儿 bùyíhuìr 곧 | 坏 huài 망가지다 | 浑身 húnshēn 온몸 | 上下 shàngxià 위에서부터 아래까지 | 被 bèi ~에 의해 …당하다(동사 앞에 쓰여 피동형 구나 문장을 만듦) | 淋湿 línshī 흠뻑 젖다 | 发烧 fāshāo 열이 나다 | 只好 zhǐhǎo 할 수 없이 | 请假 qǐngjià (휴가·조퇴·외출·결근·결석 등의 허락을) 신청하다

해설   이 글에 근거하여 나에 대해 알 수 있는 것은 무엇이냐는 질문인데 보기 A, C, D는 모두 본문내용과 상충되기 때문에 정답이 될 수 없다. 그리고 본문 마지막 부분에서 '还没到中午, 我就发烧了, 점심도 되기 전에 나는 열이 났다'라고 했으므로 B가 정답이다.

**78**   今天我一大早就起床了, 收拾好之后, 急匆匆赶到了学校。在教室一直等了一个多小时, 一个同学也没有来, 后来我才发现今天是星期天。

오늘 나는 이른 아침에 일어났다. 준비를 마치고 부랴부랴 학교로 달려갔다. 교실에서 한 시간을 기다려도 반 친구들은 한 명도 오지 않았다. 나중에야 오늘이 일요일이었음을 알게 되었다.

★ 今天教室里为什么一个同学也没有?

A 放学了
B 同学病了
C 今天没课
D 今天开运动会

★ 오늘 교실에 왜 한 사람도 없을까?

A 방과 후라서
B 학우가 아파서
C 오늘 수업이 없어서 √
D 오늘 운동회를 하기 때문에

어휘   一大早 yídàzǎo 이른 새벽 | 收拾 shōushi 정리하다 | 之后 zhīhòu …후 | 急匆匆 jícōngcōng 급히 서두르는 모양 | 赶到 gǎndào 서둘러 도착하다 | 发现 fāxiàn 알아차리다 | 开 kāi 열다 | 运动会 yùndònghuì 체육 대회

해설   핵심 포인트는 '后来我才发现今天是星期天, 나중에야 오늘이 일요일이었음을 알게 되었다'이다. 따라서 정답은 C이다.

**79**   为了赚这个学期的学费, 我已经开始在一家公司打工了, 所以这个假期我不能回老家了, 也不能跟朋友一起去旅游了, 不过想到可以为父母分担一点儿忧愁, 我感到非常欣慰。

이번 학기의 학비를 벌기 위하여 나는 한 회사에서 아르바이트를 시작했다. 그래서 이번 방학에는 고향에 돌아갈 수 없게 되었으며, 친구와 함께 여행도 갈 수 없게 되었다. 하지만 부모님을 위해 걱정을 좀 덜어드릴 수 있게 되어 아주 보람이 있다고 생각한다.

★ 根据这段话, 可以知道 "我" 是:
A 男的
B 女的
C 学生
D 职员

★ 이 글에 근거하여 나에 대해 알 수 있는 것은:
A 남자이다
B 여자이다
C 학생이다 √
D 직원이다

어휘   赚 zhuàn (돈을) 벌다 | 学期 xuéqī 학기 | 学费 xuéfèi 학비 | 打工 dǎgōng 아르바이트하다 | 假期 jiàqī 휴가 〔휴일·방학〕 기간 | 老家 lǎojiā 고향 | 分担 fēndān 분담하다 | 忧愁 yōuchóu 근심스럽다 | 感到 gǎndào 느끼다 | 欣慰 xīnwèi 기쁘고 위안이 되다

해설   이 글에서 화자의 성별에 대해 언급하지 않았으므로 A와 B는 정답이 될 수 없다. 그리고 본문의 맨 앞부분에서 '为了赚这个学期的学费, 我已经开始在一家公司打工了, 이번 학기의 학비를 벌기 위하여 나는 한 회사에서 아르바이트를 시작했다'라고 했으므로 화자가 회사 직원이 아니라 학생이라는 것을 알 수 있다. 따라서 C가 정답이다.

据调查发现，从 2001 到 2003年，30岁以下和 20岁以下罪犯人数所占比例分别为 2001年 80.1%和 22.4%，2002年 82.4%和 23.7%，2003年 83.3%和 26.2%，从数字上可以看出，青少年罪犯在罪犯总数中所占的比例，存在着逐年增加的趋势，其中 20岁以下罪犯已达到罪犯总数的三分之一。

조사에 의하면, 2001년부터 2003년까지, 30세 이하와 20세 이하 범죄자가 차지하는 비중은 2001년에는 80.1%와 22.4%, 2002년에는 82.4%와23.7%, 2003년에는 83.3%와 26.2%였다. 수치에서 알 수 있듯이 청소년 범죄자가 전체범죄자에서 차지하는 비중이 해마다 증가하는 추세를 보이고 있으며, 그 중 20세 이하의 범죄자는 이미 전체범죄자의 3분의 1을 차지한다.

★ 青少年犯罪率哪一年最高?

A  2001
B  2002
C  2003
D  2004

★ 청소년의 범죄율은 어느 해가 가장 높은가?

A  2001
B  2002
C  **2003**  √
D  2004

**어휘**  据 jù …에 따르면 | 调查 diàochá 조사하다 | 以下 yǐxià 이하 | 罪犯 zuìfàn 범인 | 人数 rénshù 사람 수 | 分别 fēnbié 각각 | 为 wéi …은…이다 | 数字 shùzì 숫자 | 看出 kànchū 간파하다 | 总数 zǒngshù 총수 | 占 zhàn 차지하다 | 比例 bǐlì 비중 | 存在 cúnzài 존재하다 | 逐年 zhúnián 해마다 | 犯罪率 fànzuìlǜ 범죄율 | 增加 zēngjiā 증가하다 | 趋势 qūshì 추세 | 其中 qízhōng 그 중에 | 三分之一 sānfēnzhīyī 3분의 1

**해설**  청소년의 범죄율은 어느 해가 가장 높느냐는 질문인데, 본문에 나열되어 있는 숫자를 잘 살펴보면 2003년이 가장 높다는 것을 알 수 있다.

★ 20岁以下罪犯达到了罪犯总数的:

A  四分之一
B  三分之一
C  三分之二
D  二分之一

★ 20세 이하 범죄가 전체 범죄의:

A  4분의 1을 차지한다
B  **3분의 1을 차지한다**  √
C  3분의 2을 차지한다
D  2분의 1을 차지한다

**해설**  본문의 맨 마지막 부분에서 '其中20岁以下罪犯已达到罪犯总数的三分之一, 그 중 20세 이하의 범죄는 이미 전체범죄의 3분의 1을 차지한다' 라고 했으므로 B가 정답이다.

1905年，中国第一部电影《定军山》在北京的丰泰照相馆诞生，著名京剧表演艺术家谭鑫培在镜头前表演了自己最拿手的几个片断，片子随后被拿到前门大观楼熙攘的人群中放映。这是有记载的中国人自己摄制的第一部电影，标志着中国电影的诞生。

1905년, 중국의 첫 번째 영화 《定军山》이 베이징의 펑타이사진관에서 탄생했다. 저명한 경극 연기자인 탄신페이가 카메라 앞에서 자신이 가장 잘하는 몇 장면을 촬영하였는데, 영화는 곧바로 사람들이 많이 붐비는 챈먼의 따꾸안러우에서 방영되었다. 이것은 중국인이 스스로 촬영 제작한 기록이 남아 있는 첫 번째 영화로서, 중국영화의 탄생을 상징하고 있다.

★ 中国第一部电影的主角是:

A 梅兰芳

B 尚小云

C 谭鑫培

D 不知道

★ 중국 첫 번째 영화의 주연은:

A 메이란팡

B 상샤오윈

C 탄신페이 √

D 잘 모르겠음

**어휘** 照相馆 zhàoxiàngguǎn 사진관 | 诞生 dànshēng 탄생하다 | 著名 zhùmíng 저명하다 | 京剧 jīngjù 경극 | 表演 biǎoyǎn 연기 | 艺术家 yìshùjiā 예술가 | 镜头 jìngtóu (영화의) 커트 신 | 拿手 náshǒu 자신있다 | 片断 piànduàn 부분 | 片子 piānzi 영화 | 随后 suíhòu 그다음에 | 熙攘 xīrǎng 북적거리다 | 人群 rénqún 군중 | 放映 fàngyìng 방영하다 | 记载 jìzǎi 기록 | 摄制 shèzhì 촬영하여 제작하다 | 标志着 biāozhìzhe 상징하다 | 诞生 dànshēng 탄생하다

**해설** 본문에서 중국 첫 번째 영화는 저명한 경극 연기자인 탄신페이가 자신이 가장 잘하는 몇 장면을 촬영하여 챈먼의 따꾸안러우에서 방영되었다고 했으므로 중국 첫 번째 영화의 주연이 탄신페이라는 것을 알 수 있다.

★ 中国第一部电影拍摄地点是:

A 小巷

B 电影院

C 照相馆

D 前门大观楼

★ 중국 첫 번째 영화의 촬영지는:

A 골목

B 영화관

C 사진관 √

D 챈먼의 따꾸안러우

**어휘** 拍摄 pāishè 촬영하다 | 小巷 xiǎoxiàng 골목

**해설** 핵심 포인트는 '1905年, 中国第一部电影《定军山》在北京的丰泰照相馆诞生, 1905년, 중국의 첫 번째 영화 《定军山》이 북경의 펑타이사진관에서 탄생했다'라고 했으므로 중국 첫 번째 영화의 촬영지가 사진관이라는 것을 알 수 있다.

常听人说音乐可以解除疲劳、减轻压力、避免各类慢性疾病的发生，这些都是有医学根据的。在医学研究中发现，音乐节奏会对人体的脑波、心跳产生某些作用，进而使身心更加健康。音乐无形的力量远超乎个人想象，所以聆听音乐、鉴赏音乐，是现代人调剂生活的极为普遍的一种方式。

늘 들은 바와 같이, 음악은 피로를 해소하고, 스트레스를 덜고, 각종 만성질병의 발생을 방지할 수 있다고 한다. 이 모든 것들은 의학적 근거가 있다. 의학연구에서 음악리듬은 인체의 뇌파, 심장 박동에 일부 작용을 일으켜 몸과 마음을 더욱 건강하게 할 수 있다는 것을 발견했다. 음악이 가진 무형의 힘은 우리의 상상을 훨씬 초월한다. 때문에 귀를 기울여 음악을 듣거나, 음악을 감상하는 것은 현대인이 기분을 전환하는 지극히 보편적인 하나의 방식이다.

★ 上文主要讲的是什么内容?

A 常听音乐的好处

B 现代人喜欢音乐

C 怎样使身心健康

D 什么样的人喜欢听音乐

★ 위 문장에서 중요하게 언급한 내용은 무엇인가?

A 자주 음악을 들으면 좋은 점 √

B 현대인은 음악을 좋아한다

C 어떻게 하면 몸과 마음을 건강하게 할 수 있는가

D 어떤 사람이 음악을 듣기 좋아하는가

**어휘** 解除 jiěchú 해소하다 | 疲劳 píláo 피로 | 减轻 jiǎnqīng 경감하다, 덜다 | 压力 yālì 스트레스 | 避免 bìmiǎn 방지하다 | 各类 gèlèi 각 종류의 | 慢性 mànxìng 만성의 | 疾病 jíbìng 질병 | 医学 yīxué 의학 | 根据 gēnjù 근거 | 研究 yánjiū 연구하다 | 节奏 jiézòu 리듬 | 人体 réntǐ 인체 | 脑波 nǎobō 뇌파 | 心跳 xīntiào 심장이 뛰다 | 产生 chǎnshēng 생기다 | 作用 zuòyòng 작용 | 进而 jìn'ér 더 나아가 | 身心 shēnxīn 몸과 마음 | 无形 wúxíng 보이지 않는 | 力量 lìliang 역량 | 远 yuǎn (차이가) 크다, 심하다 | 超乎 chāohū 뛰어넘다 | 想象 xiǎngxiàng 상상 | 聆听 língtīng 경청하다 | 鉴赏 jiànshǎng 감상하다 | 调剂 tiáojì 조절하다 | 极为 jíwéi (지)극히 | 普遍 pǔbiàn 보편적인 | 好处 hǎochu 좋은 점

**해설** 이 문장에서 중요하게 언급한 내용은 무엇이냐는 질문인데, 본문에서 주로 음악을 자주 들으면 여러 가지 좋은 점이 있다고 했으므로 A가 정답이다.

★ 经常听音乐有什么好处?

A 可以减肥

B 心情郁闷

C 可以减轻生活压力

D 提高欣赏音乐的水平

★ 음악을 자주 들으면 어떤 좋은 점이 있는가?

A 다이어트를 할 수 있다

B 기분이 우울하다

C 생활의 스트레스를 덜 수 있다 √

D 음악을 감상하는 수준이 향상된다

**어휘** 心情 xīnqíng 기분 | 郁闷 yùmèn 우울하다 | 提高 tígāo 향상시키다 | 水平 shuǐpíng 수준

**해설** 음악을 자주 들으면 어떤 좋은 점이 있느냐는 질문인데, 상식적으로 봐도 A와 B는 정답이 될 수 없다. 그리고 D는 본문에서 언급하지 않은 내용이므로 C가 정답이라는 것을 알 수 있다.

## 三、书写

### 第一部分

> 第86-95题：完成句子。
>
> 例如： 那座桥　　　800年的　　　历史　　　有　　　了
>
> 　　　　那座桥有800年的历史了。
>
> 86-95문제 : 문장을 완성하시오.
>
> 예: 그 다리는 800년의 역사를 가지고 있다.

★ 유형파악 & 공략하기

이 부분의 문제는 여러 개의 단어가 제시되어 있다. 주어진 단어를 사용하여 하나의 문장을 만들면 된다. 문장을 만들 때 중국어의 어순과 문법을 염두에 두고 문장을 만들어야 올바른 문장을 만들 수 있다.

**86** 　在　学校　吃饭　我　食堂　中午　➡　中午我在学校食堂吃饭。

점심때 나는 학교식당에서 밥을 먹는다.

**해설**　중국어의 어순은 '시간명사+주어+부사어+술어+목적어'이다. '中午'은 시간명사이기 때문에 주어 앞이나 뒤에 모두 올 수 있고, '在学校食堂'은 장소가 부사어역할을 하기 때문에 술어 앞에 와야 한다. 따라서 이 문장은 아래와 같이 만들 수 있다.

中午　　　　我　　　在学校食堂　　　吃饭。
↳ 시간 명사　↳ 주어　↳ 부사어　　　↳ 술어

**87** 　预定　我　一个　想　房间　➡　我想预定一个房间。

방을 하나 예약하려고 합니다.

**해설**　문장을 만들 때 우선 주어진 단어 중에서 동사를 찾는다. 그 다음 동사의 순서를 정하면 문장을 쉽게 만들 수 있다. 보기에 '想'와 '预定' 두 개의 동사가 있는데, 이중 '想'은 조동사이고, '预定'은 일반 동사이다. 조동사는 반드시 다른 동사 앞에 위치해야 하기 때문에 '想'이 '预定' 앞에 와야 한다. 따라서 아래와 같이 문장을 만들 수 있다.

我　　　想　　　预定　　　一个　　　房间。
↳ 주어　↳ 조동사　↳ 일반동사　↳ 한정어　↳ 목적어

**88**  今天晚上　有　一个　我　约会　➡　今天晚上我有一个约会。

오늘 저녁에 저는 약속이 있습니다.

**해설**　보기 중의 '今天晚上'은 시간명사이다. 중국어에서 시간명사는 주어 앞이나 뒤에 모두 올 수 있기 때문에 주어 앞에 위치하면 된다. 그리고 동사는 '有' 하나 밖에 없기 때문에 '有'자문 문형 즉 '주어+有+한정어+목적어'을 이용하여 문장을 만들면 된다.

今天晚上　　　我　　　　有　　　　一个　　　　约会。
↳ 시간명사　↳ 주어　↳ 술어　　↳ 한정어　↳ 목적어

**89**  可能　在　他　医院里　现在　➡　他现在可能在医院里。

그는 지금 아마 병원에 있을 겁니다.

**해설**　중국어의 어순은 '시간명사+주어+(시간명사)+부사어+술어+목적어'이다. 보기의 '现在'은 시간명사이고, '可能'은 부사어이고, '在'은 술어이다. 따라서 아래와 같이 문장을 만들 수 있다.

他　　　现在　　　　可能　　　　在　　　医院里。
↳ 주어　↳ 시간명사　↳ 부사어　↳ 술어　↳ 목적어

**90**  一起　我们　吧　喝　去　咖啡　➡　我们一起去喝咖啡吧。

우리 같이 커피 마시러 갑시다.

**해설**　문장을 만들 때 우선 주어진 단어 중에서 동사를 찾는다. 그 다음 동사의 순서를 정하면 문장을 쉽게 만들 수 있다. 보기에 '去'와 '喝' 두 개의 동사가 있는데, 두 동사의 배열순서는 동작 발생순이다. 이와 같이 한 문장에 여러 개의 동사가 있을 경우 먼저 발생한 동작을 앞에 위치하고 나중에 발생한 동작을 뒤에 위치하는 문장을 연동문이라고도 한다. 그리고 보기 중의 '一起'는 부사어 역할을 하기 때문에 주어 뒤에 위치하면 되고, '吧'은 문장의 맨 끝에 쓰여 '~합시다'란 뜻을 나타낸다.

我们　　　一起　　　去　　　喝　　　咖啡　　　　吧。
↳ 주어　↳ 부사어　↳ 동사1　↳ 동사2　↳ 동사2의 목적어　↳ 어기조사

**91**  听清楚　我　没　话　你说的　➡　我没听清楚你说的话。

당신이 한 말을 확실하게 듣지 못했습니다.

**해설**　‘听清楚’ 은 ‘확실하게 듣다’ 란 뜻으로 결과보어에 해당하는 문법이다. 그리고 ‘没听清楚, 확실하게 듣지 못했다’ 는 ‘听清楚了, 확실하게 들었다’ 의 부정형식이다. 따라서 아래와 같이 문장을 만들 수 있다.

| 我 | 没 | 听 | 清楚 | 你说的 | 话。 |
|---|---|---|---|---|---|
| ↳ 주어 | ↳ 부정 부사 | ↳ 술어 | ↳ 결과보어 | ↳ 한정어 | ↳ 목적어 |

---

**92**　明白　不　你　意思　的　我　➡　我不明白你的意思。

저는 당신의 뜻을 잘 모르겠습니다.

**해설**　‘明白, 이해하다’ 의 부정은 ‘不明白, 이해하지 못하다’ 이다. 이와 같이 ‘明白, 知道, 打算, 想, 喜欢’ 등 동사는 반드시 ‘不’ 로 부정해야 한다.

| 我 | 不 | 明白 | 你 | 的 | 意思。 |
|---|---|---|---|---|---|
| ↳ 주어 | ↳ 부정 부사 | ↳ 술어 | ↳ 한정어 | ↳ ~의 | ↳ 목적어 |

---

**93**　说服　要　我　爸爸　一定　➡　我一定要说服爸爸。

나는 반드시 아빠를 설득할 것이다.

**해설**　보기에 ‘要’ 와 ‘说服’ 두 개의 동사가 있는데, 이중 ‘要’ 는 조동사이고, ‘说服’ 는 일반동사이다. 조동사는 반드시 다른 동사 앞에 위치해야 하기 때문에 ‘要’ 가 ‘说服’ 앞에 와야 한다. 그리고 ‘一定’ 은 부사어 역할을 하기 때문에 주어 뒤에 오면 된다. 따라서 아래와 같이 문장을 만들 수 있다.

| 我 | 一定 | 要 | 说服 | 爸爸。 |
|---|---|---|---|---|
| ↳ 주어 | ↳ 부사어 | ↳ 조동사 | ↳ 일반동사 | ↳ 목적어 |

---

**94**　去年春节　我们公司　七天　休息了　➡　去年春节我们公司休息了七天。

작년 설에 우리 회사는 7일을 쉬었다.

**해설**　보기 중의 ‘去年春节’ 는 시간명사이기 때문에 주어 앞이나 뒤에 모두 올 수 있다. 그리고 ‘休息’ 는 술어이고, ‘七天’ 은 술어 ‘休息’ 의 보어이다. 이와 같이 중국어에서 동작이 지속된 시간을 언급할 때는 반드시 동사 뒤에 위치해야 한다. 이를 시량보어라고도 한다.

| 去年春节 | 我们公司 | 休息 | 了 | 七天。 |
|---|---|---|---|---|
| ↳ 시간명사 | ↳ 주어 | ↳ 술어 | ↳ 동작의 완료를 나타냄 | ↳ 시량보어 |

95   去   一个人   旅行   有意思   没 ➡ 一个人去旅行没有意思。

혼자서 여행을 가면 재미가 없다.

해설 중국어에서 인칭대사, 명사, 시간명사, 동사, 동사와 목적어로 구성된 구, 주어와 술어 · 목적어로 구성된 구 등 모두 주어가 될 수 있다. 이 문장에서 주어는 주어 · 술어 · 목적어로 구성 된 구 즉 '一个人去旅行' 이고, 술어는 '有意思' 이다. 따라서 아래와 같이 문장을 만들 수 있다.

一个人去旅行        没            有意思。
 ↳ 주어           ↳ 부정부사      ↳ 술어

第二部分

96-100문제: 그림을 보고 주어진 단어로 문장을 만드시오

乒乓球　　她很喜欢打乒乓球。

예:　　탁구　　그녀는 탁구 치는 것을 매우 좋아한다.

★ 유형파악 & 공략하기

이 부분의 문제는 한 장의 그림과 하나의 단어가 제시된다. 그림을 보고 주어진 단어를 사용하여 하나의 문장을 만들면 되는데, 문장을 만들 때 출제자의 의도를 잘 파악해야 한다. 예를 들면 컵을 땅에 떨어뜨린 그림은 把자문이나 被자문을 써야 한다. 참고로 그림과 제시어를 보고 문장을 만들 때는 정답이 하나가 아니라 여러 개가 될 수 있다는 것을 유의해야 한다. 따라서 여기에 제시한 정답은 모두 참고 답안이다.

**96**

买　➡　这是我给你买的生日礼物。

이것은 내가 너에게 주려고 산 생일 선물이야.

**해설**　그림에서 남자가 여자에게 선물을 하고 있고, 제시어는 '买'이다. 따라서 '이것은 내가 너에게 주려고 산 생일 선물이야.'라는 문장을 만들면 된다. 이것은 '是'자문에 해당하는 문법이다. '是'자문 문형은 '주어+是+한정어+목적어'이다. 이에 근거하여 아래와 같이 문장을 만들 수 있다. 참고로 '给'은 여러 가지 뜻이 있는데, 여기의 '给'은 '~에게'란 뜻으로 '사람+给+사람'의 형식으로 쓰인 것이다.

```
         ┌ 사람+给+사람   ┌ 한정어   ┌ ~의   ┌ 중심어
这      是      我给你           买        的       生日礼物。
└ 주어  └ 술어                   └ 목적어
```

97
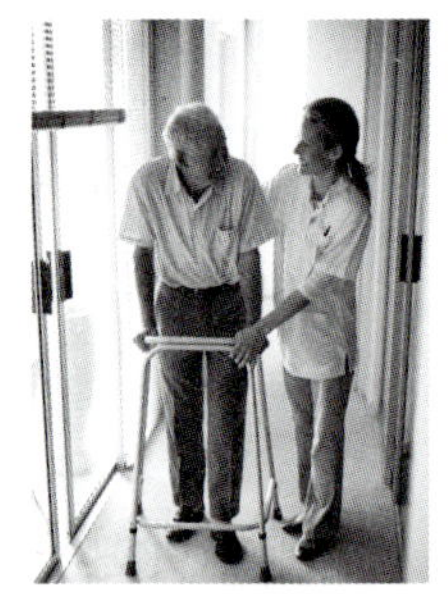

担心 ➡ 

我很担心您的身体。

저는 당신의 건강이 많이 걱정됩니다.

**해설** 그림에서 한 여자가 남자를 부축하고 있고, 제시어는 '担心' 이다. 따라서 '저는 당신의 건강이 많이 걱정됩니다.' 라는 문장을 만들면 된다. '担心' 은 동사이며, '걱정하다' 란 뜻을 나타내며, '많이 걱정된다' 는 '很担心' 으로 표현하면 된다. 따라서 이 문장은 다음과 같이 만들 수 있다.

我　　　很　　　担心　　　您　　　的　　　身体。
↳ 주어　↳ 부사어　↳ 술어　↳ 한정어　↳ ~의　↳ 목적어

98

锻炼 ➡ 

我最近每天都锻炼身体。

요즘 나는 매일 운동을 한다.

**해설** 그림에서 한 남자가 열심히 운동하고 있고, 제시어는 '锻炼' 이다. 따라서 '요즘 나는 매일 운동을 한다.'라는 문장을 만들면 된다. '最近' 은 시간명사이기 때문에 주어 앞이나 뒤에 모두 올 수 있고, '每天都' 은 부사어 역할을 하기 때문에 술어 앞에 위치하면 된다. 따라서 아래와 같이 문장을 만들 수 있다.

我　　　最近　　　每天都　　　锻炼　　　身体。
↳ 주어　↳ 시간 명사　↳ 부사어　↳ 술어　↳ 목적어

99

打扫 ➡ 

我想打扫一下房间。

방 청소를 좀 하려고 합니다.

 그림에서 한 남자가 청소를 하려고 하고 있고, 제시어는 '打扫' 이다. 따라서 '청소를 좀 하려고 합니다' 라는 문장을 만들면 된다. 이 문장에서 '想' 와 '打扫' 두 개의 동사가 있는데, 이중 '想' 은 조동사이기 때문에 일반 동사 '打扫' 앞에 위치해야 한다. 그리고 '~을 좀 하려고 한다' 는 '동사+一下' 의 문형을 이용하면 된다. 따라서 아래와 같이 문장을 만들 수 있다.

我　　　想　　　　打扫　　　　　一下　　　　　房间。
↳ 주어　↳ 조동사　↳ 일반 동사　↳ ~을 좀하다　↳ 목적어

**100**

打算 ➡ 她打算去美国留学。

그녀는 미국에 유학 가려고 한다.

 그림에서 한 여자가 열심히 영어공부를 하고 있고, 제시어는 '打算' 이다. 따라서 '그녀는 미국에 유학 가려고 한다' 라는 문장을 만들면 된다. 이 문장에서 '打算', '去' 와 '留学' 세 개의 동사가 있는데, 순서는 동작 발생순이다. 그리고 '美国' 가 '去' 의 목적어이기 때문에 '去' 바로 뒤에 와야 한다. 따라서 아래와 같이 문장을 만들 수 있다.

她　　　打算　　　去　　　美国　　　　　留学。
↳ 주어　↳ 동사1　↳ 동사2　↳ 동사2의 목적어　↳ 동사3

新HSK
공략방법
부　록
답안지를 익혀라!

登高自卑，行远自迩
높이 오르려면 낮은 곳 에서부터, 멀리 가려면
가까운 데서부터. (천 리 길도 한걸음부터)

# HSK（四级）答题卡

新 汉 语 水 平 考 试
HSK（四级）答题卡

姓名

国籍 [0] [1] [2] [3] [4] [5] [6] [7] [8] [9]

性别　　　男 [1]　　　女 [2]

序号 [0] [1] [2] [3] [4] [5] [6] [7] [8] [9]

考点 [0] [1] [2] [3] [4] [5] [6] [7] [8] [9]

年龄 [0] [1] [2] [3] [4] [5] [6] [7] [8] [9]

你是华裔吗？

是 [1]　　　　　不是 [2]

学习汉语的时间：

1年以下 [1]　　　1年-2年 [2]　　　2年-3年 [3]　　　1年以上 [4]

注意　请用2B铅笔这样写：▅

## 一、听力

| | | | | |
|---|---|---|---|---|
| 1. [✓] [✗] | 6. [✓] [✗] | 11. [A] [B] [C] [D] | 16. [A] [B] [C] [D] | 21. [A] [B] [C] [D] |
| 2. [✓] [✗] | 7. [✓] [✗] | 12. [A] [B] [C] [D] | 17. [A] [B] [C] [D] | 22. [A] [B] [C] [D] |
| 3. [✓] [✗] | 8. [✓] [✗] | 13. [A] [B] [C] [D] | 18. [A] [B] [C] [D] | 23. [A] [B] [C] [D] |
| 4. [✓] [✗] | 9. [✓] [✗] | 14. [A] [B] [C] [D] | 19. [A] [B] [C] [D] | 24. [A] [B] [C] [D] |
| 5. [✓] [✗] | 10. [✓] [✗] | 15. [A] [B] [C] [D] | 20. [A] [B] [C] [D] | 25. [A] [B] [C] [D] |

| | | | |
|---|---|---|---|
| 26. [A] [B] [C] [D] | 31. [A] [B] [C] [D] | 36. [A] [B] [C] [D] | 41. [A] [B] [C] [D] |
| 27. [A] [B] [C] [D] | 32. [A] [B] [C] [D] | 37. [A] [B] [C] [D] | 42. [A] [B] [C] [D] |
| 28. [A] [B] [C] [D] | 33. [A] [B] [C] [D] | 38. [A] [B] [C] [D] | 43. [A] [B] [C] [D] |
| 29. [A] [B] [C] [D] | 34. [A] [B] [C] [D] | 39. [A] [B] [C] [D] | 44. [A] [B] [C] [D] |
| 30. [A] [B] [C] [D] | 35. [A] [B] [C] [D] | 40. [A] [B] [C] [D] | 45. [A] [B] [C] [D] |

## 二、阅读

| | |
|---|---|
| 46. [A] [B] [C] [D] [E] [F] | 51. [A] [B] [C] [D] [E] [F] |
| 47. [A] [B] [C] [D] [E] [F] | 52. [A] [B] [C] [D] [E] [F] |
| 48. [A] [B] [C] [D] [E] [F] | 53. [A] [B] [C] [D] [E] [F] |
| 49. [A] [B] [C] [D] [E] [F] | 54. [A] [B] [C] [D] [E] [F] |
| 50. [A] [B] [C] [D] [E] [F] | 55. [A] [B] [C] [D] [E] [F] |

56. ___　58. ___　60. ___　62. ___　64. ___

57. ___　59. ___　61. ___　63. ___　65. ___

| | | | |
|---|---|---|---|
| 66. [A] [B] [C] [D] | 71. [A] [B] [C] [D] | 76. [A] [B] [C] [D] | 81. [A] [B] [C] [D] |
| 67. [A] [B] [C] [D] | 72. [A] [B] [C] [D] | 77. [A] [B] [C] [D] | 82. [A] [B] [C] [D] |
| 68. [A] [B] [C] [D] | 73. [A] [B] [C] [D] | 78. [A] [B] [C] [D] | 83. [A] [B] [C] [D] |
| 69. [A] [B] [C] [D] | 74. [A] [B] [C] [D] | 79. [A] [B] [C] [D] | 84. [A] [B] [C] [D] |
| 70. [A] [B] [C] [D] | 75. [A] [B] [C] [D] | 80. [A] [B] [C] [D] | 85. [A] [B] [C] [D] |

86. ________________________

87. ________________________

88. ________________________

89. ________________________

90. ________________________

91. ________________________

92. ________________________

93. ________________________

94. ________________________

95. ________________________

96. ________________________

97. ________________________

98. ________________________

99. ________________________

100. ________________________